国家社科基金项目

"体育场馆商业运营回头经济研究"（项目编号：15BTY04）

Commercial Operation of
Sports Venues

Return to Economic Research
and Practice

体育场馆商业运营

回头经济的研究与实践

李湘浓 朱焱 孙一 等著

中国社会科学出版社

图书在版编目（CIP）数据

体育场馆商业运营：回头经济的研究与实践/李湘浓等著.
—北京：中国社会科学出版社，2023.6
ISBN 978-7-5227-2113-2

Ⅰ.①体⋯ Ⅱ.①李⋯ Ⅲ.①体育场—运营管理—研究②体育馆—运营管理—研究 Ⅳ.①G818

中国国家版本馆 CIP 数据核字（2023）第 112743 号

出 版 人	赵剑英
责任编辑	李斯佳　刘晓红
责任校对	周晓东
责任印制	戴　宽

出　　版	中国社会科学出版社
社　　址	北京鼓楼西大街甲 158 号
邮　　编	100720
网　　址	http://www.csspw.cn
发 行 部	010-84083685
门 市 部	010-84029450
经　　销	新华书店及其他书店
印　　刷	北京君升印刷有限公司
装　　订	廊坊市广阳区广增装订厂
版　　次	2023 年 6 月第 1 版
印　　次	2023 年 6 月第 1 次印刷
开　　本	710×1000　1/16
印　　张	14.75
插　　页	2
字　　数	221 千字
定　　价	79.00 元

凡购买中国社会科学出版社图书，如有质量问题请与本社营销中心联系调换
电话：010-84083683
版权所有　侵权必究

序

体育场馆的建设与发展可以大幅度地提升我国体育事业的物质保障能力，这为我国群众体育、竞技体育和体育产业的快速健康发展奠定了基础。然而长期以来，我国一直未能从根本上解决体育场馆运营管理效益低下和亏损严重的问题。由于我国一直实行的是举国体制，大型体育场馆一般由国家投资建设完成，私人投资较少，所以在大型体育赛事结束后，场馆一般由国家或地方体育局进行后续的维修、养护、运营和管理。这些场馆的主要职能是完成上级体育行政部门下达的任务，场馆的运营主要依靠政府的财政补贴，在这种管理体制下，部分场馆充分的经营自主权，不能充分调动职工的主动性与积极性，部分职工较为缺乏创造性与自主经营意识，导致部分体育场馆商业运营状况不佳。党的二十大顺利召开，我国的体育强国建设工作实现了向实体化建设目标迈进，习近平总书记尤其重视全民健康与竞技体育的全面发展，将人民性与体育事业发展紧密结合，对群众体育、竞技体育的高度重视凸显了国家从人民角度建设体育强国的整体规划。而在全面实现体育强国建设过程中，体育场馆与全民健身的配置均衡关系矛盾较为突出、体育场馆的运营体系较为脆弱，体育场馆运营主体和相关部门必须要坚持问题导向原则，重点击破体育场馆发展的"瓶颈"问题。

2008年北京奥运会闭幕后，这种由国家或地方体育局对场馆进行后续统一管理、运营、维护的情况逐渐得到改变，但改变后的运行体制在机制上以及运营上还面临诸多亟待解决的问题。例如，北京奥运会结束后，中信联合体将按协议经营国家体育场（"鸟巢"）30年，然而一年的运营实践证明，中信联合体的运营方式难以获利，于是其自动放弃了国家体育场的经营权。鸟巢的经营权随之更替，由民营转为国营。2009年，北京市政府与国家体育场运营方中信联合体签署了《关于进一步加强国家体育场运营维护管理协议》，对国家体育场公司进行股份制改造，市政府所属的国有企业持有58%的股权、原中信联合体各成员持有42%的股权，调整中信联合体独立运营30年的管理体制，成立国家体育场运营维护协调小组，形成在北京市委、市政府主导下，由国家体育场公司负责运营，全市各相关部门、属地政府全力支持配合，充分调动和发挥各方积极性的运营管理新体制。

体育场馆建成后在运营过程中，公益性与商业利益性呈现较多矛盾，最好的结果是二者协调发展，但是在实际运营过程中，二者往往不可共存。大众普遍认为，大型体育馆应以公益性运营为主，但通常情况下以公益性运营为主的体育馆往往入不敷出，需要国家大量拨款才能生存。与此同时，现行公共场馆运营管理体制与社会主义市场经济环境不相适应的矛盾也日益凸显，迫切需要进行体制改革和制度创新。

总的来讲，2008年北京奥运会以来，对我国体育场馆的研究逐渐从理论层面进入实证层面，由开始的质化研究逐渐转至质化与量化相结合，且偏重于量化研究；从全国性实证过渡到区域性实证，逐渐呈现场馆"分区域""分项目""多案例"的研究趋势，并取得了一定的成果。在十余年的研究过程中，学术界将研究重点聚焦于体育运动中的环境研究，并具体到奥运遗产即体育场馆遗产的合理继承与科学开发方面。2022年，北京冬奥会圆满落下帷幕，中国不仅为世界奉献了一场简约、安全、精彩的奥运盛会，也向世界交付了一份包含办赛经验、场馆利用、大众参与、区域协同、志愿服务在内的丰厚奥运遗产。其实从冬奥会筹办之初，相关部门就开始全面规划管理奥运遗产，如首钢滑雪大跳台"雪飞天"在冬奥会结束后将改为滑雪大跳台场馆。这也是世界上第一次将奥运滑雪大跳台场馆遗产永久性保留和使用，继续用于比赛和训练，并向公众开放，体现了中国举办大型体育活动所秉持的可持续发展理念。北京奥运会场馆转化利用直接服务于北京冬奥会的做法，如水立方变为冰立方，五棵松篮球馆变为冰球馆，鸟巢接着举办残奥会开幕式、闭幕式，大大提高了这些场馆的利用率。我国所秉持的理念和上述做法，将对今后我国体育场馆建设、运营和管理体制机制创新产生积极影响。北京冬奥运会场馆是极为宝贵的冬奥遗产，具有时代性、标志性和引领性等特点，因此，北京冬奥场馆如何再次开发与持续利用问题理应成为后冬奥时代体育场馆研究的核心议题。

具体内容主要包括以下两个方面。一是后冬奥时代冬奥场馆运营研究。现如今，新冠疫情和百年未有之大变局交织叠加，后冬奥时代冬奥场馆运营短期内必然受到较大影响，如短期内很难甚至不可能承办国际顶级冰雪赛事，那么，短期内后冬奥时代冬奥场馆运营应以服务型为主，并做好新冠疫情背景下功能的转化。从中长期考虑，我国要继续承接国际顶级冰雪赛事，如北美职业冰球联赛中国赛等，并加快形成以国内大循环为主体的冬奥场馆及其他体育场馆的文化体育运营模式，如体育培训、商业活动、音乐会以及特色文化活动等。二是后冬奥时代冬奥场馆与2008年北京奥运会场馆的衔接研究。北京作为"双奥之城"，享有双奥场馆遗产。一方面，努力实现后冬奥时代冬奥场馆免费或低收费对外开放。党的二十大指出要推进健康中国建设，把保障人民健康放在优先发展位置。必须积极响应全民健身、健康中国、体育强国等号召，带动群众的健身热情，形成良好的运动习惯，打通全民健身的"最先一公里"，提供消费者健身全体验，提升广大社会公众的获得感、幸福感以及安全感。另一方面，做好"双奥场馆"遗产保护与可持续性衔接研究，开展体旅融合研究，例如将参观冬奥场馆纳入2008年北京冬奥场馆旅游线路，研究四季运营，从夏季奥运项目到冬季奥运项目，从奥运项目到以青少年培训为例的非奥运项目，并开展"双奥场馆"如何运营衔接的研究，实现体育场馆资源的均衡配置。实地考察近几届冬奥会举办城市的冬奥场馆遗产保护和可持续发展的现实状况，汲取国外冬奥场馆遗产保护或可持续发展的成功经验，以便为后冬奥时代中国冬奥场馆的可持续发展提供借鉴，结合中国本土现状，提出后冬奥时代中国冬奥场馆遗产保护和可持续发展的"中国经验"。

冬奥会的成功举办有利于进一步推进国家体育产业的高质量发展，因此，解决好奥运场馆遗产的可持续发展问题，落实好以奥运场馆为代表的大型体育场馆的商业化运营工作，是符合体育产业化发展普遍规律的，也是我国实现体育强国的必然途径。体育场馆属于体育产业的构成元素，因而体育场馆商业化也是发展体育产业经济的重要手段。加强体育场馆的商业化运营将直接推动整个体育产业的快速发展。尤其是在当前我国经济增长放缓的背景下，充分开发体育场馆的商业价值，一方面，能有效地缓解就业难、消费不足的经济发展问题，为国民经济发展做出贡献；另一方面，能提高体育场馆的利用率，为我国体育产业发展注入活力。改革开放以来，我国综合国力与日俱增，人民生活水平日益提高，人们在物质需求得到满足的基础上开始不断追求精神生活，而体育运动则是满足人们的这一需求的有效方式之一。近年来，体育在我国国民生活中变得日益重要，体育产业变得越发繁荣，其规模不断扩大、产值不断增多，为我国国民经济的发展做出了突出贡献。党的二十大顺利召开，习近平总书记提出必须推动群众体育和竞技体育的发展，加快建设体育强国。不仅指出要健全基本公共服务体系，提高公共体育服务水平，增强体育场地等资源的均衡性和可及性，还提出要提高产业链和供应链韧性，将经济着力点放在实体经济上。这些重要指示均为体育场馆的商业化发展开辟了新道路。体育服务作为体育产业的重要组成部分，是可以创造价值和实现高额利润的重要领域，其中，体育场馆中的服务是体育服务的重要组成部分。

体育场馆运营作为体育产业的重要构成要素，体育场馆运营的商业化将成为推动整个体育产业快速发展的最佳方案之一。尤其是在全民健身上升为国家战略的背景下，体育场馆的商业化运营不仅可以为我国人民提供更多的就业岗位并突破我国经济增长放缓的"瓶颈"，还可以提高体育场馆的利用率，满足后冬奥时代体育场馆遗产的可持续的高质量发展需求，促进全民健身活动获得更高水平发展。2014年9月2日，国务院总理李克强主持召开国务院常务会议，研究完善预算管理促进财政收支规范透明的相关意见，部署加快发展体育产业、促进体育消费推动大众健身。会议认为，发展体育产业，增加体育产品和服务供给，既能增强人民体质、保障和改善民生，对于刺激消费、扩大内需和就业、培育新的经济增长点，也有重要意义。要坚持改革创新，更多依靠市场力量，加快发展体育产业，促进体育消费，推动大众健身。① 这也意味着体育产业的快速发展不仅是国家大政方针的基本要求，而且是促进经济增长、带动就业、贯彻科学发展观的重要体现。2022年10月24日，党的二十大中有关我国经济发展的未来规划引起体育产业领域学者共鸣。新时代背景下，体育产业领域中各行业引领者和从业者都被赋予更多全新使命。报告明确指出"坚持把发展经济的着力点放在实体经济上"，这为体育产业的发展指明前进方向。必须以体育服务产业链的强链和补链为重点，提高健身休闲和场馆运营等体育服务业的产业链韧性，推动体育场馆运营和管理过程的品质升级。目前，我国体育场馆经营管理方式主要分为三种：事业单位型、国有企业型和民营企业型。事业单位是我国政府提供公共服务的重要载体，事业单位体育场馆是我国公共体育服务的重要组成部分，过去为广大群众提供了大量的公益服务。国有体育场馆作为一类公共体育设施、一种公共产品，长期承担着提供公共服务的职责，因此，其运营管理应坚持公益原则，以社会效益为根本。民营体育场馆作为由私人投资建设和承包运营的体育场馆，是具有独立法人资格的非国有独资企业以提供有偿性体育服务为目的的私营体育场馆。2014年，国务院印发《国务院关于加快发展体育产业促进体育消费的若干意见》，该意见提出"人均体育场地面积达到2平方米，群众体育健身和消费意识显著增强，人均体育消费支出明显提高，经常参加体育锻炼的人数达到5亿，体育公共服务基本覆盖全民……鼓励社会力量建设小型化、多样化的活动场馆和健身设施，政府以购买服务等方式予以支持……推动场馆设施开放利用。积极推动各级各类公共体育设施免费或低收费开放。加快推进企事业单位等体育设施向社会

---

① 李克强主持召开国务院常务会议部署加快发展体育产业. http://sports.people.com.cn/n/2014/0903/c14820-25597886.html.（2014-09-03）[2021-10-25].

开放"。自此，体育场馆获得了快速发展。《第六次全国体育场地普查数据公报》数据显示，截至2013年12月31日，全国共有室内体育场地16.91万个。然而，场馆数量的增加也带来了运营方面的问题，目前在我国体育场馆运营过程中，由于一些体育场馆商业化运营水平较低、经营理念较为落后、管理经验缺乏，学校和企事业单位的准公共体育场馆对外开放程度不高、城市公共体育场馆闲置、俱乐部商业性体育场馆运营效益欠佳的现象普遍存在。扩大体育场馆的消费群体，维持顾客对体育场馆消费的持久性成为当前体育场馆商业化运营面临的一项难题。因此，体育场馆商业化运营应以提升顾客回头率为前提，以打造场馆回头经济为根本，从而实现场馆运营的可持续发展。

  体育场馆是体育产业经济发展的重要资源，能否顺利推进体育场馆的市场化、商业化及产业化运营，实现体育场馆使用效率的提升，将直接关系到整个体育产业经济的发展水平。我国应完善财税、价格、规划、土地等政策，积极支持社会力量兴办面向大众的体育健身场所，以促进体育产业经济的发展。笔者查阅相关文献资料，并经过初期调研发现，当前我国某些地区仍存在体育场馆尤其是大型公共体育场馆闲置浪费的现象。从宏观角度来看，表现为我国体育场馆使用效率低、商业化整体水平较低。其中，中西部地区体育场馆使用效率和商业化水平又远远低于东部沿海地区。从微观角度来看，存在同一区域体育场馆整体使用效率低下、闲置浪费现象严重的情况。具体体现在学校和企事业单位公共体育场馆运营效率不高，商业性体育场馆存在经营状况不理想、运营动力不足等问题。体育场馆使用效率低下、运营动力不足已成为我国体育场馆商业化、市场化运作的绊脚石。现阶段，必须深入贯彻党的二十大精神，加快推进全民健身和全民健康的全面融合，必须进一步解决健身条件不便捷的问题，满足人民日益增长的美好健身需要。因此，必须做好体育产业建设，因为体育产业是惠民惠利的重要产业，为实现体育强国奠定坚实基础，因此体育场馆运营方为消费者提供满意的健身体育场馆迫在眉睫。在此背景下，认识和探究体育场馆商业化运营的现状，加快体育场馆商业运营的理论研究，找出体育场馆商业化运营的正确途径，为相关部门、场馆管理者提供决策参考，对新时期实现体育场馆的商业化、产业化和市场化发展具有重要意义，为新时代体育强国的实体化建设提供理论支撑。

　　本书具有一定的创新性。目前，有关体育场馆运营的研究大多集中在对体育场馆整体的研究，而对于具体区域体育场馆商业化运营的本质研究较少。本书将体育场馆商业化运营的回头经济作为研究对象，通过理论研究和实证研究，分析体育场馆商业化运营的本质，结合回头经济理论对体育场馆商业化运营过程中出现的相关问题进行剖析，并针对相关问题提出具体的对策措施。本书的创新之处在于提出了体育场馆商业运营的新经济形式，即回头经济。笔者认为，回头经济是通过吸引消费者注意力、提高产品影响力，促进消费者对产品实施二次定向消费，重新获得或者获得更多注意力，从而实现产品可持续经营的一种经济活动，学界的前期相关研究中均未涉及该项内容。

　　本书也存在一些不足：①理论深度不足。虽然我们进行了开创性的理论研究，但有些还是不够深入，有些理论优势没能发挥到最大。②实践层面的广度不足。虽然我们进行了大量的调研工作，但涉及面不够广。③理论与实践存在反差。理论和实践结合得还不够，有些理论在实践过程中还未出现理论与实践成功结合的案例，这对本书的研究提出了挑战。

前　言

2008年，中国成功举办第29届夏季奥林匹克运动会（又称2008年北京奥运会），也正是在那一年，笔者承担了国家社科基金项目"中国竞技体育国际角色定位研究"（编号：08BTY027）的课题研究任务。北京奥运会的成功举办，全面展现了我国竞技体育的整体水平和实力，进一步提高了我国在国际体坛的地位和声望。笔者在这样的背景下选择这样的课题进行研究，从宏观层面认真思考我国竞技体育事业国际角色该如何调整与正确定位，探索新时期中国竞技体育发展战略的目标、理念和途径，以期为我国科学制定体育发展战略提供理论基础和参考依据。从中华人民共和国成立以来，中国竞技体育就扮演着推动我国体育全面发展的重要角色。2022年党的二十大顺利召开，明确提出"促进竞技体育的全面发展"，完善和发展新时代竞技体育举国体制，全面提升竞技水平，增强为国争光能力。为了顺应多变的国际体坛环境、在国际体坛立足，必须树立我国在国际体坛中的新形象。世界百年未有之大变局和新冠疫情的冲击致使体育强国建设的多维度价值越发凸显，体育在实现人类命运共同体的过程中扮演重要角色。而竞技体育作为我国体育走向世界的重要环节，必须肩负起时代使命。应该说，中国国际角色的重大转变以及国内外环境的巨大变化，客观上要求我国必须突破传统的竞技体育的发展理念和运行方式，走出一条既有利于我国体育事业健康可持续发展，又有利于世界体坛和平与稳定，并与国际竞技体育发展大趋势相吻合的新道路。

如今，中国进入新时代，中华民族迎来了从站起来、富起来到强起来的伟大飞跃。体育强则中国强，国运兴则体育兴。习近平指出，"加快建设体育强国，就要把握体育强国梦与中国梦息息相关的定位，把体育事业融入实现'两个一百年'奋斗目标大格局中去谋划，深化体育改革，更新体育理念，推动群众体育、竞技体育、体育产业协调发展"。① 在党的二十大报告"加快建设体育强国"中，"加快"二字充分说明新时代实现体育强国建设的紧迫程度。如果说从"大国"到"强国"，是新时代赋予中国体育事业的新定位和新使命，那么从"建设体育"到"加快建设"就更凸显了体育强国建设的时代性与紧迫感，实现体育强国势在必行。习近平强调，"发展体育事业不仅是实现中国梦的重要内容，还能为中华民族伟大复兴提供凝心聚气的强大精神力量"。② 党的二十大全面召开，习近平总书记高度重视体育事业改革发展，推动群众体育和竞技体育的全面发展，多次强调建设体育强国的重要意义，体育已成为中华民族伟大复兴的标志性事业。党的二十大重点强调必须"增进民生福祉，提高人民生活品质"，高度重视公共服务体系的建设，致力于公共服务水平的提高，因此，体育领域的公共资源均衡配置和可及性必须引起高度重视，扎实推动共同富裕目标的实践。

作为一名从事体育教学和研究的工作者，笔者一直认为实现体育产业化是体育强国发展的普遍规律，也是我国实现体育强国的必然途径。而体育场馆与体育竞赛表演、体育健身等活动的举办存在密切联系，它们作为体育产业的重要构成部分，必须受到高度重视。此外，从国务院印发的《关于加快发展体育产业 促进体育消费的若干意见》中可以看出，全民健身已上升为国家战略。③ 因此要盘活、用好现有体育设施，就要积极推动公共体育设施向社会开放，在更好服务群众的同时，还要提高自我运营能力，加快体育设施的商业化、市场化运营。而体育场馆作为体育产业经济发展的重要资源，其市场化、商业化及产业化运营能否得到顺利推进，从而提升其使用效率，将直

---

① 《体育强则中国强！习近平为体育强国建设指明方向》，中国新闻网（https：//www.chinanews.com.cn/gn/2021/09-15/9566320.shtml）。

② 《建设体育强国，展现时代风尚（奋进新征程 建功新时代）》，中国共产党新闻网（http：//cpc.people.com.cn/n1/2022/0222/c64387-32356700.html）。

③ 国务院：《关于加快发展体育产业 促进体育消费的若干意见》，中华人民共和国中央人民政府官网（http：//www.gov.cn/xinwen/2014-10/20/content_2767791.htm）。

前　言

接关系到整个体育产业经济的发展水平。2015 年，笔者承担了国家社科基金项目"体育场馆商业运营回头经济研究"（编号：15BTY046），就体育场馆商业化运营过程中存在的运行体制机制等诸多现实问题进行了深入研究，以期提高体育场馆的利用率，为促进体育场馆的商业化运营提供借鉴与参考，为我国体育产业发展注入活力。这一课题从微观层面认识体育场馆商业化运营的现状以及探究如何加快体育场馆商业化运营的理论建构，提出进一步完善体育场馆商业化运营的途径或对策。目前我国体育场地利用率不高，但运营成本不低，场馆的有效供给和现实需求不能匹配，"老大难"问题严重制约体育事业高质量发展。党的二十大提出健全基本公共服务体系，提高公共服务水平，进一步增强全民健身公共服务体系的均衡性和可及性。这也对新时代体育场馆的运营、管理和服务供给作出全新要求。2022 年，笔者承担了国家社科基金项目"新消费时代国民运动服饰品牌竞争优势塑造及营销模式创新研究"。基于新消费时代，体育品牌重塑和竞争力提升势在必行，体育场馆作为体育服务业的重要代表产业，其品牌构建也需通过商业化运营得以实现。笔者认为，体育场馆商业化运营回头经济的研究成果可为相关部门、场馆管理者提供决策参考，对新时期实现体育场馆的商业化、产业化和市场化发展具有一定的借鉴意义，并为推动公共体育服务体系建设，推动全民健身和健康中国建设做出贡献。这本书是在课题"体育场馆商业运营回头经济研究"基础上编撰完成的，在这一过程中，要感谢笔者的导师于文谦教授的悉心指导和鼓励，还要感谢孙一教授、课题组成员王松博士、孔庆波教授、于海生讲师、邹月辉教授、项烨讲师、孙法亮博士的辛勤付出，他们的支持和帮助让笔者感动。在此要特别感谢朱焱讲师承担十万字的书稿撰写内容，并在商业化运营的回头经济和场地资源配置等方面做出的实证分析。笔者才疏学浅，难免有疏漏之处，敬请读者批评指正。

李湘浓
2021 年 11 月 8 日

目 录

第一章 绪论 ………………………………………………………… 1

第二章 体育场馆商业化运营概述 ………………………………… 5

 第一节 体育场馆的性质与相关概念解析 ………………… 5

 第二节 商业运营的基本概念及目的、任务 ……………… 9

 第三节 回头经济基本概念及其适用性 …………………… 10

第三章 国外体育场馆商业运营研究 ……………………………… 12

 第一节 政府及相关部门对体育场馆运营的
    支持性政策与补贴研究 …………………………… 12

 第二节 体育场馆服务水平的提升研究 …………………… 15

 第三节 体育场馆的商业化运营与营销研究 ……………… 19

 第四节 学校及社区体育场馆的相关研究 ………………… 21

 第五节 体育场馆与社会环境的关系研究 ………………… 25

 第六节 智慧场馆的开发与应用研究 ……………………… 26

第四章 我国体育场馆商业化运营研究 …………………………… 30

 第一节 体育场馆政策法规研究 …………………………… 30

 第二节 体育场馆建设规划研究 …………………………… 34

 第三节 体育场馆低成本或免费对外开放研究 …………… 38

 第四节 体育场馆市场化运营研究 ………………………… 41

 第五节 智慧场馆的开发与应用研究 ……………………… 49

  第六节 国内相关研究及启示 ………………………………… 52

第五章 体育场馆商业运营的回头经济的理论机理 ……………… 53

  第一节 三次售卖理论 …………………………………………… 53
  第二节 服务营销理论 …………………………………………… 55
  第三节 热点营销理论 …………………………………………… 59
  第四节 大市场营销理论 ………………………………………… 66

第六章 体育场馆商业化运营与回头经济 ……………………………… 71

  第一节 体育场馆商业化运营与回头经济的关系逻辑 ……… 71
  第二节 体育场馆商业化运营中回头经济的实现过程 ……… 81
  第三节 体育场馆商业化运营过程中回头经济的现实价值 … 90
  第四节 体育场馆商业化运营过程中回头经济的现实状况 … 94
  第五节 体育场馆商业化运营过程中回头经济的问题挖掘 … 97
  第六节 体育场馆商业化运营中回头经济不足的
      致因剖析 ………………………………………………… 106

第七章 体育场馆商业化运营中回头经济的实证分析 ……………… 113

  第一节 研究对象与方法 ………………………………………… 113
  第二节 我国民营体育场馆服务质量评价 IPA 分析 ………… 115
  第三节 我国民营体育场馆服务质量 IPA 实证分析 ………… 118
  第四节 我国民营体育场馆服务质量与管理
      运营策略改进 …………………………………………… 124

第八章 体育场馆商业化运营中场地资源配置均衡性 ……………… 128

  第一节 体育场馆商业运营中的回头经济与场地
      资源配置 ………………………………………………… 128
  第二节 研究体育场地资源配置均衡性的基尼系数法 ……… 130
  第三节 体育场地资源均衡配置评价指标的选取与
      数据准备 ………………………………………………… 132

第四节　体育场地资源配置基尼系数计算结果与分析 …… 139

第九章　实现体育场馆商业化运营回头经济的具体措施 …… 154

　　第一节　找准目标市场，提高市场占有率和顾客回头率 …… 154
　　第二节　积累回头资源，维持顾客消费频次 …………… 155
　　第三节　注重服务环境，提高场馆服务质量 …………… 157
　　第四节　实行多样化的经营策略，满足不同人群的
　　　　　　消费需求 ………………………………………… 158
　　第五节　体育场馆回头经济的实现
　　　　　　——基于5G技术的应用展望 ………………… 160
　　第六节　推行场馆所有制改革，打造场馆经营多赢模式 …… 161

第十章　总　结 …………………………………………… 189

　　第一节　结论 …………………………………………… 189
　　第二节　建议 …………………………………………… 191

附　录 ……………………………………………………… 195

参考文献 …………………………………………………… 201

第一章

绪 论

一 研究对象

本书的主要研究对象是体育场馆商业化运营过程中回头经济的打造，包括体育场馆商业化运营现状和回头经济理论的应用。

二 研究内容

（一）界定相关概念，确定体育场馆商业化运营的范畴

本书涉及的主要概念包括体育场馆、商业化运营和回头经济，重点在于深入剖析体育场馆商业化运营与回头经济之间存在的关系。在分析过程中，笔者将体育场馆商业化运营看成一个不断运动变化的过程，始终坚持研究对象的动态性原则，做到科学、合理、准确地把握体育场馆商业化运营的潜在规律，以适应未来体育场馆商业化的变化发展。

（二）梳理实践逻辑与前提条件，明确回头经济的价值

中小型体育场馆只需要具备合适的体育运动场地，并具备较为完善的基础配套设施，适当办一些富有影响力的中、小型业余赛事即可。而大型体育场馆的商业化运营是产生回头经济的基本条件。大型体育场馆举办比赛的收入、商业化运作开发、场馆的多功能使用及无形资产则是回头经济的实践逻辑。

任何经济理论的形成都要经历一定的过程，也必须具备基本的条件。同一般产品相似，体育场馆作为一种产品进入市场营销也需要具备较大的固定消费群体，只有这样才可能实现可持续经营。因此，如何扩大体育场馆的消费群体，维持顾客对体育场馆的持久力消费是当前体育场馆商业化运营中实现回头经济所面临的主要难题。因此，本

书对体育场馆商业化运营中回头经济的形成条件、过程进行了深入剖析，初步认为"一次性消费的完成—消费群体的增多、场馆信息的放射性扩散—二次定向消费或更多消费的实现"与"场馆注意力经济—场馆影响力经济—场馆回头经济"是相对应的两个过程。体育场馆回头经济的形成也必须具备一定数量的顾客和一定的回头率、拥有吸引顾客回头率的资源、具备优质的服务环境、适销对路的营销策略等基本条件。因此，本部分需要深入结合体育场馆本身的产品属性对商业化运营的特点、消费群体的差异性特征和消费心理特征等进行研究。在此基础上，笔者对国内不同区域、不同类型的典型体育场馆商业化运营案例进行调查，如了解举办过奥运会、全运会、亚运会等大型体育场馆的当前经营现状，以及东部沿海城市的典型商业性俱乐部、典型高校体育场馆的商业经营现状，等等，以掌握当前我国体育场馆商业化运营过程中存在的问题，总结出其中存在的共同规律，从而对体育场馆商业化运营的回头经济的打造进行整体把握。与此同时，在实地调查和专项梳理的基础之上，笔者总结出体育场馆商业化运营中回头经济的固有价值和延伸价值。其中，固有价值主要包括体育场馆所处的位置、构造材料、自身的面积及顾客四大要素，而延伸价值主要包括社会效益与经济效益两大部分。

（三）体育场馆商业化运营过程中回头经济的发展现状、存在的问题、致因与实现回头经济的途径

这部分着重分析了体育场馆目前的改革情况、运营状况、功能设计状况及民间与政府的参与现状，剖析了政府领导力、社会参与、商业意识、赛事审批制度、吸引顾客、留住顾客、实践动力等方面存在的问题，归纳出这些问题是由体育场馆改革不彻底、激励机制不完善、人才储备不足、运行机制不完备等引起的。因此，我们可以通过找准场馆目标市场、充实场馆回头资源、注重场馆服务环境、实行多样化的经营策略、实践及应用5G技术等方式来解决上述问题。

（四）以L省大型体育场馆混合所有制改革为例进行回头经济的具体研究

通过实地调研与资料收集，首先，笔者提出大型体育场馆运营混

第一章 绪 论

合所有制改革的依据，即营造国资与民资合作的公平环境、建立有效的产权制度和推动企业治理机制的规范化。其次，大型体育场馆运营的权变因素处于政策舆论对场馆运营混合所有制改革的驱动、经济转型对体育场馆运营混合所有制改革的导向、人民美好生活的需要对场馆运营混合所有制改革的要求、竞争优势对场馆运营混合所有制改革的支持四大外部环境中。而在内部环境中，大型体育场馆的合理化运营首先需要具有强大的后勤保障能力与专业运营能力的团队；其次需要选择科学的运营模式，其中，L省大型体育场馆运营分为事业单位管理模式、改良型事业单位管理模式、委托运营管理模式与企业化管理模式四类。最后，需要从物质文化层面和精神文化层面建设场馆文化。

目前，L省大型体育场馆运营混合所有制改革中不仅存在传统观念根深蒂固、创新经营意识淡薄，以及混合所有制改革目标、价值观与动机难以统一等问题，还存在国有资产流失、公共体育服务质量下降、忽视治理机制规范化等风险。为此本书提出对策措施，如实现人力资本管理"走出去"与"引进来"、建立现代企业业绩考核制度、强化引导、统一理念等对策。在此基础上，还需完善监管体系，推动资产操作公开、公正、透明；建立场馆公共服务标准，完善监督考核机制；发挥政府的主导作用，统筹规划与实施；等等。

三 研究方法

本书以体育场馆商业化运营为研究对象，采用理论分析与实证研究相结合、历史分析和比较分析相结合等研究方法，尝试运用经济学、体育学等多学科知识进行交叉研究。具体研究方法如下。

（一）文献资料法

第一，利用现有的文献查询渠道，收集经济学、体育学等理论研究文献资料；第二，查询我国历年体育统计年鉴中有关体育场馆商业化运营的政策文件和领导人讲话；第三，充分利用国家体育总局与国家统计局联合发布的《全国体育及相关产业统计公报》以及国家体育总局发布的《第六次全国体育场地普查数据公报》等资料；第四，通过图书馆和互联网大量收集、整理国内外经济学和营销学中关于产品营销方面的研究资料，并对相关体育赛事、学校、俱乐部、体育场馆的文献资料进行重点阅读和分析，梳理可资借鉴的理论成果，以便为课题研究做好准备工作。

（二）专家访谈法

在理论研究的基础上，笔者还对国内公共体育场馆运营管理方面的专家、学者进行访谈，并充分借助经济学、管理学等相关学科的研究成果，通过召开小型座谈会对本书研究的理论框架和技术路线进行研讨。对若干省市体育局的有关领导及大型公共体育场馆运营管理负责人进行访谈，确定体育场馆商业化运营化运作过程中遇到的常见问题、注意事项以及相关经济理论的运用情况。

（三）实地考察法

笔者根据公共体育场馆、准公共体育场馆、商业性体育场馆的不同属性，选取较有代表性的体育场馆作为考察对象，亲自走访并考察其商业化运营的基本现状、剖析存在于不同类型体育场馆的商业化运营的特征，进一步明确体育场馆回头经济打造过程中应该注意的事项。

（四）案例分析法

本书对我国经济较为发达城市，如北京、上海、广州、杭州、宁波、深圳、南京、青岛、大连、天津、重庆等典型的体育场馆经营企业、高校、俱乐部进行调研，以了解我国体育场馆商业化运营情况，并以在体育场馆事业单位改革方面先试先行的L省作为典型个案研究地区，以期总结经验和教训供其他地区借鉴。继而，本书还对这些典型案例进行深入分析，以整体把握当前我国体育场馆商业化经营的现状、存在的问题、存在的共同规律，然后提出相应的场馆回头经济的发展路径和措施。

（五）逻辑分析法

本书结合所整理统计的调查数据，分析研究不同类型、不同地区体育场馆商业化运营的市场条件、具有的市场潜力以及体育场馆的经营状况，据此制定适合实现我国体育场馆回头经济的措施。

第二章

体育场馆商业化运营概述

第一节 体育场馆的性质与相关概念解析

一 体育场馆

体育场馆是大众进行运动训练、运动竞赛及身体锻炼的专业活动场所。它是为了满足运动训练、竞赛和消费大众对体育产品与服务的需求，有针对性地修建的各种专门性活动场所的总称。主要由公开性开放且提供相应服务的体育馆、体育场、游泳馆；满足体育教学训练要求的运动场地和相应的室内外场地；满足健身大众娱乐运动需求的体育俱乐部、健身房、体操房和其他小型健身娱乐场地；等等构成。体育场馆主要分为在室外进行比赛训练的体育场和在室内进行比赛训练的体育馆。

二 公共体育场馆

公共体育场馆是指，"国家投资或筹集社会资金兴建的，属国家各级体育行政部门管理的，用于开展社会体育活动，满足广大群众进行体育锻炼或观赏运动竞技以及运动员训练，竞赛需求的体育活动场所，它是实施奥运争光计划和全民健身计划的一项主要的物质保障"。[1] 而大

---

[1] 国务院研究室科教文卫司、国家体委政策法规司：《体育经济政策研究》，人民体育出版社1997年版，第90页。

型体育场馆则采用了国家体育总局和财政部联合发布的《关于推进大型体育场馆免费低收费开放的通知》中的界定标准，即"体育部门所属大型体育场馆，即座位数20000个（含20000个）以上的体育场、座位数3000个（含3000个）以上的体育馆、座位数1500个（含1500个）以上的游泳馆（跳水馆），以及区域内的公共体育场地和设施"。①

三　大型体育场馆

目前，国内学者对大型体育场馆的研究已形成初步共识，但对其概念、标准的界定等方面仍存在一定的争议与分歧，主要集中在投资规模、建设规模等分类标准方面。例如，朱志强等认为，根据现行基础设施建设管理体制，场馆投资额达到3000万元时则为大中型场馆，未达到3000万元时则为小型场馆。② 此外，有关"大型体育场馆"的官方定义是国家体育总局等八部门于2013年发布的《关于加强大型体育场馆运营管理改革创新　提高公共服务水平的意见》中界定的，其将大型体育场馆定义为由各级人民政府和不同社会参与力量投资建设、向公众开放、达到《体育建筑设计规范》（JGJ 31—2003）中规定的体育场内座位数20000座及以上，体育馆内观众座位数3000座及以上，游泳馆、跳水馆内观众座位数1500座及以上等体育建筑的规范标准。

四　体育场馆智慧化

2008年11月，IBM③首次提出"智慧地球"概念，随后"智慧化"理念的影响力扩展至全球范围，不同国家的各行各业都对其进行相关运用和逐步诠释。而作为社会全部体育活动的重要组织载体的体育场馆，亟须顺应国家发展大局和社会进步潮流，广泛参与各项创新活动。这就需要传统体育场馆因势而变，积极投入到数字时代，主动地利用大数据、人工智能等数字科技持续提高场馆服务质量和运营管理效

---

① 中华人民共和国中央人民政府：《关于推进大型体育场馆免费低收费开放的通知》，中华人民共和国中央人民政府官网，http：//www.gov.cn/gzdt/2014-01/28/content_2577643.htm。

② 朱志强：《我国大型体育场（馆）早期规划管理的研究》，《中国体育科技》2001年第12期。

③ IBM（International Business Machines Corporation），常被译为国际商业机器公司或万国商业机器公司。

率，实现传统体育场馆的智慧化转型。传统体育场馆迈向"体育场馆智慧化"的同时，引申出了"智慧体育场馆""智能体育场馆"等一系列延伸概念。整体而言，业界对智慧体育场馆的建设目前已达成共识，初具发展规模，且卓有成效。《大中型体育场馆智慧化建设和管理规范》将"体育场馆智慧化"界定为：以体育场馆空间为主体，应用建筑信息模型（Building Information Modeling，BIM）、云计算、物联网（Internet of Things，IoT）、5G通信、大数据、人工智能、数字孪生等现代信息技术，使体育场馆形成集即时感知、科学决策、主动服务、高效运行、智能监管等功能为一体的新型建设和运行管理模式。[①]

五　智能体育场馆

智能体育场馆是信息时代的产物，是现代建筑设计与信息技术的精妙结合。为规范和指导体育建筑智能化系统的设计与施工、提高体育建筑智能化系统工程质量，住房和城乡建设部于2009年7月9日发布了《体育建筑智能化系统工程技术规程》（以下简称《规程》）。《规程》指出，体育建筑智能化系统宜由设备管理系统、信息设施系统、专用设施系统、信息应用系统、机房工程等部分构成。《规程》总结了我国体育建筑智能化系统工程建设的实践经验，参考了国际奥委会、国际田径联合会等国际单项体育联合会的有关规定，针对智能化系统设计施工的具体情况和实际需要编制了验收内容，并通过了北京奥运场馆建设的实践检验。体育建筑既有普通公共建筑中的智能化系统，又有因体育比赛需要而设置的专用系统，所以《规程》既反映了体育建筑的特殊性，提高了设计的针对性和可操作性，又体现了节能、环保是设置智能化系统的重要目标。智能化技术可以合理有效地控制用电设备的运行，解决体育赛事和日常多功能应用的程序转换问题。按照《智能建筑设计标准》的定义，智能建筑是指以建筑为平台，基于对各类智能化信息的综合应用，集架构、系统、应用管理及优化组合为一体，具有感知、传输、记忆、推理、判断和决策的综合

[①] 浙江省市场监管局：《大中型体育场馆智慧化建设和管理规范》省级地方标准，浙江省市场监管局官网，http：//zjamr.zj.gov.cn/art/2021/1/20/art_1229047334_58999222.html.

智慧能力，形成以人、建筑、环境互相协调的整合体，为人们提供安全、高效、便利及可持续发展功能环境的建筑。体育建筑在该标准中被列为第 16 项，该标准还对体育建筑智能化系统工程做出规定：应适应体育赛事业务信息化的需要；应具备体育赛事和其他多功能使用环境设施的基础保障；应满足体育建筑物业规范化运营管理的需求。此外，还详细列出特级、甲级、乙级、丙级四类体育建筑智能化系统配置的有关规定。国内众多专家、学者对智能体育场馆的定义所持观点较为一致。徐文海等认为，建筑智能化系统是以信息技术为核心的现代高新技术的集成，体育场馆智能化系统分为环境监控、通信广播、比赛专用和管理信息四大分系统以及机房工程，按专业技术和服务功能又可分为 20 多个子系。① 耿锁奎提出，为满足体育比赛、运动训练以及赛后利用对管理和服务的需要，在体育场馆现有建筑空间和设备的基础上，采用信息技术（如电子技术、自控技术、通信技术、计算机技术）产品和成果构建的大型复杂系统称为体育场馆智能化系统。② 体育场馆智能化系统一般包括智能监控系统、信息网络系统、场馆专用系统、应用信息系统和机房。近年来，市场中也涌现出一批新型升级的智能体育场馆，例如，虎扑体育提出了利用互联网科技、软硬件集成的体育场馆升级运营方案，即在场馆内不同类型场地的多个方位架设摄像头以捕捉场上运动员的技术动作等影像，通过布置电视转播机位、全场战术机位、底线动态机位、进球特写机位等实现场内屏幕直播和场外网络直播，并将比赛进行录制以供点播和下载，这能让普通体育爱好者获得职业级别的直播和视频剪辑服务，在实现体育场馆的智能升级的同时也为普通体育爱好者提供了展示自己的平台，备受体育界和大众瞩目。

总体来看，智能体育场馆主要体现在：一方面是发展理念更新，从建筑科技的视角，注重将环保、节能、绿色、智能等元素应用于体

---

① 徐文海等：《体育场馆智能化工程管理模式探讨》，《智能建筑与城市信息》2004 年第 6 期。

② 耿锁奎：《数字健身平台的建设与应用探讨》，中国体育科学学会体育计算机应用分会：2013 年全国体育计算机应用学术会议论文，上海体育学院，2013 年 11 月。

育场馆建筑的设计当中,上述理念实际已经在场馆建设过程中有所体现,如新材料、新能源的应用使场馆建设更加高效、节约,减少能耗带来的污染,让运动环境和生活环境可持续发展;另一方面是场馆内部硬件升级,对于大型体育场馆、中小型体育场馆和全民健身中心而言,通过增设客流监控系统、能耗监控系统、视频监控系统和智能停车系统等,能够最大限度地满足场馆管理单位的管理需求,实现运营方对"节能、省人、增效"的期望。因此,本书认为,智能体育场馆是以科技为单核驱动力,随着场馆科技手段和设备设施的升级,被动达到场馆功能提升的体育场馆。

六 智慧体育场馆

智慧体育场馆是指各类场馆在建设时期以及运营管理阶段,利用智能化的信息技术与场馆运营管理、服务的实际应用相结合的场馆类型。智慧体育场馆的主体品牌即场馆本身,通过对软件及硬件设施的智慧升级和更新换代,联合相关产业协同发展,以完善场馆的个性化服务、提升场馆的管理运营水平、节约场馆的综合支出成本、扩大场馆的特色营销推广,从而获得社会效益与经济效益为动力,最终促进体育及相关文化的进步,推动体育及相关产业可持续发展。智慧体育场馆是公共体育产业发展的新方向。智慧体育场馆是现代场馆可持续发展理念的实际应用,是未来场馆的理想模式。智慧体育场馆是智慧城市的重要组成部分,是文体产业基于新时代的具体实践。

第二节 商业运营的基本概念及目的、任务

运营是指与产品生产和服务创造有密切关系的各项不同类别的管理工作的总称。通过计划、组织、实施和控制,实现运营全过程。而运营管理主要是指对产品生产和有关产品和服务的生产系统而进行设计、运行、评价和改进的管理工作,分为市场运营、用户运营、内容运营、社区运营以及商业运营几个大类。商业运营是指在企业中专门从事产品交换的营利性活动,通俗说法是"买卖"。大多数的商业运

营，都是以成本以上的价格卖出产品或服务，从而获得利润。营销是商业运营的主要形式。之所以商业运营的根本是找到合适的定位主要包括以下几点：①商业运营的角色定位程度与开发商对投资商的承诺回报密切相关：从项目规划初期的修建规划定位以及项目实施末期的经营定位两方面考虑，若未能结合二者进行考虑，就很难就多方利益的展开给予准确高效的回报承诺。②商业运营的定位与宏观项目的整体招商难易标准密切相关：清晰的定位能够坚定商家和大众的投资决心，混乱的定位，不利于理顺后期经营的章法，从而给最后的项目招商招致不必要的麻烦。③商业运营的定位与项目整体的营销、宣传、包装、推广密切相关：在初期若项目定位未能明确方向及目标，那将会对下一步的项目推广和品牌包装产生影响，甚至会产生不可预估的连锁失误，模糊运营的宣传和推广目标，缺少独特的品牌特色与个性定位的商业很难形成系统品牌，难以在市场立足。

体育场馆商业运营是指依托现有体育场馆资源，使其进入市场以实现营利性经营的发展模式，如学校体育场馆、社区体育场馆实行有偿对外开放，以及商业体育场馆上市经营等，都属于体育场馆的商业运营。目前，体育场馆的商业运营形成了"以体为主、多种经营方式并存"的特点，具体表现在形成了以承办体育赛事为主，以音乐会、发布会、展销会等其他活动为辅的多元化运营模式。

第三节 回头经济基本概念及其适用性

回头经济是指在一个行业中，通过吸引消费者注意力、提高产品影响力，促进消费者对产品实施二次定向消费，重新获得或者获得更多、更大吸引力的一种新经济策略，从而实现产品可持续经营的一种经济活动。① 回头经济又称为回头客经济，其本质是吸引顾客对产品实施二次定向消费，其目的在于获取更多、更持久、更稳定的经济收

---

① 苏丹、王巧贞：《回头客的1P式营销》，《销售与市场》（评论版）2012年第10期。

益，其过程包括以下几个方面：①一次性消费的完成；②注意力经济的形成、消费群体的增多、场馆信息的放射性扩散；③影响力经济的打造、二次定向消费或更多消费的出现；④回头经济的实现。体育场馆商业运营中的回头经济是指，场馆经营方在集中消费者注意力的基础上，针对消费者实际需求采取一些鼓励、优惠性措施，吸引在场馆消费过的顾客来场馆实施二次或多次定向消费，促进体育场馆固定消费群体的形成及体育场馆商业化、市场化的可持续经营发展，从而获取更多、更稳定、更持久的经济效益。

第三章

国外体育场馆商业运营研究

第一节 政府及相关部门对体育场馆运营的支持性政策与补贴研究

有学者统计了丹麦 98 所城市中羽毛球、足球、体操、手球和游泳五个运动项目的运动设施数据,并对运动设施得到的市政补贴类型(如直接补贴、间接补贴等)及设施覆盖情况等相关信息进行了研究。结果表明,体育场馆得到的市政补贴类型与体育场馆密度以及群众体育运动参与程度存在弱相关,影响场馆密度及群众体育参与程度最重要的因素是体育设施覆盖率。[1]

在美国,是否应将大量公共资源投入体育设施建设是一个有争议的话题。当选官员经常将大量公共资源投入体育设施项目,哈钦森(Hutchinson)等考察了 3 个由政治活动运作,在资源、权利、影响力等层面长期资助本市专业体育设施发展和建设的城市,从有影响力的民选官员和公共领导人($n=13$)以及文件和记录中收集的数据表明:①在涉及多个利益相关者群体的决策中,政治行动对于承诺升级(escalation of commitment)是必不可少的;②每个承诺升级决定因素中政

---

[1] Elmose-Østerlund K., Iversen E. B., "Do Public Subsidies and Facility Coverage Matter for Voluntary Sports Clubs?", *Sport Management Review*, Vol. 23, No. 2, Apr. 2020, pp. 315-329.

治行动的影响和互动作用；③支持、资源、力量和影响力在努力增加和防止对失败行动的承诺中所起的实质性作用；④在承诺升级中，利用政治活动产生显著的溢出效应。[1]

目前，补贴体育设施的后果尚未成为体育设施相关研究的重点。有学者提出了一个概念框架，用于评估不同的公共补贴对私人非营利性体育设施所产生的影响。此外，他们介绍了三种不同的补贴途径，即新公共管理、治理和预算。他们利用政治学中的制度理论和激励理论，以及体育志愿组织对体育设施的作用，判断它们如何影响体育设施的有效利用。有学者提出的概念框架包括12种不同的策略，认为对一个或者多个体育设施的选择策略会影响体育设施的利用率。[2] 他们所做的研究的主要目的是为未来的实证研究奠定理论基础，为体育场馆回头经济的实现提供理论依据，这个实证研究涉及如何通过不同的政策来提高体育设施的利用率，从而为将来对公共部门、体育设施和志愿体育组织之间复杂关系的研究提供参考。该研究证实了机构间跨部门合作所构建的体育运动交付系统能够有效促进大众参与体育运动。有学者指出，政策、设施以及最终用户对不同水平的体育运动造成的影响是有限的。例如，库玛尔（Kumar）等通过一种混合方法从整个交付系统的角度来检验运动参与度。具体来说，他们关注英国的"郡区体育合作伙伴"（County Sports Partnerships，CSP）地区，从政策（宏观）、设施（中观）和最终用户（微观）的层面研究大众的体育参与问题。从宏观来讲，地区负责人参加半结构化访谈；从中观来讲，设施经理完成相关调查；从微观来讲，公共、私人和外包设施的最终用户参加焦点小组。结果表明，私营部门和公共部门的体育政策目标之间存在明显分歧，在选择利益相关者中的优先群体以及判断公

---

[1] Hutchinson M., et al., "Political Activity in Escalation of Commitment: Sport Facility Funding and Government Decision Making in the United States", *Sport Management Review*, Vol. 21, No. 3, Jun. 2017, pp. 263-278.

[2] Iversen E. B., Cuskelly G., "Effects of Different Policy Approaches on Sport Facility Utilisation Strategies", *Sport Management Review*, Vol. 18, No. 4, Nov. 2015, pp. 529-541.

益和营利性体育设施等问题上仍存在显著差异。①

有学者指出，以公共基础设施为内容的PPP模式有着昂贵的签约费，且涉及复杂烦琐的签约流程。标准合同是模块化结构的文档，并能为这些流程提供了标准条款；据称，政府通过限制合同谈判的空间来降低公共基础设施的交易成本。他们在研究比利时体育部门PPP政策计划的嵌入式案例的基础上，调查了标准合同的使用情况，并运用交易成本经济学的概念来解释使用标准合同的差异。在案例研究和访谈的基础上，他们的研究证明了不同情况下标准合同的使用成功与否主要视人造球场、体育馆和多功能体育中心的使用情况而定。不成功案例的特点是，当地政府的利益因主要公共行为者管理不善而受到影响，且标准合同使用情况的判定标准并未统一。他们进一步将使用标准合同的成功率与政府对固有资产的掌握程度联系起来，并认为在理论上和实践上对合同标准化应该采取更为谨慎的态度。②

有学者开发了城市服务消费和生产的垄断竞争模型，该模型内容主要包括空间结构和财产价值两部分。该模型显示，增加新的专业体育设施和团队会产生集聚效应，这不仅会改变服务和财产价值的组合方式，还会增加当地福利，而这些福利的一部分将作为建筑设施补贴，最终回馈给团队。他们还分析了新设施的分配结果以及基于财产税的融资对补贴所产生 。③

---

① Kumar H., et al., "Sport Participation: From Policy, Through Facilities, to Users' Health, Well-Being, and Social Capital", *Sport Management Review*, Vol. 21, No. 5, 2018, pp. 549-562.

② van den Hurk M., Verhoest K., "On the Fast Track? Using Standard Contracts in Public-Private Partnerships for Sports Facilities: A Case Study", *Sport Management Review*, Vol. 20, No. 2, Apr. 2017, pp. 226-239.

③ Humphreys B. R., Zhou L., "Sports Facilities, Agglomeration, and Public Subsidies", *Regional Science and Urban Economics*, Vol. 54, Sep 2015, pp. 60-73.

第二节 体育场馆服务水平的提升研究

体育是人类生活中不可或缺的一部分，体育锻炼是满足大众健身需求的有效途径。能在一个舒适的环境下进行体育锻炼会提高体育参与者的运动积极性，因此参与体育锻炼的群体对健身场所和健身环境的标准要求日益提高。所以，当大自然无法提供户外健身所需的外在环境时，相关主体就必须采取行动，因地制宜地创造开展体育活动的适宜条件。Torsing 等介绍了实现体育场馆智能化建设的基础条件，提出了促进沙漠覆盖地区的体育产业发展的新构想。该构想是由荷兰的兹瓦特（Zwarts）、简建筑事务所（Jansma Architects）、荷兰皇家哈斯康宁德和威集团（Royal HaskoningDHV）以及聚内德公司（Poly-Ned Company）所组成的财团提出来的。其创新之处在于，创造了一个场馆新设施——阴影圆顶™（Shaded Dome™），这是一种半永久性设施。该设施内部仅靠空气圆顶支撑，不包括任何内部支撑；外部由一个轻便、高强度的遮光罩覆盖。空腔撑竿的网格将空气圆顶和遮光罩连接在一起，从而形成支撑整个结构的外围结构系统。此外，不同膜材料的定制组合，加速了圆顶和遮光罩之间自然气流的循环流通速度，从而形成舒适的内部微气候。这种设计可保护其免受极端气候，如大风、高温的影响。此外，由于阴影圆顶™的组成材料轻便，其运输体量不大，在短期内就可以实现组合和拆除。[1]

了解任何体育赛事中室外体育场馆设施对公众安全的影响至关重要。在使用得较为频繁的公共体育设施中，保障观众的人身安全是体育场馆有关部门的主要职责。体育场馆的不同竞赛表演或健身休闲等活动影响着场馆管理类别，如风险管理和设施管理。体育场管理者必须采取有效措施保障运动员的正常比赛活动和观众的观赛活动。有学

---

[1] Torsing R., et al., "The Shaded Dome™: A Smart, Cool & Adaptable Facility for Sport Venues" *Procedia Engineering*, Vol. 147, 2016, pp. 848-853.

者研究了室外体育场馆及其附属体育设施的安全保障问题,为了达到保障人员安全这一必需的目的,他们制定了两个行动目标,首先,应确定室外体育馆及其附属的配套设施本身设计、质量是否安全,以及是否为对应的活动采取了安全保障措施;其次,学者运用文献综述、半结构访谈和案例分析等方法,调查观众对相关风险的安全意识,认为场地设施的管理方应主动通过广播、传单、APP推送等形式确保接触场地设施的相关人员知悉场地、设施安全事宜。①

在落实好场馆管理和设施保障的同时,体育场馆还需要提供系统科学的诊疗服务,以此来保障场馆内不同人员的人身安全。2006年8月,荷兰阿尔克马尔市的足球场——DSB体育场开业,可容纳1.7万人。为了提供足够的紧急医疗服务,该体育场配备了专业的冠心病监护室和急诊室护士,成立了红十字会志愿医疗团队,此外该体育场还提供包括自动体外除颤器在内的医疗设备。在每场比赛的观众席中配备3个医疗团队。这些团队分别成立研究小组,所有心脏病发病患者均在不同小组提供及时的医疗服务后被及时送往医院。据统计,2006年8月至2007年5月,超过80万人到新体育场观看足球比赛。这期间发生了4例需要紧急医疗支持的心脏事件(3例因室颤而进行了院外心肺复苏,1例为胸痛患者),对上述4名患者使用自动体外除颤器进行现场复苏是成功的,医疗团队对患有血管疾病而产生室颤的患者进行了冠状动脉搭桥手术和可植入的心脏复律除颤器置入术,对1名患有回旋支的单支血管疾病的患者进行了冠状动脉支架手术。除1名胸痛患者仍需进一步治疗康复外,其余患者康复状况良好。Leusveld等建议在举办体育活动和其他活动的大型场馆中配备除颤器和急救医疗队。他们认为在大型运动场馆中,急救医疗队对于重症患者的即时护理至关重要。在可能的情况下,使用自动体外除颤器进行现场复苏可挽救生命。②

---

① Ali I. M., et al., "Spectators Safety Awareness in Outdoor Stadium Facilities", *Procedia Engineering*, Vol. 20, 2011, pp. 98-104.

② Leusveld E., et al., Usefulness of Emergency Medical Teams in Sport Stadiums", *The American Journal of Cardiology*, Vol. 101, No. 5, pp. 712-714.

在现代社会中，大众参与体育的方式具有身份两重性，他们不仅是体育赛事的观看者，还通过更加频繁地参加体育运动来改善自身健康状况。因此，能够提供一种舒适健康的运动环境对体育场馆来说至关重要。但是，就目前来看，运动环境的质量状况参差不齐。比如，包括体育设施在内的体育场馆可能已经被病原微生物污染，从而引起人类过敏或者其他不良反应。有研究旨在评估多个运动场所（健身室、武术室、游泳池、体育馆、运动场）的室内空气质量。[1][2] 此外，对葡萄球菌菌株分离后产生的抗生素的抗性进行评估，在使用选择性底物，用MAS-100NT采样器收集空气样品后，根据欧盟药敏试药标准委员会（European Committee on Antimicrobial Susceptibility Testing, EUCAST）推荐的圆盘扩散法评估由金黄色葡萄球菌经甘露醇发酵实验后抗药性呈阳性的结果。结果表明，异养细菌的平均浓度存在较大波动，范围从38CFU/立方米（游泳池）到1036CFU/立方米（除游泳池之外的其他体育场馆）。通常，体育场馆中主要为真菌（平均浓度为658 CFU/立方米），空气中的真菌群落由枝孢菌属（Cladosporium）、霉菌、镰刀菌属和顶孢菌属构成，其中枝孢菌的数量最多。交链孢霉和金黄色葡萄球菌仅占分离的霉菌的一小部分。研究人员只检测到了经甘露醇发酵实验后呈阳性的低浓度的金黄色葡萄球菌，其平均范围从游泳池和运动场的1CFU/立方米到武术室的9CFU/立方米。在所有分离的葡萄球菌菌株中，73%对苯唑青霉素具有耐药性，而90%以上对庆大霉素、左氧氟沙星和利福平敏感。[3]

管理人员在对体育场馆的环境质量安全进行监控的同时，还需对环境舒适度进行调控。首先需要解决的就是温差问题。有学者通过分析不同能源效率的可操作性，为空中体育馆能源计划的建筑模型提供

---

[1] 李海影、李国：《大型体育场馆室内环境质量模糊综合评价模型》，《武汉体育学院学报》2017年第2期。

[2] 张大超、张云凤：《高校室内体育运动环境空气卫生质量调查与分析》，《北京体育大学学报》2012年第12期。

[3] Malecka-Adamowicz M., et al., "Microbial Diversity of Bioaerosol Inside Sports Facilities and Antibiotic Resistance of Isolated Staphylococcus Spp", *Aerobiologia*, Vol. 35, No. 4, Dec. 2019, pp. 731-742.

依据。这种非常特殊的建筑能够解决因天气寒冷而导致的大众参与体育活动困难等一系列问题。一般来说，体育场馆的室内气温常年保持在28℃左右。当室外温度低于5℃时，大厅中的组合式空调箱（air Handle Unit，AHU）就开始工作，调整室内和室外的温差，减少对过压的影响。该研究给出了寒冷气候下运动场馆中能源使用的具体数据。① 根据测量，每年特定的年供热能耗为75kWh/m^2。与此同时，研究者对能源效率措施的分析表明，空气再循环对总能源消耗影响最大，50%的室内空气再循环可以节省27%的能源。② 该结果既可用于在不同操作场景，来计算空气支撑厅内的对热能的需求总量，又可以为能源节约计划的实施提供简单依据。不同地区对体育设施的需求量不同，但总体呈持续增长趋势，由于需求提升促进以能源计划建筑模型为代表的建筑类型的能源性能提高，还为其用户创造了健康的室内环境。Rajagopalan 和 Luther 分别调查了位于澳大利亚维多利亚州的维多利亚州水上活动中心内部自然通风和混合通风（由排气扇辅助）条件下不同的通风性能。其评估内容主要包括温度分层、热舒适度、CO_2 的实时检测水平、热图像以及示踪气体法测量的通风效率。在进行计算流体动力学（Computational Fluid Dynamics，CFD）模型模拟的过程中，通常伴随着对通风状况的进一步分析，以制定最佳的调节策略。在夏季末期，当该空间中的温度过高时，人们会产生不适感。因此，人们考虑在不牺牲室内空气质量的前提下采用多种节能策略来改善舒适度，而无须使用制冷剂进行调节。这项研究能够更好地了解如何在自然通风条件下改善和控制此类空间的温度。

在对体育场馆的环境状况进行监控和调控之余，还需要落实好的就是对特殊人群的关照工作。将有特殊需要的儿童，如将患有孤独症谱系障碍（Autism Spectrum Disorder，ASD）和智力障碍（Intellectual Disability，ID）的儿童纳入受教育群体中。为了增加儿童之间互动的

---

① Nord N., et al., "Energy Cost Models for Air Supported Sports Hall in Cold Climates Considering Energy Efficiency", *Renewable Energy*, Vol. 84, Dec. 2015, pp. 56–64.

② Rajagopalan P., Luther M. B., "Thermal and Ventilation Performance of a Naturally Ventilated Sports Hall Within an Aquatic Centre", *Energy And Buildings*, Vol. 58, Mar. 2013, pp. 111–122.

机会，加拿大科技公司 SAGA 于 2017 年开发出一种名为"Lü"的交互式体育馆系统，该体育馆使用 AR 技术，以多台大型交互式地面投影系统增强体育场馆的功能性与互动性。在此基础上，特殊教育学校的体育馆也能够通过在天花板与墙壁中嵌入式安装高性能投影仪［屏幕尺寸约为 545 英寸（1 英寸 =2.54 厘米）］与跟踪摄像机，为有特殊需要的儿童提供单独的视觉辅助。视觉辅助工具可以帮助这些孩子掌握社交线索，是其进行社交活动重要的辅助工具。在未来体育馆中所进行的小组活动是通过与学校老师仔细协商而设计的。①小组循环跑（circle-run），它提供了需要与小组其他成员协调配合完成活动的机会；②小组练习，又称星座游戏，当行为者在察觉到其他玩家遭遇困难时，会采取帮助行为。有学者开展研究，对孤独症谱系障碍和智力障碍儿童进行生存能力测试，证实了这些活动的可行性。①

物联网技术具有在任何地方捕获实时健康相关参数的能力。有学者使用云计算和物联网技术来评估受训者在体育馆锻炼期间的健康数据，由这些数据组成的系统能够预测学员锻炼期间身体健康参数。为此，他们使用人工神经网络（Artificial Neural Network，ANN）技术进行预测，该技术遵循反向传播原理。该预测过程一共分为三个阶段，即监视、学习和预测。此外，该技术借助颜色编码实时显示的概率漏洞来真实地描述受训者的健康状况。有学者通过在不同的体育馆对 5 个人进行为期 6 天的监控实验所得结果与其他新技术所得数据进行比较，来确定该技术的适用性。②

第三节　体育场馆的商业化运营与营销研究

有学者强调了体育营销组合中"地方"要素的重要性，并诠释了

---

① Takahashi I., et al., "Futuregym: A Gymnasium with Interactive Floor Projection for Children With Special Needs", *International Journal of Child - Computer Interaction*, Vol. 15, Mar. 2018, pp. 37-47.

② Bhatia M., Sood S. K., "An Intelligent Framework for Workouts in Gymnasium: M-Health Perspective", *Computers & Electrical Engineering*, Vol. 65, Jan. 2018, pp. 292-309.

在体育营销过程中提高对其关注度的理由。运动设施的功能和特征对体育营销与促销决策的影响程度一直是大家热议的话题。但无论如何，服务与营销之间的关联性依然存在。正是由于体育服务对营销设施具有依赖性，体育营销组合中的"地方"要素变得格外重要。他们在研究过程中从3个角度来考虑体育营销组合中的"地点"要素。①作为时间和空间概念的地点；②从人类学的角度来看地点；③从当代体育观众的角度来看地点。他们提出了针对设施依赖型体育场馆进行重新定位的营销组合策略。体育营销组合是否需要重新定位取决于该设施作为社交互动渠道的重要程度。除此之外，正确使用服务营销策略可以有效地激发观众在社交互动中的积极性。研究者区分了营销依赖设施的体育服务和营销不依赖设施的体育服务，比较研究表明，在营销依赖设施的体育服务中，需要将地点变量置于显眼的位置。[①]

可以说，提高客户满意度是市场营销观念的核心，而消费环境中的物理设施规划情况会影响客户的满意度。考虑到在体育产业中，涉及观众体验的设施建设已经取得了巨大进步，因此有必要更好地了解设施如何影响客户。有学者将一支美国冰球球队的218位观众作为调查样本，调查对象为该球队使用了45年的球馆，借此来调查各个体育场馆中的各个物理设施要素对观众满意度的影响，并调查物理设施对于其他质量目标（核心产品和服务人员）的影响。多元回归分析显示，各个物理设施要素结合起来可以共同预测客户的满意度（R^2 = 0.183，调整后的 R^2 = 0.162），但是单一物理设施的属性对客户满意度的预测结果影响不大。层次回归分析表明，除了客户对核心产品的感知产生影响之外，客户对服务人员和物理设施的感知都有助于提高客户满意度。[②] 根据这些结果，有人认为管理者必须结合其他质量目

---

① Westerbeek H. M., Shilbury D., "Increasing the Focus on 'Place' in the Marketing Mix for Facility Dependent Sport Services", *Sport Management Review*, Vol. 2, No. 1, May 1999, pp. 1–23.

② Greenwell T. C., "Customer Satisfaction and Spectator Sportsfacilities: The Role of Expectancy Disconfirmation", *The North American Society for Sport Management Conference*. Alberta: Sn, 2002.

标来解决物理设施问题,以提高客户满意度。①

体育设施服务不仅对计划吸引力、社交机会、客户忠诚度和体育景观产生影响,还对人们使用不同类型体育设施的频率产生显著影响。体育设施的用途比较多元,不仅可以用在有特殊用途的保健和健身中心,还可以作为只有单一用途的服务设施,如网球、高尔夫场地或游泳池等。有学者提出由于服务质量不同而在参与者和体育设施之间产生的区别和影响的观点。该研究数据来自澳大利亚中东部沿海城市的1199名参与者的样本。该研究通过线性限制测试明确三种运动设施的不同结构对参与者做出重复参与行为的影响存在显著差异。此外,不同的运动景观对参与者使用健身设施频率的影响也不同。其中,对使用多种运动设施进行锻炼的参与者影响小,对使用单一运动设施的参与者影响大。他们还讨论了在每种设施上保留客户信息的含义。②

第四节 学校及社区体育场馆的相关研究

布莱克等使用来自英国国家儿童发展研究的前瞻性数据进行研究,该研究选取在1958年3月的同一个星期内出生的17634名英国儿童组成研究序列。研究者利用他们所接触的教育系统了解到,11岁的儿童受当地教育能力的限制,只能就近入学。这使受访者使用的学校体育设施质量参差不齐,使用感受具有随机性。为了对比上述不同成长背景下的儿童在其接受高中教育及成年后参与体育活动的情况是否有所不同,布莱克等还关注居住在同一地区内的同类队列成员之间

---

① Greenwell T. C., et al., "Assessing the Influence of the Physical Sports Facility on Customer Satisfaction within the Context of the Service Experience", *Sport Management Review*, Vol. 5, No. 2, Nov. 2002, pp. 129-148.

② Hill B., Green B. C., "Repeat Participation as a Function of Program Attractiveness, Socializing Opportunities, Loyalty and the Sportscape across Three Sport Facility Contexts", *Sport Management Review*, Vol. 15, No. 4, Nov. 2012, pp. 485-499.

的差异,并着重收集33—50岁成员所从事的身体健康活动以及有关其社会经济地位的评价指标。他们指出,体育设施短缺与其他类型设施不足之间的联系是潜在的;学校体育设施的分配情况与高中生的入学情况之间的关系是随机的。他们发现,在统计学上在体育设施不足的学校上学,会导致学生成年后参加体育活动的可能性明显减小。相比之下,没有证据表明体育设施不足会使学生成年后的身心健康、生活方式或社会经济状况恶化。[1]

"社区福利"是澳大利亚政府经常使用的一个术语,社区体育设施建设是否合理、居民是否对社区体育设施满意是澳大利亚政府检验"社区福利"开展得是否合理的重要评价手段,而体育设施的建设需要社区持续的财政支持。为调查从新体育设施的开发中获得的社区福利,有学者通过调查戴瑞滨(Darebin)国际体育中心周围社区(用户)的真实想法,验证该场所是否能够提供曾对社区承诺过的一系列福利。研究者在现场对设施使用者和主要利益相关者进行了访谈,对数据进行了定性分析以识别特定事件,并将其编码为概念以识别主要主题或模式:社会、心理影响;社区知名度和形象影响;发展影响和政治影响。这项研究结果表明,从用户的角度来看,戴瑞滨国际体育中心向用户提供了广泛的非经济利益,增加了社区居民进行社交接触、名赛参与等活动的可能性。大多数设施用户表示,该体育中心的发展对其运动、运动社区和运动体验都产生了积极影响。[2]

有学者认为,根据锚定理论的概念,组织或机构可以通过两个组成部分(社会资本和集体身份)为整个社区的发展做出贡献,包括建筑学、社会学、公共行政和城市发展在内的各种学科都支持这一观点。尽管有关体育设施的大量研究主要围绕其物理、财务、政治和经济结构进行,但缺乏对体育设施作为社会锚点的作用及其在正式和非正式社区发展中的作用的探索研究。他们的研究结果表明,体育设施

---

[1] Black N., et al., "The Effect of School Sports Facilities on Physical Activity, Health and Socioeconomic Status in Adulthood", *Social Science & Medicine*, Vol. 220, 2019, pp. 120-128.

[2] Grieve J., Sherry E., "Community Benefits of Major Sport Facilities the Darebin International Sports Centre", *Sport Management Review*, Vol. 15, No. 2, pp. 218-229.

是维护社区安全和社区网络安全的社会锚点。另外，体育设施的质量高低不仅可以维护集体形象，还可以为社区成员提供参与体育锻炼的标准参照。最后，基于此信息，不应严格将政府对运动场馆的投资视为产生经济回报的手段。①

Kroupis 等的研究目的是：①评估希腊体育教师的工作满意度和职业倦怠水平；②研究学校体育设施如何影响他们的工作满意度和职业倦怠水平。282 名年龄在 24—65 岁的希腊体育教师参加了这项研究。他们的工作经验从 1 年到 37 年不等。使用员工满意度调查表来评估其工作满意度，而 Maslach 职业倦怠调查普适量表则被用来评估职业倦怠水平。结果表明，体育教师在处于中低倦怠水平时，似乎对工作和监督的满意度更高，对晋升甚至薪酬的满意度也比较高。此外，与在较差体育设施中工作的体育教师相比，在体育设施非常令人满意的学校中工作的体育教师似乎更加满意。最后，在体育设施非常令人满意的学校里工作的体育老师的职业倦怠水平似乎较低。因此，建议学校应拥有尽可能好的运动器材，以使体育教师更满意，使学生能够得到更加充分的锻炼。②

学校操场作为学校的重要组成部分，在整个体育教学过程中发挥着重要作用。El-Kadi 和 Fanny 撰写的研究报告介绍了当时埃及首都开罗大多数公立学校操场的设计情况，说明了现有操场如何发挥其设计的功能，并描述了这种设计的缺点。在建筑物的屋顶上建造运动场是弥补场地不足缺陷的主要方案之一。El-Kadi 等介绍了该方案以及体育场馆大厅内部的示意图。该研究调查了体育馆的热学标准以及它如何服务于预期的活动。在考虑了容纳人员、照明和设备的情况下，研究人员对结构的热增益和热负荷进行了评估。该研究还介绍了使用具有不同热增益的机械通风的情况，并考虑了风扇的数量以及在参考

---

① Seifried C., Clopton A. W., "An Alternative View of Public Subsidy and Sport Facilities Through Social Anchor Theory", *City, Culture and Society*, Vol. 4, No. 1, Mar. 2013, pp. 49-55.

② Kroupis I. et al., "Physical Education Teacher's Job Satisfaction and Burnout Levels in Relation to School's Sport Facilities", *International Journal of Struction*, Vol. 12, No. 4, Oct. 2019, pp. 579-592.

了高处的风扇转动的速度,从而得出室内空气流动速度,以验证合适的热应力指数和热舒适度。①

有学者在位于捷克首都布拉格的3所学校体育馆中进行定期体育锻炼期间,研究了经离心重悬操作后幼小颗粒的质量浓度。他们布设了级联冲击取样器(cascade impactor)以采样颗粒物。在使用能量色散光谱仪和扫描电子显微镜进行分析时,他们对粗颗粒(PM10-2.5)和细颗粒(PM2.5)进行标记的同时,记录儿童活动的两个指标,即运动的儿童人数和体育课时数,通过I/O值(室内颗粒物浓度与室外颗粒物浓度的比值)分析,探讨室内颗粒物的浓度是否受到某种排放源的影响,并分析颗粒物如何对儿童产生影响。在极端条件下,I/O值会达到180(PM10-PM2.5)—19.1(PM2.5)。基于学生人数和室内外粗颗粒物PM10-PM2.5作为独立变量的多元回归分析表明,室内粗颗粒物PM10-PM2.5的主要预测指标是体育馆内的学生数量,而室外粗颗粒物PM10-PM2.5的预测效果较差且不一致。3所学校的回归模型解释了特定数据集60%—70%的变异性。X射线能谱分析得出6种主要矿物质的类型,这些矿物质有助于室内灰尘中的颗粒物重悬。地壳中最多的化学元素分别是O、Si、Al、Fe和Ca。扫描电子显微镜显示,除了大量的无机颗粒外,还有各种类型的纤维以及皮肤鳞屑,构成了儿童活动场地中重悬灰尘的主要成分。②

体育场馆作为城市设计的重要组成要素,对当今社会成员及其下一代的健康起着重要作用。作为体育场馆重要构成部分的体育设施对社会生活产生了很大的影响,不同城市居民对这些设施的使用促进了城市之间的动态交流,并对人们的沟通交流以及提升生活水平方面发挥了重要作用。在配备体育设施之前,规划者必须根据使用该设施的邻近居民区的人口来评估体育设施的类型和规模。熵可以用做定量地

---

① El-Kadi A. W. M. A., Fanny M. A., "Architectural Designs and Thermal Performances of School Sports-Halls", *Applied Energy*, Vol. 76, No. 1-3, Sep. -Nov. 2003, pp. 289-303.

② Halliwell E., et al., "The Effects of Exposure to Muscular Male Models Among Men: Exploring the Moderating Role of Gym Use and Exercise Motivation", *Body Image*, Vol. 4, No. 3, Sep. 2007, pp. 278-287.

测量地图上空间信息。Bilgi 等的研究以熵为定量标准比较了伊斯坦布尔城乡体育设施的位置，并将熵作为分量评估城市地区体育设施位置的选择情况。通过在伊斯坦布尔市进行的案例研究，Bilgi 等应用度量熵的方法，以定义体育场馆位置的空间分布。①

第五节 体育场馆与社会环境的关系研究

有学者为了评估西班牙体育设施的可用性，研究社会经济环境现状与人们进行慢跑、游泳以及使用健身房之间的联系，并对相应指标进行了研究。其中，该研究将体育设施的可用性指标界定为每万人中游泳馆具备的泳池数量和体育馆的数量；社会经济环境指标可由居民人均可支配收入和全省失业率等指标表示。这项研究结果不支持先前的调查中提出的假设，该结果解释了社会经济环境与进行体育活动之间不相关。②

有学者认为，专业运动队的训练场地和设施的优劣程度不同也会影响附近的房地产定价。他们调查了美国西雅图和夏洛特的两个城市篮球队的离开对附近住宅价值的影响。球队离开后，两个竞技场仍继续运作，因此，需将球队离开产生的净效应与体育设施的主动影响力和附加影响力加以区分。研究过程中，他们构建了销售回归模型和享乐价格模型，研究结果表明，这些球队的离开与钥匙球馆（Key Arena）附近的公寓价格过高以及夏洛特竞技场（Charlotte Arena）附近的独户房屋价格过高有关，但球队对房价的影响日趋下降。③

---

① Bilgi S., et al., "Complexity Measures of Sports Facilities Allocation in Urban Area by Metric Entropy and Public Demand Compatibility", *International Journal of Engineering and Geosciences*, Vol. 4, No. 3, Oct. 2019, pp. 141-148.

② PascualC, et al., "Socioeconomic Environment, Availability of Sports Facilities, and Jogging, Swimming and Gym Use", *Health & Place*, Vol. 15, No. 2, Jun. 2009, pp. 553-561.

③ Humphreys B. R., Nowak A., "Professional Sports Facilities, Teams and Property Values: Evidence from Nba Team Departures", *Regional Science and Urban Economics*, Vol. 66, Sep. 2017, pp. 39-51.

有学者根据特许权协议评估由政府部门管理的体育设施在运营期间面临的商业风险。这项研究是以俄罗斯喀山市为例进行的，在为2013年第二十七届世界夏季大学生运动会做准备期间，政府使用公共资金建造了许多体育设施。数据是从可能的特许公司中选出的38位专家处收集的。根据所获数据，制定不同风险的急迫性系统指标。[①]

有学者探索了政治支持增建新型体育设施的决定因素，测试公民依赖度和公民乐观度对其支持程度的促进。他们分析了2005年哥伦比亚广播公司（Columbia Broadcasting System，CBS）每月的调查数据，以找出影响公众对纽约大都会球场的支持的变量。结果表明，纽约人是否对纽约的未来感到乐观，以及他们是否计划继续在纽约居住，这对他们是否支持新设施产生了重大影响。具有更强公民依赖和乐观态度的受访者更有可能支持重大体育项目的建设。[②]

第六节 智慧场馆的开发与应用研究

为了更好地吸引全国各地的球迷，在美国国家职业橄榄球联盟（National Football League，NFL）首席信息官道尔（Mckenna Doyle）的支持下，在NFL球队的球队体育场中设置了无线网络并布置数据分析引擎，因此与美国极进网络公司（Extreme Networks）达成合作关系。为提升球迷的观赛体验，增加对移动设备和橄榄球的使用及相关消费，指定该公司为NFL的无线网络数据分析的官方指定供应商，从而提供给球迷更好的消费感受。目前，以底特律雄狮队、费城老鹰队、新英格兰爱国者队、纽约巨人队和纽约喷气机队等为代表的职业体育俱乐部均利用美国极进网络公司的无线网络分析技术来评估球迷

[①] Evstafyev N. V., Evstafyev E. N., "Risks of Concessions for Business: Case Study on the Operation of Sports Facilities", *Procedia Economics and Finance*, Vol. 23, No. 2015, pp. 1060–1063.

[②] Lasley S., Turner J., "Home Run or Strikeout: The Dynamics of Public Opinion on New Sports Facilities", *The Social Science Journal*, Vol. 47, No. 4, Dec. 2010, pp. 853–864.

进行的在线活动。除此之外，美国威瑞森通信公司已经将5G超宽带服务延伸至全美15个NFL体育场馆中实现了超快连接速度带来的实时覆盖。①

有学者发现，技术的进步和社会的变化已经动摇了体育场馆和体育赛事在许多德国人日常生活中的地位。在调查了707位足球、手球、篮球项目观众后，他们认为信息技术的发展能够在体育场地内为用户提供高集成度、高信息度的赛事观感，在体育场地外则能够提供数字资源及数字信息整合服务。他们的研究进一步证明，在能够提供更好的数字化服务的体育场馆内，相较于数字化服务程度较低或无数字化服务的体育场馆，观众满意度得到了明显提高。随着越来越多的体育场馆需要进行数字化转换与数字化改造，短期内体育场馆的运营成本可能上升，但从长远来看，其产生的收益可能变得更为可观，全面提升观众的数字转型体验能够显著提高体育场馆的利润率。②

有学者认为，推动体育场馆实现连通发展的原因如下：①受众特征的持续变化；②球迷对家中电视屏幕的依赖程度；③体育场馆收入的高低程度。目前，大多数体育场馆将新技术介入规划建设和设施更新层面，并基于此展开激烈竞争。这是因为智慧化的体育场馆能够提供更多的收入创新机会，不仅能够激发投资者的赞助潜力，逐步提高产品与服务的销售效率，还能够了解粉丝的兴趣爱好，创新多元观看及参与方式。③

有学者认为，在全球范围内，李维斯体育场是拥有极高技术优势的先进的娱乐场所。④ 该体育场位于美国加利福尼亚旧金山的硅谷中心，也正因这一优越的地理位置，吸引了当地许多行业领先者的合

---

① Livy Investment Research：《2022年的5G扩展推广，有望为Verizon带来业绩增长回报》，搜狐网，https：//m.sohu.com/a/519028833_121123928.

② Horbel C., et al., "Stadium Visitors' Smartphone Usage and Digital Res 020-Ource Integration", *Sport Business and Management an International Journal*, Vol. 11, No. 1, Aug. 2020, pp. 10–27.

③ Maddox T., "13 Nfl Standiums Will Offer Verizon 5G For The 2019–2020 Season", https：//www.techrepublic.com/article/13-nfl-stadiums-will-offer-verizon-5g-for-the-2019-2020-season/.

④ 张强：《智慧体育场馆建设与应用研究》，博士学位论文，苏州大学，2020年。

作。球迷穿过"太阳能电桥",进入"英特尔门"之后才能进入体育场内部。整个体育场内提供免费WiFi是李维斯体育场改进球迷体验的重要核心内容。李维斯体育场推出场馆专属APP,以便观众评论赛事、观看精彩回顾并了解相关赛事。为了清晰地展示赛场的比赛时刻及赞助商广告,在体育场内布设了2000台高清电视,在球场看台设立两个LED屏幕,并将球场的扬声器置于屏幕后方,形成立体环绕,控制声音外扩,减少对场外环境的噪声污染。另外,该体育场不仅坚持建造资源可持续使用,将场馆顶部的收集雨水用于场地灌溉,还严格执行能源回收工作,利用太阳能为主要娱乐场所提供运行电力,[1]获得了金级能源和环境设计先锋(Leadership in Energy and Environmental Design,LEED)证书。

威尔森为重塑美国篮球职业联盟(National Basketball Association,NBA),借助SportVU系统,在球场上安装显微摄像头,追踪各位球员的投篮、传球等所有技术动作,分析球员跑动距离及命中率,以便于工作人员掌握球队全部初始数据,从而便于每个球队均能利用NBA比赛收集的全部信息。[2]

有学者认为,老化的体育场馆已经无法满足时代发展的需要以及用户需求的迭代,也无法支持新时代的技术创新,因此体育场馆想要变成顺应时代发展就需要构建面向未来的基础架构,妥善地利用好当前的各项科学技术成果。但作为技术更新及建筑改造的新项目部分,为确保体育场馆的专业化和系统化,必须实施场馆范围内的系统集成计划,才能实现专业系统内单一实体的稳定运行,从而能够有效帮助场馆科学合理地使用项目资金,降低成本和经营危机。还需在坚持可持续性发展的前提下优先考虑现在乃至未来的相关技术要求,为球迷

---

[1] Maddox T., "Stadiums Race to Digitize: How Sports Teams are Scrambling to Keep Millennials Coming to Games", https://www.techrepublic.com/article/how-sports-teams-are-scrambling-to-keep-millennials-coming-to-games/.

[2] Wilson M., "Moneyball 2.0: How Missile Tracking Cameras are Remaking the NBA", https://www.fastcompany.com/1670059/moneyball-20-how-missile-tracking-cameras-are-remaking-the-nba.

的观赛体验提供一个良好的环境。①

事实证明,国外对于智慧体育场馆建设的相关研究在强调新技术对体育场馆发展的影响基础上,还总结归纳出场馆建造新技术的长远意义,即提高人们对未来生活乃至未来城市的认知,这也为我国智慧体育场馆的建设和发展提供借鉴意义。

---

① van Heck S., et al., "The Added Value of Smart Stadiums: A Case Study at Johan Cruijff Arena", *Journal of Corporate Real Estate*, Vol. 23, No. 2, Apr. 2021, pp. 130-148.

第四章

我国体育场馆商业化运营研究

第一节 体育场馆政策法规研究

一 体育场馆建设规划政策法规研究

我国支持体育场馆建设规划方面的政策法规可追溯至1995年的《中华人民共和国体育法》（以下简称《体育法》），《体育法》指出，"县级以上地方各级人民政府在将城市公共体育设施建设依法纳入城市建设规划和土地利用总规划的过程中，必须依照我国对城市公共体育设施用地定额指标的相关规定，依法进行资源的合理布局，进行统一安排"。而后，我国又相继出台了《公共文化体育设施条例》《中共中央 国务院关于加强青少年体育 增强青少年体质的意见》《全民健身条例》《全民健身计划纲要（2011—2015年）》《全民健身计划纲要（2016—2020年）》《"健康中国2020"战略研究报告》《健康中国2030规划纲要》《体育强国建设纲要》等一系列政策法规。

在我国，支持体育场（馆）建设规划方面的政策法规频频出台，并达到一定"量"的积累。但是"质"的方面仍有待提升，主要表现为政策法规执行力方面。朱富明等研究发现，"体育政策法规多制定、少执行，呈差异显著之态，其未被执行和完全执行的比例高达79.6%"。①究其本质,应归因于执行态度不坚决,以及体育场(馆)政策法规表达不清晰,如在一定程度上存在"应当""应该""要"等含糊其辞、模棱两可的表述方式,如《体育法》规定:"城市在规划企业、学校、街道和居住区时,应当将体育设施纳入建设规划。"可见,支持体育场(馆)建设规划方面的政策法规的表述仍比较含糊,因此,应避免使用带有商榷性或含糊性的关键词,需要进一步增强文字的清晰度、威慑力。

二 体育场馆对外开放政策法规研究

我国体育场馆对外开放方面政策法规可追溯至1995年《体育法》规定的"公共体育设施应当向社会开放",而后《关于加强城市社区体育工作的意见》《〈全民健身计划纲要〉第二期工程(2001—2010年)实施计划》《公共文化体育设施条例》《体育事业"十一五"规划》《体育事业发展"十二五"规划》《全国学校体育场馆向社会开放试点区工作会议纪要》《关于推进学校体育场馆向社会开放的实施意见》相继发布。此外,《关于推进大型体育场馆免费低收费开放的通知》的印发在一定程度上预示着我国体育场馆免费、低收费开放工作正式启动。《体育发展"十三五"规划》(以下简称《体育"十三五"》)《全民健身计划(2016—2020年)》均提到"免费""优惠""开放"等关键词。由此可见,在诸多政策法规的顶层设计下,体育场馆低成本或免费对外开放势必成为未来的重点工作。

从政策法规文本内容看,大都是合理化建议与理想化愿景,缺乏具体性微观措施与可操作性的现实指导,侧面反映出规范体育场(馆)使用维护方面的政策法规效率还有待提高。有些学者已经对该方面进行了相关研究,他们大多是围绕体育场(馆)对外开放和使用效率两大维度加以论述的。在体育场(馆)对外开放方面,刘璐和李峰认为,学校体育设施向社会开放的政策刚性不足、践行上约束力偏

---

① 朱富明等:《中学体育政策执行力的影响因素与提升策略——以上海市20所中学为例》,《西安体育学院学报》2015年第4期。

低；① 张晓健等研究学校体育场地对外开放政策的构成与内容后，建议应专门制定中小学体育场地设施开放政策。② 在体育场（馆）使用效率方面，主要包括以下成果。在体育场地建设效率方面，张凤彪和王松运用数据包络分析方法（Data Envelopment Analysis，DEA）研究了辽宁省体育场地建设效率问题；③ 在体育场地资源配置效率方面，于文谦和朱焱研究发现，全国体育场地资源配置效率偏低，建议制定体育场地投入标准政策、完善体育场地投资制度；④ 在体育场地对外开放效率方面，李震和郭敏研究了大型体育场（馆）在免费或低收费经营状态下的对外开放效率。⑤ 可见，我国体育场馆在对外开放和使用维护方面不甚理想，且效率不太高。值得强调的是，数据包络分析方法是研究体育场地效率问题的主流方法。

三 体育场馆市场化运营政策法规研究

毋庸讳言，体育运营管理滞后于市场运营管理，体育类政策法规的出台也是如此。先有《中华人民共和国合同法》《中华人民共和国消费者权益保护法》等市场经营管理方面的政策法规，后见《关于促进和引导民间投资的若干意见》《"十五"期间加快发展服务业若干政策措施的意见》《中共中央　国务院关于进一步加强和改进新时期体育工作的意见》《公共文化体育设施条例》（以下简称《设施条例》）《全民健身条例》《"健康中国2020"战略研究报告》《"健康中国2030"规划纲要》《体育强国建设纲要》等与体育市场运营管理相关的政策法规。这些政策法规均对体育场馆的经营与管理给予了高度重视，如对如何处理好体育场馆公益性和经营性之间的关系、体育

---

① 刘璐、李峰：《学校体育场地设施向社会开放的困境与现实路向研究》，《沈阳体育学院学报》2016年第3期。
② 张晓健等：《我国学校体育场地对外开放政策分析》，《体育文化导刊》2013年第5期。
③ 张凤彪、王松：《基于DEA的体育场地建设效率评价研究——以辽宁省为例》，《沈阳体育学院学报》2017年第2期。
④ 于文谦、朱焱：《基于DEA-Tobit模型的我国体育场地资源配置效率研究》，《体育学刊》2019年第1期。
⑤ 李震、郭敏：《基于DEA的大型体育场（馆）免费低收费对外开放效率研究》，《体育科学》2017年第8期。

场馆运营管理负责人的职责，以及体育场馆在免费、低收费的前提下如何维持运营等做出了规定。有些政策法规语义较为模糊、表述笼统，具体规定方面虽有弹性，但是刚性不足，如《设施条例》多处使用"应当"一词。

为进一步洞悉体育场（馆）运营管理政策法规，有学者做过专门性研究。陈元欣等研究体育场馆运营支持性政策后发现，有些政策法规存在财政补贴范围局限、税收优惠政策适用范围有限、能源支持政策难以落实、用地政策主要适用政策投资建设的公益性场馆和体育场馆经营权未能放开等问题，并提出将社会场馆纳入政府购买和各类财政补贴范围、修改场馆自用房产和土地涉税政策、落实能源价格优惠政策、鼓励企业参与场馆运营等建议。[1] 此外，还有些学者针对如何完善体育场（馆）运营管理政策法规提出个人建议。例如，杨京钟和郑志强在研究财税政策对城市公共体育场（馆）的扶持现状后，提出构建我国城市公共体育场馆运营的财税政策激励体系等相关建议;[2] 刘辛丹等以《西澳体育中心托管法案1986》《税法2008》为鉴，建议制定符合中国国情的管理法案和托管法案，实施比例式财政补贴、合理的税费豁免、适当的能源费用优惠以及多样化间接服务补贴等措施;[3] 刘昕等综述了现行中小学体育场馆面向社会开放在管理体制、管理模式等方面的政策措施，建议各地区应加强立法、制定行之有效的法规政策;[4] 于永慧建议健全体育场馆发展决策的民众表决制度;[5] 张冰等建议加强财政支持，实施税费优惠政策，创新体育场馆运营业

---

[1] 陈元欣等：《体育场馆运营支持政策的现存问题、不利影响与应对策略》，《上海体育学院学报》2016年第6期。

[2] 杨京钟、郑志强：《城市公共体育场（馆）运营：财税激励模式及中国思路》，《体育科学》2013年第9期。

[3] 刘辛丹等：《西澳大型公共体育场馆群管理运营中政府职能的作用和启示》，《西安体育学院学报》2017年第2期。

[4] 刘昕等：《现行中小学体育场馆面向社会开放的模式及其相关政策法规综述》，《西安体育学院学报》2011年第5期。

[5] 于永慧：《决策民主化是中国体育场馆发展的必由之路》，《体育学刊》2008年第9期。

管理体系。① 可见，提升体育场（馆）运营管理政策执行力是政府"立法→执法"的当务之急。

第二节 体育场馆建设规划研究

一 体育场馆建设规划资金来源研究

中华人民共和国成立初期，由于我国实行的是计划经济体制，国内兴建的体育场馆均由政府全额财政拨款；党的十四大正式提出建立社会主义市场经济体制的目标，体育场馆建设规划资金来源趋于市场化，即逐渐形成了"以政府财政拨款为主，民间资本、单位自筹、社会捐助、体育彩票公益金协同投资"的多主体投资模式。体育场馆作为公共产品理应归属公共财政，而且体育场馆建设规划离不开公共财政的支持。因此，不少学者关注体育场馆公共财政研究，他们主要对公共财政分配问题、资金来源以及域外经验借鉴等进行了研究。

在体育场馆公共财政分配问题方面，李丽和杨小龙研究发现，我国存在公共体育场地财政投入仍然偏少、体育场地建设经费来源渠道单一、中央和地方财权与体育场地建设事权不统一等问题。② 郑志强研究发现，财政支出方式单一、地区财政风险加剧、资金浪费是体育场馆建设过程中存在的主要公共财政问题。郑志强将之归因于财政管理职权"越位""缺位"、公共财政预算约束不足、财政政策综合运用力不足，并提出加强预算约束、变国家财政为公共财政、创新体育场馆投融资模式、增加财政收入，进行科学财政支付、降低体育消费门槛等建议。③ 在体育场馆资金来源方面，刘小湘研究发现，厦门市

---

① 张冰等：《我国体育场馆运营业相关政策演变及建议》，《西安体育学院学报》2017年第1期。
② 李丽、杨小龙：《公共财政视角下我国公共体育场地建设研究》，《武汉体育学院学报》2015年第3期。
③ 郑志强：《我国城市体育场（馆）公共财政问题研究》，《体育科学》2013年第10期。

体育场地已然实现投资主体和融资渠道以及投资方式的多元化。① 许月云等认为，侨乡泉州体育场馆建设的主要资金来源就是单位自筹，此外，该场馆还通过接受民营企业及海内外华侨等形式的社会捐助作为辅助资金补充来源，即体育场馆的供给主体以单位自筹为主，社会捐赠及其他渠道为辅。② 侯斌等建议建立以中央和地方政府为主导的多元农村体育场地设施投入机制。③ 在体育场馆域外经验借鉴方面，王龙飞等借鉴美国经验，建议进一步加大对体育场馆的公共财政支出力度，多元融资以增加针对体育场馆的公共财政投入；针对体育场馆的税收政策应体现公平原则；政府针对体育场馆公共财政的管理应更加合理化。④ 郭艳华借鉴发达国家体育场馆建设经验，建议体育城市储备连续性的具备品牌效应的体育赛事资源能提高大型体育场馆的效益。⑤ 陈元欣和王健借鉴美国经验，建议增强体育场馆设施外部效应。⑥

二 体育场馆建设规划布局设计研究

现阶段，体育场馆难以常态化履行体育健身休闲服务职能，并且受到场馆布局选址与设计的制约，主要表现为场馆空间布局结构失衡与场馆功能设计缺乏规划，因此引发学者热议，并建言献策以优化体育场馆布局设计，内容涵盖内部的材料结构研究、外部的景观环境研究以及未来的可持续发展等。

在内部的材料结构方面，谢羽等建议我国的大跨度体育场馆建设

---

① 刘小湘：《厦门市体育场地投融资现状研究》，《山东体育学院学报》2012年第1期。
② 许月云等：《农村体育公共产品供给与发展对策研究——以侨乡泉州农村体育场地建设为例》，《山东体育学院学报》2008年第8期。
③ 侯斌等：《公共财政视角下新农村体育场地设施投入研究》，《北京体育大学学报》2011年第3期。
④ 王龙飞等：《美国体育场（馆）的公共财政支持及其启示》，《体育科学》2009年第10期。
⑤ 郭艳华：《发达国家大型体育场馆建设的国际经验》，《武汉体育学院学报》2017年第7期。
⑥ 陈元欣、王健：《美国赛事及场馆设施外部效应研究现状及其启示》，《武汉体育学院学报》2008年第1期。

应加强对新式材料及创新结构类型的相关研究，统筹协调多方面相关因素，对结构类型作出合理的选择，创新顶棚的某些功能，不仅可以延长使用寿命，还能创造极佳的使用体验效果。① 王龙飞认为，场馆建设布局应兼顾整体发展，建筑设计应注重实用、避免奢华，建筑材料应继续向科技化、绿色化方向发展。② 在外部的景观环境方面，刘小辉认为，体育场馆的景观设计是物质和精神的统一体，不仅应具有使用功能、精神功能、美化功能、安全功能等，还应彰显建筑文化、城市文化以及国家文化。③ 由文华等认为，应促使体育场馆景观环境更加符合体育教育的要求，满足师生日益增长的体育健身需要和精神发展需求，以增强体育场馆的吸引力。④ 在未来的可持续发展方面，朱海涛和赵东平认为，体育场馆规划设计应坚持以人为本的原则、注重原始性创新，走可持续发展的道路。⑤ 黄睿则以"低碳"理念审视体育场馆建设，建议建设低碳型体育场馆，以促进体育场馆可持续发展，认为体育场馆建设应有利于节能减排。⑥ 可见，以人为本、原始性创新、可持续发展是改革开放40多年以来体育场馆布局设计映射出的共同理念与价值取向。

三　体育场馆建设规划功能使用研究

体育场馆建设规划是满足竞技体育追求卓越、群众体育全民健身、学校体育以体育人的重要载体与物质保障。因此，体育场馆建设规划具备竞技功能、健身功能、教育功能，兼备竞赛训练功能、赛后利用功能以及公共服务功能。但是，目前学界的相关研究主要聚焦在赛后利用功能和公共服务功能上。

其一，体育场馆建设规划赛后利用功能。陈元欣等建议体育场馆

---

① 谢羽等：《我国体育场馆的大跨度空间结构选型探讨》，《首都体育学院学报》2017年第2期。
② 王龙飞：《节俭与环保：伦敦奥运会场馆建设的启示》，《体育文化导刊》2013年第10期。
③ 刘小辉：《体育场馆景观设计的文化学研究》，《人民论坛：中旬刊》2011年第2期。
④ 由文华等：《高校体育场馆景观环境优化研究》，《成都体育学院学报》2011年第5期。
⑤ 朱海涛、赵东平：《体育场馆规划设计思考》，《体育文化导刊》2009年第6期。
⑥ 黄睿：《建设低碳型体育场馆的研究》，《广州体育学院学报》2011年第6期。

应与城市中的公共空间相组合，尽量规避封闭式的场馆管理模式，应将空间利用方案与体育场馆的综合设计方案相结合，合理扩展余裕空间，对场馆进行全新的复合设计、适度多元利用，充分发挥功能聚焦效应、充分利用现代建筑技术，提高余裕空间利用率、采取多种经营方式，重视余裕空间运营。[1] 曾庆贺等建议体育场馆设施建设前应注重统筹规划、拓宽融资渠道、转变经营管理模式、创造职业体育赛事发展平台、体教结合以及对场馆无形资产的开发。[2] 徐海明等借鉴伦敦奥运主体场馆赛后运营模式，建议体育场馆的设计建设与赛后利用的统筹应以职业体育为依托形成多维效应，提出运营模式的选择权应交予民众。他们还认为，政府需加大支持与监督力度，只有这样才能促进体育服务的多元化与定价的差别化。[3] 蔡淑萍探讨了中国式大型体育场馆经营的新模式，认为应坚持自身的强项、完善自身的弱项、注重奥运场馆及相关设施对北京城市发展的影响。[4]

其二，体育场馆建设规划公共服务功能。刘辛丹和章丽洁建议借鉴西方发达国家大型体育场馆所具有的公共社会服务职能，全方位发挥我国体育场馆促进竞技体育公共服务、社会公共服务以及大众体育活动的功能。[5] 李圣鑫建议未来应发挥大型体育场馆的服务功能，推进大型体育场馆服务的标准化建设，健全政府购买服务制度。[6] 柴仲学建议从打造体育服务综合体、创新运营模式、丰富服务供给三个方面实施体育场馆服务转型升级。[7]

---

[1] 陈元欣等：《大型体育场馆余裕空间利用研究》，《北京体育大学学报》2014年第4期。

[2] 曾庆贺等：《我国综合性大型体育场馆赛后利用研究》，《体育文化导刊》2008年第6期。

[3] 徐海明等：《伦敦奥运主体育场赛后运营的模式及其启示》，《体育文化导刊》2014年第11期。

[4] 蔡淑萍：《北京奥运场馆后续利用刍议》，《体育文化导刊》2011年第1期。

[5] 刘辛丹、章丽洁：《西方大型体育场馆的公共服务及其启示》，《体育文化导刊》2012年第11期。

[6] 李圣鑫：《体育公共服务体系建设中大型体育场馆的服务功能研究》，《成都体育学院学报》2014年第6期。

[7] 柴仲学：《"互联网+"时代我国体育场馆服务转型升级的发展路径研究》，《南京体育学院学报》（社会科学版）2017年第2期。

第三节 体育场馆低成本或免费对外开放研究

目前学界普遍认为，学校体育场馆低成本或免费对外开放是缓解新时代人民日益增长的美好生活需要和体育场馆不平衡、不充分发展之间的矛盾的必要举措。因此，学校体育场馆低成本或免费对外开放成为学术界热议的话题，且当前研究多聚焦于对外开放物耗（成本）研究与对外开放安全（风险）研究。

一 体育场馆低成本或免费对外开放物耗（成本）研究

在学校体育场馆对外开放物耗（成本）研究方面，王登峰认为，学校体育场馆对外开放要么政府补贴、要么低成本收费，建议应加强政府统筹、建立相对完善的制度、坚持因地制宜、立足服务社会，并采取一系列相应的措施。[①] 刘颖认为，学校体育场馆对外开放的成本补偿主要包括低成本收费、政府财政补偿以及学校体育场馆创新运营三种方式。[②] 杨毅萍建议，应以学校体育场馆为依托，创立各类学习培训班或俱乐部、建立企业赞助机制、促进校企联合，以更好地推动中小学体育场馆对外开放。[③] 李震和郭敏等运用数据包络分析方法研究大型体育场馆免费、低收费对外开放效率，建议提升场馆运营管理的服务水平，提高纯技术的利用效率；逐步拓展体育场馆的全新供给，持续扩大场馆运营规模的全新效应；进一步扩大体育场馆的免费及低收费等相关补贴的规制范围，持续保持规模报酬递增。[④]

---

① 王登峰：《学校体育场馆向社会开放的理念与策略》，《上海体育学院学报》2017年第6期。
② 刘颖：《经济学视角下学校体育场馆对外开放的成本补偿理论分析》，《南京体育学院学报》（社会科学版）2009年第6期。
③ 杨毅萍：《我国中小学体育场馆对外开放的实施障碍及对策》，《教学与管理》2016年第36期。
④ 李震、郭敏：《基于DEA的大型体育场（馆）免费低收费对外开放效率研究》，《体育科学》2017年第8期。

二 体育场馆低成本或免费对外开放安全（风险）研究

体育场馆低成本或免费对外开放安全（风险）主要指，学校体育场馆出现的意外伤害事故。例如，彭英等剖析了90个开放案例的事件树，认为学校体育场馆对社会开放过程中涉及物、人、制度和环境四大类的30个安全因素，建议引入第三方管理机制，并建立开放风险保险制度。[①]

对于学校周边社会公众进入学校体育场馆参加体育锻炼，在校学生、在校教职工或者其他社会人员发生意外伤害事故，从法律支持层面来看，谭仲秋着重剖析了违反安全保障义务的消极不作为侵权责任，建议在合理限度内应对侵权行为进行否定评价，避免经营管理者因承担这方面的责任而在经济上遭受重创。[②] 从法律责任层面来看，谭仲秋明确第三人侵权的构成要件，剖析学校体育场馆开放后学校对学生负有安全保障义务，指出在第三人侵权的情况下，学校如果有过错，应当承担补充赔偿责任。[③] 学校体育场馆对外开放（风险）主要涉及伤害事故法律纠纷问题与利益相关者权责划分问题。对于学校体育场馆伤害事故风险之根源，王登峰认为，建立系统的保险制度是保障学校体育场馆对外开放安全的关键举措。[④]

三 体育场馆低成本或免费对外开放区域（实证）研究

当前，区域体育场馆低成本或免费对外开放研究的案例，主要聚焦于辽宁省、江苏省、河南省、河北省、陕西省。

（1）辽宁省体育场馆对外开放研究。由辽宁省第七次全国体育场地普查结果与研究结果可知，截至2020年12月31日，辽宁省共有71851个体育场地，体育场地面积为9169.71万平方米，而机关、企

[①] 彭英等：《学校体育场地设施对社会开放的安全风险规避研究》，《北京体育大学学报》2017年第2期。

[②] 谭仲秋：《学校体育场馆开放后安全保障义务及不作为侵权责任探析》，《武汉体育学院学报》2011年第3期。

[③] 谭仲秋：《学校体育场馆开放后学生伤害事故第三人侵权法律责任》，《南京体育学院学报》（社会科学版）2010年第1期。

[④] 王登峰：《学校体育场馆向社会开放的理念与策略》，《上海体育学院学报》2017年第6期。

事业单位的场地面积数达到5139.48万平方米。① 其中，由体育场馆开放供给与健身人群的自身需求导致的供需矛盾问题是制约辽宁省全民健身事业可持续发展的重要因素，建议实施辽宁省体育场地对外开放供给改革。②

（2）江苏省体育场馆对外开放研究。刘静和刘昕实地走访调查江苏省体育场馆向社会开放较好的学校（如溧阳市埭头中学、江苏省昆山中学等）后，发现江苏省体育场馆向社会开放主要存在管理问题、安全问题、经费问题等，建议应从管理理念、管理系统、管理手段等方面建构江苏省城市中小学体育场馆对外开放管理模式。体育场馆对外开放管理模式主要包括单一型开放管理模式、合作型开放管理模式以及物业管理模式等。③ 其中，单一型开放管理模式主要是指中小学体育场馆利用早晚、周末、节假日向社会开放；合作型开放管理模式主要是指由企业联合办学或学校与社区联合管理的模式；物业管理模式主要是指江苏省高校体育场馆向社会开放的管理模式。

（3）河南省体育场馆对外开放研究。阳红林等通过调研河南省学校体育场馆对外开放的实际情况，如场馆运营的基本概况、场馆对外开放的具体时间、场馆对外开放的不同主体、场馆管理方式、体育场馆资金来源等，建议循序渐进、从部分开放到全部开放，应加强监督，并把开放学校体育场馆作为考核内容，完善法律法规，重视体育场馆开放中存在的安全问题，此外，他们还强调学校体育场馆的开放程度还要适合学校自身的特点。④

（4）河北省体育场馆对外开放研究。赵保丽等论证了河北省邢台市临城县综合健身馆的"雪炭工程"和临城二中体育场馆的"资源

---

① 辽宁省体育局：《2020年辽宁省体育场地统计调查数》，辽宁省体育局官网，http://tyj.ln.gov.cn/zfxxgk/tztg/202108/t20210803_4224924.html.

② 张伟、朱焱：《供给侧视角下辽宁省机关、企事业单位体育场地开放现状及致因分析》，《南京体育学院学报》（社会科学版）2017年第1期。

③ 刘静、刘昕：《城市中小学校体育场馆对外开放管理模式的调查：以江苏省为例》，《首都体育学院学报》2014年第1期。

④ 阳红林等：《我国学校体育场馆向社会开放情况的调查研究——以河南省为例》，《教学与管理》2013年第12期。

共享"的合理性与可行性，调查了解到体育场馆在经费筹措问题、管理安全、利益相关者（教师、学生、居民）态度以及开放效果等方面均存在问题，建议合理地规划各种体育场地场馆的布局、多方筹措资金、健全安全管理制度、建立长效运行机制，以更好地发挥"雪炭工程"体育场馆与学校体育场馆的合力效应。①

（5）陕西省体育场地对外开放研究。陕西省高校体育场馆对外开放存在立法体系不健全、立法内容相对单薄、缺乏强制保障性和实践操作性等方面的问题，究其原因在于体育场地对外开放方面的法律法规不够健全、高校自身发展存在困难，因此有学者建议应协调各方利益、立法创新、逐步完善相关配套法规。②③

第四节 体育场馆市场化运营研究

一 体育场馆市场化运营内容研究

通过梳理体育场馆市场化运营的相关研究，我们发现，当前研究主要聚焦在以"冠名权"为核心要义的体育场馆无形资产的开发上。众所周知，中国体育场馆冠名权存在开发起步较晚、冠名周期偏短、价值评估偏低、冠名形式单一、开发深度不足等问题，究其原因主要是受到市场经济发展水平低、相关制度不完善以及体育产业市场发展不足等方面的制约。因此，诸多学者纷纷建言献策以求破解之道。

蒲毕文建议转变观念，创建以市场经济为主导的开发模式，使体育场馆冠名权开发市场化，并进行制度化改革，促进体育本体资源开发。④ 郭五一等建议大力开发奥运场馆冠名权蕴藏的商业价值，提出

---

① 赵保丽等：《体彩雪炭工程与学校体育场馆实施"资源共享"的研究——以临城县综合健身馆与临城第二中学体育场馆为例》，《北京体育大学学报》2013年第6期。

② 王聃：《陕西省高校体育场馆对外开放立法保障现状分析》，《西安体育学院学报》2012年第1期。

③ 张宝钰等：《西安高校体育场馆资源配置与经营情况调查研究》，《西安体育学院学报》2007年第2期。

④ 蒲毕文：《我国体育场馆冠名权研究》，《体育文化导刊》2012年第11期。

进一步开发奥运场馆冠名权的构想,引导奥运体育场馆逐步走上"独立核算、自负盈亏、自我发展"①的市场化道路,实现奥运场馆赛后利用的可持续发展。②于敬凤和曾庆肃建议,制定相应的场馆无形资产经营扶持政策,设置行业标准,将场馆无形资产管理推向法治化。他们认为,无形资产经营开发需要专业化管理。③徐卫华等建议,充分挖掘体育场馆冠名权出让经营的潜在价值,提高业界对体育场馆冠名权出让的价值认可度,进而为体育场馆冠名权出让营造良好的市场环境。④于敬凤等研究体育场馆设施广告的发布权后,建议应深度开发以广告发布权为主的无形资产,对场馆设施的广告发布权实行专业化开发,场馆设施广告发布权的开发必须与城市发展相匹配,减少政府过度干预,政府对场馆广告发布权的开发应给予扶持。⑤此外,学者们建议应重视体育场馆运营者的包厢经营,⑥设施代建后期运营,⑦场馆资源无形资产开发,⑧冠名权、广告发布权以及豪华包厢的开发权。⑨

二 体育场馆市场化运营效益研究

市场化运营是指体育场馆满足公益性之刚需,以实现运营效率帕累托最优、创收效益最大化,走可持续发展之道。

目前,体育场馆市场化运营受到体制束缚、思想观念障碍、管理

---

① 郭五一等:《我国奥运场馆冠名权开发构想》,《体育文化导刊》2008年第6期。
② 郭五一等:《试论我国奥运场馆冠名权的商业价值》,《商业时代》2008年第34期。
③ 于敬凤、曾庆肃:《大型体育场馆无形资产的开发》,《体育学刊》2008年第10期。
④ 徐卫华等:《中美体育场馆冠名权出让比较研究》,《体育文化导刊》2011年第1期。
⑤ 于敬凤等:《综合性大型体育赛事场馆设施广告发布权的开发》,《体育科研》2008年第4期。
⑥ 孙媛等:《中美体育场馆包厢经营个案分析及其启示》,《体育文化导刊》2010年第8期。
⑦ 王喆等:《大型体育场馆设施代建研究》,《南京体育学院学报》(社会科学版)2011年第6期。
⑧ 孔庆波等:《体育场馆资源无形资产的开发与管理研究》,《西安体育学院学报》2017年第5期。
⑨ 胡胜昔:《广州亚运会场馆无形资产的赛后开发利用》,《广州体育学院学报》2011年第3期。

方式落后、投融资金额不足等不利因素的影响,[①] 使场馆在市场化运营过程中出现利用率低、经营不善、运营成本高、服务质量低等问题。可见,如何提升体育场馆市场化运营效益的问题,该议题备受学者热议。陈元欣等建议转变观念、改革管理制度、推进企业化改革,以确保体育场馆的公益性,改革赛事审批制度,尽快放开场馆经营权市场,鼓励社会力量参与场馆企业化改革,促进场馆专业化运营,培养专业化运营团队,以促进场馆运营管理的企业化。[②③] 詹步强建议,应实行体育场馆市场化运营管理,具体包括顾客分类、需求预测、超额预定、定价以及优化控制等。[④] 陆亨伯等建议公共体育场馆民营化,强调应注重社会效益与经济效益的均衡。[⑤] 江广金、[⑥] 武斌[⑦]建议体育场馆应实行商业化运作。于洋建议,应树立资产和市场观念,引进资产运营机制,改变经营格局,提高管理效率,促进形成体育经理阶层,完善体育经济政策,规范体育市场管理等。[⑧] 李采丰提出,优化都市体育场馆经营制度、建立市场促销体系和资本运作体系及优化信息技术支撑设计等具体策略,以期增强都市体育场馆运作效能。[⑨] 陈瑜和王龙飞等建议,增强认知和法治化建设,进行合理化的管理规划,注重企业化管理。[⑩] 马洪明和马国红重点对体育场馆的社会效益

---

① 陈元欣等:《后奥运时期大型体育场馆运营现状、问题及其发展研究》,《北京体育大学学报》2012年第8期。
② 陈元欣、王健:《大型体育场(馆)运营管理企业化改革研究》,《体育科学》2015年第10期。
③ 陈元欣、姬庆:《大型体育场馆运营内容产业发展现状、问题及对策》,《首都体育学院学报》2015年第6期。
④ 詹步强:《收益管理在体育场馆经营中的应用》,《体育学刊》2009年第5期。
⑤ 陆亨伯等:《论公共体育场馆民营化后经济与社会效益的均衡——基于典型体育场馆的调研》,《体育文化导刊》2007年第8期。
⑥ 江广金:《体育产业发展背景下高校体育场馆商业运营研究》,《商业时代》2014年第31期。
⑦ 武斌:《体育场馆商业化运作策略探讨》,《商业时代》2011年第4期。
⑧ 于洋:《关于公共体育场馆经营管理的探讨》,《商业时代》2008年第29期。
⑨ 李采丰:《都市体育场馆经营策略解析》,《商业经济研究》2016年第22期。
⑩ 陈瑜、王龙飞:《我国近三届全运会场馆经营管理运作状况调查分析及对策研究》,《南京体育学院学报》(社会科学版)2008年第3期。

与经济效益进行了相关研究。① 由上述研究可知，我国应通过采取制度优化、收益管理、商业运作、企业化改革以及鼓励社会力量参与等措施，提升体育场馆市场化运营效益。

三 体育场馆市场化运营风险研究

体育场馆市场化运营风险，主要包括识别风险、外包风险、投资风险以及活动风险。具体而言，在识别风险方面，倪晓茹等运用模糊物元可拓模型，剖析体育场馆市场化运营存在场馆人员、事件、场地等七大类风险因素，并提出进行风险预判的七大策略。② 在外包风险方面，陆亨伯等的研究发现，公共体育场馆服务外包风险识别存在有限理性风险、外包关系潜在锁定风险、逆向选择风险、道德风险、腐败风险、外包关系协调风险等，建议建立合理的接包商选择机制、监督机制、激励机制、质量考评机制、自我保护机制、合同的弹性调整机制、人才培养与引进机制以及关系管理机制八大机制。③ 在投资风险方面，张广德和马良等探析了北京2008年奥运场馆政府投资风险与"建设—经营—移交"（Build-Operate-Transfer，BOT）投资风险，建议改进BOT投资方式，采取组合式投资方式。④ 在活动风险方面，倪晓茹应用风险检查表法、对比应用风险矩阵法和事故树分析法评估高校奥运体育场馆的识别风险和评估风险，结果表明，高校奥运场馆的主要潜在风险是由火灾引起的拥挤踩踏事故，建议从增强防火措施、加强安保管理、强化培养大学生安全防范意识和自卫能力三个方面进行风险管理。⑤

---

① 马洪明、马国红：《体育场馆社会效益与经济效益关系的研究》，《北京体育大学学报》2009年第8期。
② 倪晓茹等：《基于模糊物元可拓的体育场馆大型活动风险识别研究》，《沈阳体育学院学报》2018年第3期。
③ 陆亨伯等：《公共体育场馆服务外包风险识别与规避机制研究》，《北京体育大学学报》2014年第10期。
④ 张广德、马良：《北京奥运场馆投资及运营机制风险分析》，《西安体育学院学报》2008年第5期。
⑤ 倪晓茹：《大型奥运体育场馆活动风险管理研究——以G高校奥运体育馆为例》，《北京工业大学学报》（社会科学版）2016年第3期。

四 体育场馆市场化运营机制研究

目前,体育场馆运营的管理体制的发展危机重重,存在不少问题,主要表现在国有资产流失严重、监管和出资人缺位、某些地方政府干预较多、冗员现象突出、政府财政负担过重和责权利不统一等方面,[1][2] 其变革趋向民营化、[3][4][5] 企业化[6][7][8]以及市场化,[9][10][11] 该改革方向得到业界和学界的广泛认可。体制变革定会引起机制特质的变化。从管理学角度剖析,机制的形成是系统内各要素之间互动的结果。

在此体制改革背景下,学术界对体育场馆市场化运营机制研究主要集中在以下几个方面。①在激励机制方面,陈元欣等认为体育场馆激励机制设计存在激励强度过大、过多聚焦于经济效益、部分国企委托场馆激励机制形同虚设、委托期限呈两极化趋势以及因垄断运营导致激励效果不佳等问题,建议设计有效激励模式、优化激励机制建

---

[1] 徐文强等:《我国公共体育场馆经营现状及管理体制改革研究》,《成都体育学院学报》2007年第3期。

[2] 胡庆山等:《论我国综合性大型体育场馆发展的体制性障碍问题》,《上海体育学院学报》2006年第2期。

[3] 冯欣欣等:《西方国家大型体育场馆民营化改革研究》,《沈阳体育学院学报》2009年第4期。

[4] 庄永达、陆亨伯:《公共体育场馆民营化经营管理的几个瓶颈问题思考》,《北京体育大学学报》2011年第5期。

[5] 刘波、邹玉玲:《"公共物品理论"视角下我国公共体育场馆民营化改革的思考》,《首都体育学院学报》2008年第4期。

[6] 谭建湘:《我国公共体育场馆企业化改革的基本特征与制度设想》,《天津体育学院学报》2007年第6期。

[7] 陈元欣、王健:《大型体育场(馆)运营管理企业化改革研究》,《体育科学》2015年第10期。

[8] 闵健等:《以市场为导向,把国有体育场馆建成现代体育企业——成都市国有体育场馆改革与发展研究》,《成都体育学院学报》2005年第6期。

[9] 刘杰:《大型体育场馆市场化运营的体制性障碍研究》,《武汉体育学院学报》2011年第6期。

[10] 屈胜国等:《公私合作伙伴关系模式在我国公共体育场馆市场化改革中的应用——以广州体育馆为例》,《武汉体育学院学报》2014年第8期。

[11] 方曙光、陈元欣:《民营机构参与体育场馆市场化运营研究》,《天津体育学院学报》2012年第1期。

设、完善综合考核机制。① ②在竞争机制方面，张桂宁认为，公共体育场馆民营化主要是通过引入市场竞争机制，鼓励民间参与、坚持所有权与经营权分离。② ③在融合机制方面，黄卓等建议寻求公共机制和市场机制的有机结合，探索出我国独特的场馆管理新道路。③

五 体育场馆市场化运营模式研究

众所周知，随着管理体制、运行机制、政策制度的变革，以及体育场馆市场化运营管理的逐渐创新，我国形成了多元的市场化运营模式，市场化运营模式主要包括以下几类。①PPP 模式。冯欣欣对我国公共体育场馆应用 PPP 模式进行了深入思考。④ ②以设计为导向的施工管理（Design-Oriented Construction Management，DCM）模式。耿宝权研究了大型体育场馆 DCM 模式，突出在设计职能下各方协同工作，从而建立动态联盟，最终实现整体利益的最大化。⑤ ③民营化模式。肖华等认为，我国城市公共体育场馆若采用民营化管理模式则需要政府职能的转变和第三方的合理介入。⑥ ④三次售卖模式。于萌和张琬婷创建了大型体育场馆三次售卖盈利模式，第一次售卖"内容"以形成注意力经济，第二次售卖"受众"以形成影响力经济，第三次售卖"品牌"以形成回头经济。⑦ ⑤区域模式。雷厉等学者实地调研我国 26 个地区的大型场馆，依照其管理现状等因素，提出我国大型场馆管理模式并设计出具体的管理路径。⑧ 李超运用委托—代理理论，提出

---

① 陈元欣等：《公共体育场（馆）委托管理激励机制研究》，《中国体育科技》2019 年第 1 期。
② 张桂宁：《公共体育场馆的属性及其产品供给方式》，《体育文化导刊》2009 年第 2 期。
③ 黄卓等：《西方国家体育场馆资产并购控制的分析及启示》，《体育学刊》2008 年第 3 期。
④ 冯欣欣：《对我国公共体育场馆应用 PPP 模式的思考》，《中国市场》2007 年第 48 期。
⑤ 耿宝权：《大型体育场馆的 DCM 建设管理模式研究》，《北京体育大学学报》2014 年第 11 期。
⑥ 肖华等：《公共体育场馆民营化管理模式研究》，《沈阳体育学院学报》2015 年第 3 期。
⑦ 于萌、张琬婷：《基于"三次售卖理论"的大型体育场馆盈利模式》，《体育学刊》2018 年第 3 期。
⑧ 雷厉等：《我国大型体育场馆运营管理：模式选择与路径安排》，《北京体育大学学报》2013 年第 10 期。

应建立适合河北省的大型公共体育场馆运营模式。① ⑥一体化模式。闵健等主要探索了体育场馆一体化经营和多元化发展模式。② 马洪明和马国红等创建了体育场馆消费和公费医疗个人账户消费相结合的消费方式。③ ⑦特许经营。霍亮等提出公共体育场馆特许经营模式：租赁—更新—经营—转让；建设—租赁—经营—转让；建设—拥有—经营—转让；冠名开发经营；购买—更新—经营；委托公共团体或民间组织经营；等等。④ ⑧"营改增"影响下的经营模式。陈元欣等建议体育场馆转变运营模式，积极实施服务外包，并提高内部管理水平，以降低财务管理风险。⑤

六　体育场馆市场化运营评价研究

科学、客观、公正的绩效评价，是考量体育场馆市场化运营成效的重要举措与必然趋势，即运用科学的方法，根据统一的指标和标准，按照一定的程序，对体育场馆市场化运营绩效评价信息进行定量与定性分析，并进一步对其进行归纳总结，以期对体育场馆市场化运营机构做出客观、公正和准确的综合评判，进而向社会公众提供更好的体育场馆服务。⑥

目前，研究体育场馆市场化运营绩效评价的主流思路为方法学视域，即借助相关研究方法构建评价指标体系，如层次分析法（Analytic Hierarchy Process，AHP）、平衡计分卡（Balanced Score Card，BSC）、关键绩效指标（Key Performance Indicator，KPI）等。①运用

---

① 李超：《大型公共体育场馆委托经营管理模式研究——以河北省为例》，《广州体育学院学报》2015年第3期。
② 闵健等：《大型体育场馆价值取向与经营管理研究》，《成都体育学院学报》2009年第8期。
③ 马洪明、马国红：《体育场馆消费和医疗保险个人账户消费相结合的经营管理模式的构建》，《北京体育大学学报》2010年第5期。
④ 霍亮等：《公共体育场馆特许经营方式探析》，《体育文化导刊》2011年第3期。
⑤ 陈元欣等：《"营改增"对体育场馆运营的影响研究》，《体育文化导刊》2016年第2期。
⑥ 张凤彪、王松：《我国公共体育服务绩效评价研究述评》，《体育科学》2017年第4期。

平衡计分卡方法。杜朝辉、[①] 张红学、[②] 游战澜[③]构建了顾客、财务、内部程序及创新与学习四个维度的体育场馆市场化运营评价指标体系。②运用层次分析法。杜朝辉构建了经济绩效、社会绩效、环境绩效三个维度的大型体育场馆运营评价指标体系。[④] ③运用关键绩效指标。唐立成等构建了关键绩效指标评估体系，并建议实施公共体育场馆服务管理绩效评估。[⑤] ④运用执行力理论。张艳华和王建军构建了由组合运行与目标推动力、控制执行时效力、团队建设与协调力、服务关系意识能力、前瞻力等因素构成的体育场馆管理者执行的内在结构，该结构反映了大型体育场馆管理者执行力的系统行为特征、开发大型体育场馆管理者执行力的测评工具、推动我国体育场馆科学化的评价体系研究。[⑥] ⑤运用无线传感技术。马勇等构建了体育场馆室内环境检测体系，并提出具体的评估标准。[⑦] ⑥运用因子分析法，谭刚构建了公共体育场馆公益与经营效益评估指标体系。[⑧] ⑦运用公众满意度，刘倩等从调查对象的基本情况、公共服务满意度情况、影响公共服务满意度等方面剖析了影响大型体育场馆公共服务满意度的条件。[⑨]

---

① 杜朝辉：《大型体育场馆运营绩效评价体系研究》，《成都体育学院学报》2015年第5期。
② 张红学：《我国体育场馆经营绩效评估实证研究》，《沈阳体育学院学报》2011年第3期。
③ 游战澜：《大型体育场馆绩效管理指标体系构建研究》，《武汉体育学院学报》2010年第2期。
④ 杜朝辉：《大型体育场馆运营绩效评价体系研究》，《成都体育学院学报》2015年第5期。
⑤ 唐立成等：《我国公共体育场馆服务管理绩效评估模式与对策研究》，《北京体育大学学报》2010年第1期。
⑥ 张艳华、王建军：《大型体育场馆管理者执行力系统特征研究》，《沈阳体育学院学报》2012年第5期。
⑦ 马勇等：《基于无线传感技术的体育场馆室内空气环境监控系统设计》，《武汉体育学院学报》2017年第3期。
⑧ 谭刚：《大型公共体育场馆公益与经营效益评估指标体系研究》，《天津体育学院学报》2008年第6期。
⑨ 刘倩等：《大型体育场馆公共服务满意度调查分析——以洪山体育中心为例》《武汉体育学院学报》2014年第9期。

第四章 我国体育场馆商业化运营研究

第五节 智慧场馆的开发与应用研究

新时代背景下，我国政府职能的转型顺利升级、体育产业的发展等级不断跃升，伴随新型信息技术发展的突飞猛进以及大型综合性体育赛事的频繁举办，智慧体育场馆的现状与发展备受关注，显然已成为学术各界的研究焦点。笔者通过检索相关文献梳理得知，我国学术界对体育场馆的研究主要集中于建设及应用等方面，除此之外，在布局场馆空间、开发场馆无形资产、改革创新运营管理体制、构建投融资模式、合理利用赛后资源等领域进行相关研究并总结出极具借鉴价值的研究成果，然而，对于智慧体育场馆等相关问题而展开的系统性研究尚不成熟，相关成果较为鲜见。

夏元庆指出，市场上的不同行业均受"互联网+"时代的变化而产生了巨大影响，应运而生的体育智能制造业、体育智能场馆业、体育电子商务业、体育网络传媒业、体育网络金融业等新兴体育产业不断发展并迅速壮大，实现了体育产业业态升级。①

段明会表明，依托"互联网+"平台，在体育场馆的服务市场规划、服务项目测度、商业运营评价等方面，能够加速各类大数据在体育场馆领域的智能化水平，从而带动体育场馆实现目的性的市场拓展，实现供需关系对接，提高供给效率和质量。②

李恒基于供需两端视角，指出智能终端能够有效地提供应对措施及解决方案，实现体育智能设备和场馆的有效利用，此外，还可利用互联网掌握场馆运营的线上动态，在通过释放实时信号的同时使用户切实地了解并体验场馆的相关动态，实现供需有效对接及资源合理利

---

① 夏元庆：《融合与创新："互联网+"背景下的体育产业生态趋势》，《南京体育学院学报》（社会科学版）2016 年第 3 期。

② 段明会：《基于"互联网+"背景下体育场馆市场拓展与用户寻求的策略研究》，《南京体育学院学报》（自然科学版）2015 年第 6 期。

49

用,将体育场馆的租赁与消费从线下转为线上的可视化状态。①

张利认为,我国公共体育设施建设经历了中华人民共和国成立初期、计划经济初期、计划经济后期和社会主义市场经济转变期4个时期,并且我国体育事业得到了飞速发展,但传统公共体育设施科技含量低、安全性能差等现实状况与大众对公共体育设施功能和品质日益增长的需求之间的矛盾也日渐突出。尽管一些大型体育场馆和高校体育馆中使用了可移动场地座椅、吸音产品、纳米材料等新材料和新技术,但"互联网+"信息技术等现代科技则很少被应用于公共体育设施。②

颜小燕认为"互联网+"能促进体育产业实现转型创新,产品技术含量提高后,能够吸引优质顾客选择实用性极高的产品,提高产品依赖度。例如,增强现实(Augmented Reality,AR)技术能够有效化解由体育场馆紧缺而造成的锻炼需求无法满足的危机,因此有关部门可以借鉴市面上的迷你娱乐场所的运营规制,提出新型的运营模式,研发"迷你高尔夫球室""迷你网球场""人机互动足球赛"等设备。③

辛克海认为,体育场馆信息化管理系统是场馆现代化建设的重要组成部分,通过应用信息化技术,政府对体育场馆的政策性支持和所提供的公益性服务、体育场馆工作人员和健身人群之间的互动交流、体育场馆之间的场地和信息资源共享都能够实现。体育场馆信息化管理系统为政府及相关部门进行有效监管指出了全新角度,从五个层级架构系统本身。④

陈晓静和杨俊峰等以"互联网+"智慧场馆为切入点,收集第七届世界军人运动会举办场馆的前期建设和中后期运营等情况,将智慧城市的价值融入智慧场馆的交管、消防、安保等方面,并对智慧场馆

---

① 李恒:《互联网重构体育产业及其未来趋势》,《上海体育学院学报》2016年第6期。
② 张利:《我国公共体育设施的发展及改革路径研究》,《中国体育科技》2017年第2期。
③ 颜小燕:《"互联网+"促进体育产业创新驱动发展及其策略》,《体育与科学》2017年第6期。
④ 辛克海:《体育场馆的科学化运营与管理研究》,中国商业出版社2017年版。

的相关应用作出研讨。①

胡新赞基于国家对大型体育场馆实施免费或低收费开放政策角度，指出传统体育场馆资源使用的统计管理主要借助人工，致使管理粗放、补贴不清等若干不合理现象层生。同时，使用智能技术能够有效获取入场人数、人员分布状况及能源使用状况等基础运营数据，不仅能够做到精准施政，还能为场馆运营提供成本及运营的精确数据。②

郑砚青提出，资讯科技如数位影像监控系统、射频识别（Radio Frequency Identification，RFID）技术、无线射频技术、人力资源管理系统及赛会管理系统等在运动场馆得到了不同程度的应用。他认为，不论私人运动场馆还是公立运动场馆，在注重服务品质的提升和运动环境营造的同时，均应作出改变，以注入科技力量，升级经营模式，还应以服务导向为中心，提高工作人员在安全监控及赛事管理等方面的工作效率，带动体育设施使用率的显著提升。③ 张强对互联网背景下的体育场馆转型升级问题进行相关探讨，指出互联网可为运动场馆带来的诸多益处，通过举一反三的形式，为互联网时代下的我国台湾地区体育场馆的升级改造指引方向。④

在智慧体育场馆的研究方面，笔者通过对现有研究成果进行归纳，发现其应用研究优于理论研究，从管理和产业的视角来看，智慧体育场馆的应用能够尽可能地提高资源整合效率，但从理论层面来讲，目前学术界对智慧体育场馆的理论基础尚未进行统一，在智慧体育场馆运营、技术、营销、管理等方面的认知也存在显著差异。而国内学术界对智慧体育场馆的应用研究尚处于百花齐放、百家争鸣的阶段，虽然视角不同，但不同学者的观点和实践研究均具有值得深挖和借鉴的价值，因此通过梳理分析这些观点能够对本书的研究具有较大启发价值。

---

① 陈晓静、杨俊峰：《"互联网+"背景下武汉市智慧城市与智慧体育场馆建设研究》，《智能建筑》2018年第10期。
② 胡新赞：《复合功能体育建筑建设与运营管理》，中国建筑工业出版社2019年版。
③ 郑砚青：《资讯科技在运动场馆管理之应用》，《休闲保健期刊》2009年第2期。
④ 张强：《智慧体育场馆建设与应用研究》，博士学位论文，苏州大学，2020年。

第六节　国内相关研究及启示

目前，国内学者对体育场馆进行了较为深入的研究，涉及面也非常广泛。国内研究包括体育场馆的运营研究，体育场馆的管理研究，体育场馆的服务水平研究，体育场馆面临的问题及提出的建议、体育场馆的布局、设计和建造研究，体育场馆的资产与效益研究，以及体育场馆所实行的制度、补贴政策、学校体育场馆研究等。从研究对象来看，国内研究涉及体育场馆的运营研究、体育场馆的服务水平研究及学校体育场馆的研究等，国内学者更倾向于对体育场馆的设计和建造进行研究。区别于现有研究成果，本书创新性地提出了新的经济形式即回头经济，回头经济是指通过吸引消费者注意力、提高产品影响力，促进消费者对产品实施二次定向消费，重新获得或者获得更多、更大吸引力和注意力的一种新经济策略，从而实现产品可持续经营的一种经济活动。从智慧场馆的相关研究来看，随着近年来互联网的迅速普及和新一代信息技术的快速发展，我国关于互联网应用的研究成果相对丰富，与智慧体育场馆应用有关的研究也逐步升温，并呈现逐年增加的趋势。但由于国内智慧体育场馆研究起步较晚，仅从宏观层面定性探讨智慧体育场馆应用或关于某一种新技术在体育场馆的实际应用的文献较多，将系统整合技术用于管理的研究较少，对于具体如何实现智慧化运营、优势何在、风险在哪等方面还缺乏缜密思考。部分研究过分强调理论上的合理性，由于结合场馆实际服务需求的落地项目较少，理论在实际操作中的实用性考虑不足；研究实例缺乏代表性，导致相关研究的权威性有所降低。另外，智慧体育场馆应用研究的连续性较差，缺乏对同一实例的跟踪和整体性分析。

第五章

体育场馆商业运营的回头经济的理论机理

第一节 三次售卖理论

一 三次售卖理论的内涵与原理

三次售卖理论源自媒介经济学,随后在社会学、心理学、政治学、历史学和文学批评等领域研究传媒作用与功能时得到进一步发展和利用。三次售卖理论是指新闻媒体在销售经营的过程中所经历的三个阶段,第一阶段为"卖内容",以出售媒介物质产品为主,运用精妙绝伦的内容吸引目标受众群的关注,使受众群体产生不同的购买需求,形成经营的注意力经济。广大受众为一次售卖的消费主体,此次售卖目的即建立目标受众消费群。第二阶段为吸引"受众注意力",以已经获得的目标受众群为中心,凭借高规模、高质量目标受众群,吸引广告商精准投放优质广告,形成经营的影响力经济。二次售卖过程中,新闻媒体借助目标受众赚取广告收益,而广告商借助目标受众的注意力来扩大其市场影响力。第三阶段为"品牌",即以无形资产的出售为主,品牌价值在市场中得以体现、形成可延伸的市场价值链、创造更多价值,并构建品牌价值网络体系,形成消费对象的回头经济。如报纸媒体行业就依据售卖刊物的自身特色实施价值战略后出售品牌的相关资源，能够吸引目标受众群体，形成品牌的自主影响力，塑造品牌价值观，构建产业价值链，从而提高顾客对期刊的再次购买可能。综上，三次售卖过程的主体实质就是售卖"内容—受众注意力—品牌"，从而依次形成经营主体的"注意力经济—影响力经济—回头经济"。①

二 三次售卖理论的应用

三次售卖理论多应用在媒体经营中，如在电影中，第一阶段"卖内容"，主要是银幕价值层面的票房收入，在经济和科技飞速发展的当下，电影票房收入依然为影片实现盈利的重要途径之一。第二阶段"卖受众的注意力"，主要是基于银幕价值层面和娱乐时尚价值层面的广告收入。第三阶段"卖品牌"，主要是借助媒体的优质品牌资源尽可能地发掘市场现存及预期价值，创造并延续市场价值链，从而实现更多价值。对于电影来说，就是集其他媒介层面和娱乐时尚价值层面为一体的授权开发收入。

三次售卖理论主要促使体育场馆的商业化运营产生回头经济，第一阶段，"卖内容"主要表现为体育场馆利用其营销策略吸引顾客进行一次性消费。在借助多样化的传播手段，如发放宣传单、刊登广告等同时，在特定节假日举办暖心小活动吸引顾客注意力，进行多元营销。持续性进行多元消费之后，多次光顾的顾客就成为场馆的"注意力资源"。场馆所进行的营销活动，是创造、吸引、巩固、扩大受众注意力的前置工序，都必须以吸引注意力为出发点和落脚点。因为这种"注意力资源"所创造的衍生价值会提高终端产品的回报率，最终使场馆获得社会效益和经济效益。② 第二阶段，体育场馆售卖包括出售"受众的注意力"到形成"影响力经济"的整个过程。目前，国内的大型体育场馆运营的平均水平不高，某些大型体育场馆的经营不善，大都将大型体育赛事定为销售内容，致使目标受众群体单一，以

---

① 于萌、张琬婷：《基于"三次售卖理论"的大型体育场馆盈利模式》，《体育学刊》2018年第3期。
② 曾庆贺等：《大型赛事场馆赛后利用现状及制约因素分析》，《西安体育学院学报》2008年第3期。

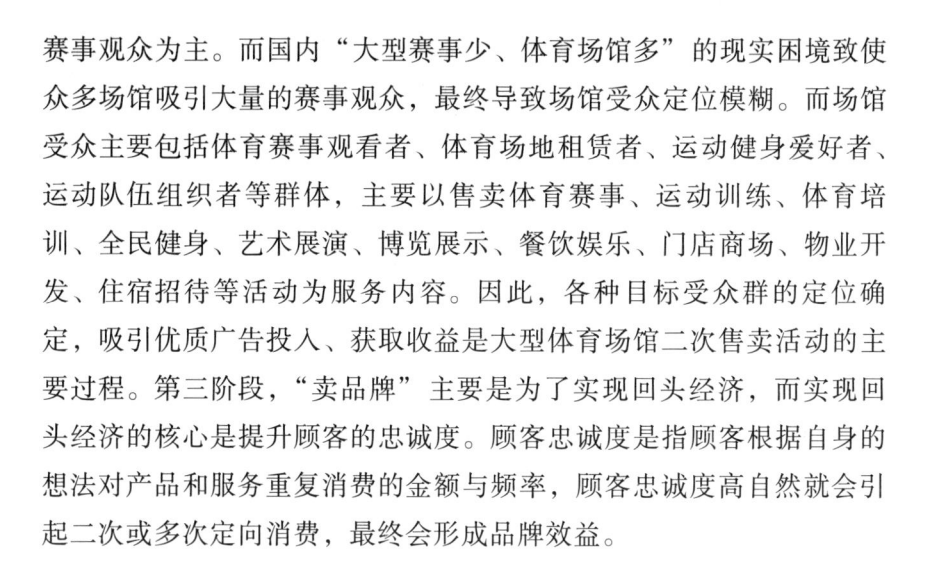

赛事观众为主。而国内"大型赛事少、体育场馆多"的现实困境致使众多场馆吸引大量的赛事观众，最终导致场馆受众定位模糊。而场馆受众主要包括体育赛事观看者、体育场地租赁者、运动健身爱好者、运动队伍组织者等群体，主要以售卖体育赛事、运动训练、体育培训、全民健身、艺术展演、博览展示、餐饮娱乐、门店商场、物业开发、住宿招待等活动为服务内容。因此，各种目标受众群的定位确定，吸引优质广告投入、获取收益是大型体育场馆二次售卖活动的主要过程。第三阶段，"卖品牌"主要是为了实现回头经济，而实现回头经济的核心是提升顾客的忠诚度。顾客忠诚度是指顾客根据自身的想法对产品和服务重复消费的金额与频率，顾客忠诚度高自然就会引起二次或多次定向消费，最终会形成品牌效益。

第二节 服务营销理论

一 服务营销理论的内涵与原理

服务营销是以消费者需求为营销核心，满足消费者的切实需求为目的所展开的商业活动。20世纪80年代，我国学术界开始对商业营销中的"服务"要素展开研究。伴随科技进步和社会生产力的飞速发展，产业升级加快并日益专业化，产品服务质量显著提高，产品服务密度持续扩大；此外，劳动生产率提高后，买方市场占据优势，因此在消费者收入水平提高后，消费需求改变，消费需求和消费层次跃升至多种发展方向。[①]

20世纪60年代，由于服务业的飞速发展及服务在产品营销中的地位日显突出，服务营销学在西方兴起。4P［产品（Product）、价格（Price）、渠道（Place）、促销（Promotion）］理论由美国营销学家尼尔·博登（Neil Borden）于20世纪60年代提出。1981年，比特纳

[①] 薛宏珍：《服务营销组合策略在阅读推广中的实践与探索——以广西科技大学图书馆"微书评"为例》，《图书情报工作》2016年第3期。

和布姆斯在杰罗姆·麦卡锡的 4P 营销组合的基础上总结出 7P 营销组合，它在 4P 的基础上增加了三个要素：人员（People）、有形展示（Physical Evidence Process）和过程管理（Process Management）。从此，7P 也成为服务营销的基本理论框架。

第一，产品策略是指利用高质量的有形产品、无形产品或创意来使顾客满意。它是营销组合中最主要和最基础的元素。第二，价格策略主要是指产品自身的定价。价格策略与市场对产品的接受程度密切相关，对市场上此类产品的需求和企业利益产生着深远影响，并涉及生产商、运营者和顾客等的经济利益。第三，渠道策略主要是指产品的所属权利从企业向用户手中转移所经历的途径。公司生产的产品只能在适当的时间和地点通过分销等渠道提供给消费者或客户，并通过这种方式来缓解产品生产商和顾客之间的矛盾。第四，促销策略的侧重点是如何将产品信息完整、有效地传播给潜在的消费者。所使用的促销策略主要包含推动策略和拉引策略。销售是通过一系列推销技巧，将产品最好的一面带给顾客并促使顾客购买。第五，人员是指营销组合中扮演提供服务和接受服务的对象。换句话说，人员是提供销售服务的员工和参与购买的客户。在市场营销中，企业的服务人员非常重要，因为他们可以对顾客对服务质量的看法和偏好产生巨大的影响。特别是在服务业，员工能力参差不齐，服务质量不能同时满足不同顾客提出的要求。此外，人员还包括未购买或已购买服务的客户。第六，有形展示可以解释为商品和服务本身的可视化，也就是使所做的宣传效果更贴近客户实际需求。其重要性在于，客户可以获得合理的线索来解释他们能够接受的服务质量水平。所以最好的服务就是把触及不到的事物变成有形的展示。第七，过程管理是指在员工为客户提供服务之前必须遵循的流程。此外，如果客户必须在线等待一段时间才能获得服务，那么此过程的时间长短是影响服务评价的重要因素。

二　服务营销理论的应用

在借助服务来满足消费者需求的各种组织中均可找到"服务营销学"的身影，而体育场馆作为体育服务业的重要载体，在其商业化运营的回头经济中应用服务营销理论具有积极意义。其中，体育场馆可以通过各种渠道来提升顾客的注意力，利用"产品""促销""人员""有形展示""过程管理"来形成影响力经济，而价格则是回头经济所带来的效益。

（一）体育场馆产品策略现状分析

体育场馆产品服务又分为有形服务和无形服务。体育场馆一方应针对不同的人群和不同的情况具体问题具体分析，将有形服务和无形服务相结合，以便于提升顾客的消费体验感。为满足消费者的相关物质需求而进行的有形服务主要包括健身设施、周围环境、运动用品等。整洁、宽敞、秩序井井有条的场馆可以使顾客眼前一亮；为满足消费者的相关精神需求而进行的无形服务不仅包括贴心健身指导、真实体质监测等，还包括举办群众体育活动、丰富群众文化生活的文化服务以及为避免出现场馆供不应求和供过于求的问题等。每位顾客在来体育场馆进行消费前，都会根据自己的经验和他人的介绍对即将进行的运动做出设想，在享受体育场馆提供的服务后，顾客会在内心对这次运动的全过程做出评估，若结果达到了他们的期望并符合他们的要求，他们就会心生满意感，通过推荐介绍相关目标用户进行消费。长此以往，吸引顾客注意力并积累后形成了注意力资源，并在持续发展后转变为影响力资源，为回头经济的实现埋下伏笔。体育场馆应不断了解市场的最新动向，顺应时代的发展潮流，并根据顾客反馈的信息不断调整和完善发展策略，久而久之，场馆就会形成品牌效益。①②

（二）体育场馆价格策略现状分析

门票管理是体育场馆商业运营中不可缺少的一部分，卖出门票的数量直接体现了球迷对比赛的热爱程度和体育运动的普及程度。体育场馆有权通过各种合法方式出售比赛门票，包括网上售卖、销售点售卖和场馆售卖等。其门票的定价也与比赛的精彩度、座位位置及当时收入情况等有关，所以各个场馆的票价也都不尽相同。

---

① 王陶然：《试论传媒经济中的"注意力经济"和"影响力经济"》，《经济师》2009年第2期。

② 于文谦、孔庆波：《论体育赛事的消费过程及价值挖掘》，《体育学刊》2011年第6期。

（三）体育场馆渠道策略现状分析

在新消费时代，体育场馆运营应以消费者需求为核心，根据顾客需求和相关反馈进行调整，二者之间的交流沟通日益频繁。在互联网时代，场馆工作人员与消费者之间的互动途径发生了变化，即由传统的短信、电话等单一途径转化为微信、微博等多元渠道，可以赋予消费者对场馆相关布置的云上参与机会，锁定目标消费者。

（四）体育场馆促销策略现状分析

体育场馆促销的目的在于吸引眼球。有关研究表明，人每天接收的信息主要来自视听感官，其中，视觉信息占85%左右，听觉信息占10%左右，其他几种感官获得的信息共占5%左右。[1] 体育场馆通过发传单、做广告、赠送贺卡小礼物等手段进行多样化的营销，吸引顾客注意力，当吸引注意力达到一定程度时，场馆就拥有了注意力资源。[2]

（五）体育场馆人员现状分析

专业化的管理人员通常具有高超的商业运营能力。但是现今很多体育场馆都缺少专业的管理者。至于何谓专业，目前在我国很难定义，因为在我国，作为体育学专业的新兴学科，体育管理学发展得还不够完善。而美国的体育市场规模最大，体育管理学学科迅猛发展。21世纪初，美国设立体育管理专业的高校就已超过200所。该专业的培养课程和培养计划是由300名体育管理专家和长期从事体育管理实践工作的团体精心研制并细致修订而制定的，因此我国体育管理专业可以从中汲取优秀经验并借鉴科学成果。因此，想成为一名合格的体育管理学人才并不容易，不仅需要掌握全部体育管理学知识，还需要精通营销学、金融学、会计学、行为组织学、统计学、法学等相关专业。[3] 只有掌握以上知识，再加上不断从实践中总结经验，才能称得上是专业的体育管理者。

---

[1] 李飞：《品牌定位点的选择模型研究》，《商业经济与管理》2009年第11期。

[2] 王彦霞、陈美若：《商业价值与"眼球经济"的实现》，《商业经济研究》2017年第16期。

[3] 尚宏明、刘慧青：《美国体育管理学培养方案的解读及启示》，《首都体育学院学报》2013年第2期。

（六）体育场馆有形展示现状分析

体育场馆的有形展示主要包括场馆内的装饰品、观看座位、场馆设施等。据调查，消费者对场馆的整洁度和空气质量要求最高，毕竟，谁也不愿意进入一个肮脏、烟雾缭绕的地方观看比赛。另外，设计因素在某些情况下的关注度也很高，包括体育场馆的墙壁设计、座位的颜色、场馆中条幅的悬挂和广告牌的放置等。

（七）体育场馆过程管理现状分析

体育场馆的过程管理指的是在比赛开始或顾客开始运动前，对顾客等待过程中所经历的事情进行管理。在这一过程中，体育场馆所提供的服务以啦啦队表演、饮品供应和其他服务为主。

第三节 热点营销理论

一 热点营销理论的内涵与原理

热点营销是指营销者通过本身资源的整合，并按照预定的计划策划、组织、举行、利用具有新闻价值的活动，继而凭借制造的热点新闻效应事件及媒体和舆论的力量，达到引起媒体和社会公众的兴趣和注意并提高社会知名度、塑造企业的良好形象、促进产品或服务销售目的的一种手段与方式。需要注意的是，这种手段与方式的前提是内容的真实且不损害公众利益。常规热点和突发热点是热点营销的两种常见方式，而常规热点（奥运会或其他有计划的大型赛事）营销是在体育场馆商业化运营过程中最常见的一种商业营销方式。

（一）常规热点

常规热点是指人们可预测到的，且可能引起舆论的节日、赛事、娱乐活动等特殊时段或焦点事件。这类热点可以通过事先预测，提前了解规划，以抢夺有利位置。尽早开始筹备，能使这类热点活动的组织和推广变得更加得心应手。但问题就在于，大家普遍都可以研究利用常规热点，而要想从所有竞争者中崭露头角，对活动时间范围的精准把握显得尤为重要，这便无形中增加了预测和规划的难度。

（二）突发热点

突发热点是指几乎所有人无法预测的事件和话题。这类事件和话题覆盖范围较为广泛，平时看来不怎么引人注目，但在特定的时间背景下，作用于特定的人和物上，便就成为我们眼中的时政新闻、娱乐八卦、生活趣事等。由于缺乏雄厚资本投入和丰足人力资源，大多数中小型企业不具备发起和推动热点的能力，但他们仍可通过主动参与和被动跟随两种方式抓住热点。主动参与是指，企业在无须花费大量人力、财力的情况下，仅依靠在热点下发动小型互动活动便可引来更高的关注度，这要求参与者具备原创性和发散性思维，从而运用丰富的创造力来制造"子热点"。相比较而言，被动跟随则对先天条件要求较少，但更多注重后天努力，参与者只要足够努力和专注，便有机会抓住热点裂变时机，收获回报。突发热点具有极强的突发性和裂变性，恰巧我们正处于互联网信息飞速流通的时代，企业可利用互联网这一信息传播途径创造或借助突变热点，组织开展产品营销活动，以产生"滚雪球"效应，将回报收益的雪球越滚越大，这就要求企业能够快速发现热点，精准判断选位，创新活动策划，但这并非易事。

二 热点营销理论的应用

奥运会作为世界上规模最大的综合性运动会，备受全球各国人民的广泛关注。随着时代的发展，奥运会逐渐成为主办国向世界其他各国展示自身经济、文化等各方面综合实力的舞台。在2008年北京奥运会和2022年北京冬奥会两届举世瞩目的体育盛会上，中国不仅向世界展现出了中华民族上下五千年源源流淌的文化底蕴，更是向世界展现出了经济、文化、科技、环境全方位持续高速发展的强国实力。由此可以看出，现在举办一届奥运会不再是像过去举办体育赛事那样简单，其成功与否更多的是对奥运会的前期筹备和推广、中期营销和运作、后期游憩化利用进行评判。因此，如何将奥运会这一爆炸性热点营销运作起来，实现利益最大化，才是当今国际奥委会和奥运举办国需要深入探索的问题。

（一）古代奥运会：奥运营销的雏形（公元前776—前394年）

在人们的意识中，很难想象古代最初的奥运会会与"营销"产生

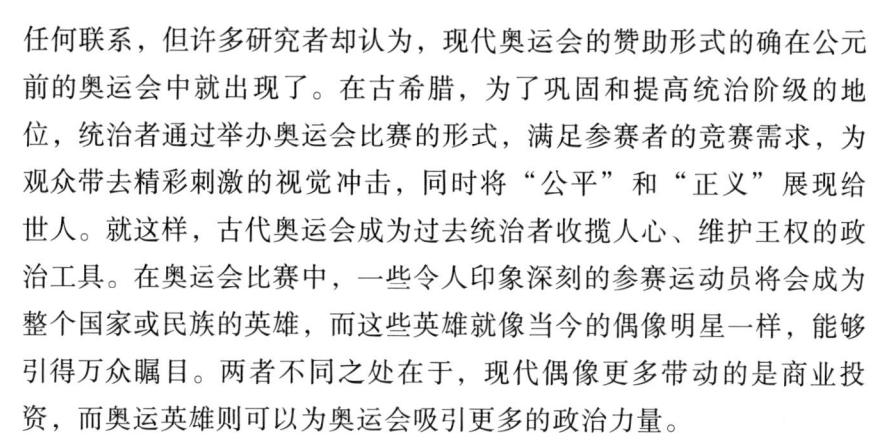

任何联系，但许多研究者却认为，现代奥运会的赞助形式的确在公元前的奥运会中就出现了。在古希腊，为了巩固和提高统治阶级的地位，统治者通过举办奥运会比赛的形式，满足参赛者的竞赛需求，为观众带去精彩刺激的视觉冲击，同时将"公平"和"正义"展现给世人。就这样，古代奥运会成为过去统治者收揽人心、维护王权的政治工具。在奥运会比赛中，一些令人印象深刻的参赛运动员将会成为整个国家或民族的英雄，而这些英雄就像当今的偶像明星一样，能够引得万众瞩目。两者不同之处在于，现代偶像更多带动的是商业投资，而奥运英雄则可以为奥运会吸引更多的政治力量。

（二）现代奥运会：奥运与营销的联姻（1896—1980年）

世界上第一届现代奥运会是1896在雅典举办的，从那时起，就有私人和公司企业为奥运会提供赞助，柯达公司成为现代奥运会的第一批赞助商。此外，会员会费、赛事门票以及皮埃尔·德·顾拜旦（Le baron Pierre De Coubertin）等人的资助也是举办这届奥运会的重要资金来源。我们现在经常看的吉祥物纪念品、奥运冠名商品等一系列奥运会知识产权的使用，就是从这届奥运会开始出现，并逐渐成为了奥运营销中必不可少的一部分。例如最初的12张纪念邮票，发售数量虽少，但却开辟了没有人尝试过的奥运营销新路径。

1912年，斯德哥尔摩奥运会上，主办国出售了此届奥运会的独家摄影权和纪念物发售权，奥运营销正式开始运作，且规范性正逐步提高。

奥运会上的室内广告最早出现于1920年的安特卫普奥运会，但最初，室内广告仅在1924年的巴黎奥运会短暂出现过，从此便被国际奥委会禁止。

真正意义上严格按照商业营销模式举办的奥运会是1932年的洛杉矶奥运会，在这一营销模式的推动下，迎来了奥运会的首次盈利。受纳粹的影响，1936年的柏林奥运会是有史以来争议最大的一届奥运会。在这届奥运会上，主办国向柏林部分民众免费提供电视转播，使电视转播首次运用在了奥运会上。随着这一资源条件的不断开发，电视转播权的出售逐渐成为当前举办奥运会的主要资金供给。

奥运会转播权的出售起始于1948年的伦敦奥运会，英国广播公司（British Broadcasting Corporation，BBC）斥资3000美元拿下那届奥运会的电视转播权。

1952年的赫尔辛基奥运会上，奥运纪念币开始发售，经过五届奥运会的发展，在1972年的慕尼黑奥运会上，这一营销手段所带来的收入已经达到了此届奥运会总收入的一半以上。国际营销方案也是在赫尔辛基奥运会的举办上首次运用，来自世界各地一共11家企业为奥运会提供了鲜花、食物等众多实物资助。

1964年的东京奥运会上，一家烟草公司用100万美元拿下了"奥林匹克"（Olympia）的商标授权，这开创了一条国际奥运会特许授权的全新营销道路。此外，由精工爱普生公司所研究设计的石英比赛计时技术在奥运会上得以运用。

彩电直播技术与1968年开始应用于墨西哥奥运会上，在这一技术为人们带来更好视觉体验的同时，也使电视转播收益得到大大提升。

1972年的慕尼黑奥运会上，国际奥委会设置了专门的代理机构用于开展营销活动。

1976年的蒙特利尔奥运会上，628家企业合力为此届奥运会提供了超过700万美元的资金支持。

受制于苏维埃政府对大多数商业活动的禁令，1980年的莫斯科奥运会毫无疑问地成为100多年来营销最失败的一届现代奥运会，不但苏联国内赞助受到限制，就连国际上也只是仅有少数企业愿意对奥运会给予赞助。

总而言之，由于欠缺完善且合理的营销方案，无法获取足够的资金支持，1980年莫斯科之前的每一届现代奥运会都一直处于一种初期探索的状态，导致各举办国均背负着沉重巨大的财政负担，进而致使现代奥运会陷入发展困境。

（三）新时代奥运营销：奥运与营销的融合（1980年至今）

随着奥运会规模的持续扩大和影响力逐渐提高，奥运会本身所具备的展现国家经济实力和传播民族文化的平台作用越发明显，各国对奥运会主办权申请的重视以及奥运会举办的投入在不断提升，这造成举办一届奥运会的开支不断攀升。1980年，国际奥委会领导班子被迫调整，萨马兰奇顺利当选新一任主席。针对莫斯科奥运会巨额亏损、营销不足的问题，萨马兰奇明确强调了商业营销手段在奥林匹克发展中的重要地位。为帮助国际奥委会和各举办国缓解财政压力，进而有益可得，新一届国际奥委会开始逐步制定完备、公平的奥运营销政策和方案。

为实现奥运会营销工作专职化，国际奥委会于1983年专门成立了新资金来源委员会，全面接手并负责奥运会营销，后来这一组织更名为国际奥委会营销委员会。保障奥运会稳定的资金来源并提升国际奥委会独当一面的能力成为奥运营销的首要任务。得益于当代电子信息技术的高速发展，迄今为止，现代奥运会主要收益来源已经转变为赛事直播和转播。1984年洛杉矶奥运会，尤伯罗斯通过招标的手段出售了奥运会的电视转播权，不但使通过电视转播的形式让世界各国人民都享受到了这一全球体育运动盛事，更是创下了2.87亿美元的电视转播收入的记录，[①] 相比之前最高的莫斯科奥运会而言，翻了近3倍，使电视转播权收益成为此届奥运会最大的经济收入源头。伴随洛杉矶奥运会的成功举办，世界各国开始争相申请举办奥运会，奥运营销新手段也是遍地开花。[②] 想要避免奥运营销过度商业化的发展，这要求国际奥委会必须在吸引各企业带来足够赞助的同时，依然铭记"相互理解、友谊、团结和公平竞争"的奥林匹克精神。

（四）奥运营销的支点在哪里？

1. 在企业的战略方向之中

归根结底来说，企业资助奥运会的目的就是实现其运营本身的可持续发展，而奥运营销是其能够利用品牌效应助推商业运营的战略手段。若奥运营销能够同投资企业在战略发展上达成一致，便可最大化开发奥运会的潜在营销价值。

[①] 张亚辉：《现代奥运会电视转播权的管理和营销》，《山西师范大学体育学院学报》2007年第4期。

[②] 彼特·尤伯罗斯：《我是如何让奥运会盈利的？》，《二十一世纪商业评论》2016年第8期。

1985年,国际奥委会开始实施一项名为TOP的奥运会长期战略合作计划。①在这一计划中,国际奥委会将奥运会赞助商划分为官方赞助商、官方供应商和特许授权商三类,不同层次的赞助活动需要由不同层次的赞助企业予以提供。直至今日,国际奥委会还能与这一计划中各忠实合作伙伴保持着良好的战略合作关系,而这几乎全都得益于TOP计划持续稳定、按部就班地执行以及奥运营销所带来收益的持续攀升。TOP计划颁布一年后的洛杉矶奥运会上,奥组委对赞助商提出了更高的要求,所有赞助商的资助金额不得低于400万美元,同时控制赞助商数量不超过30家,且相同类型企业仅保留一家,以选拔超一流企业作为最终的奥运会赞助商。这一要求的提出极大程度上激化了相同行业公司之间的竞争。在这些公司企业中,可口可乐公司几乎每次都能抓住当届奥运会的主题和精神,保证与国际奥委会相同的战略营销目标来开展活动,这也使可口可乐成为自最初1928年以来,无论是在韩国汉城、西班牙巴塞罗那,还是美国亚特兰大和澳大利亚悉尼,一直保持着与国际奥委会紧密联系的全球战略合作伙伴关系,并长期占据了这一营销制高点。所以,要想形成奥运营销与企业发展的同频效应,二者必须在战略目标、运营方式等方面做到步调一致。

2. 在企业的管理系统中

奥运营销虽说是一种市场活动,又不仅仅是市场管理,它与企业文化、产品研发、信息管理、财务经营、危机公关等一系列能力都有关系。因此,想要将奥运营销工作做好,做成功,就需要各个部门齐心协力,相互协助,共同提升。在雅典奥运会上,赞助商可口可乐公司曾经组织了一场商业宣传活动,活动范围覆盖火炬传递的每一个城市,其难度在于此次活动规模极大,需与200多个国家协调配合完成,且不同国家的奥运营销方式存在差异。最终,在27个国家的几万名可口可乐员工协同努力下,这场奥运宣传活动几乎完美地按照可

---

① TOP计划原称奥林匹克全球赞助计划,或称国际奥林匹克营销计划,它是指TOP计划中的赞助商通过向国际奥委会、奥运会组委会和202个国家奥委会提供资金、企业产品、技术和服务来支持和发展整个奥林匹克运动。如今又改为The Olympic Partner,即奥林匹克全球合作伙伴。

口可乐公司制定的计划完成,充分展现了将奥运营销各组成部分协同组织管理的必要性和高效性。

3. 在整合营销传播的主干线上

奥运营销应在整合营销传播的主干线上越走越远。为实现奥运营销传播与产品销售二者相互促进,应将奥运会视为营销平台,将消费者视为工作核心,对包含市场行为在内的各种企业行为进行整合重组,对企业目标、传播形象,产品信息和品牌信息进行协调统一;建立消费者与企业之间的双向沟通机制,在产品销售的基础上,通过推广品牌文化提升在消费者心目中的地位。无论在运用哪些营销手段上,都要注意各自之间的协调配合;无论在过去还是将来,都应保持营销信息的一致;无论在哪个国家和地区,面对的对象又将是谁,都应保持品牌独特且统一的形象。

(五)奥运营销的要点

1. 要有主题

如何做好奥运营销是摆在我国许多企业面前的一道难题。当前,我国许多企业虽然成为奥运会的赞助商,但始终没能利用好这一资源。大多公司企业要么没有主题,要么主题太多,没能做到令人印象深刻。可口可乐公司的例子为这个问题做出了合理的解答。在最初,向其他企业一样,可口可乐公司的广告标语也随着每届奥运会主题的变化而变化。直至2004年,可口可乐创新性地提出了"要爽由自己"的标语,从此开始,"爽"字成为可口可乐的一大主题,每逢奥运会,可口可乐公司都会推出一个有关"爽"字的全新标语。20多年来,"爽"已经成为可口可乐的品牌特色,且逐渐深入人心。由此看来,我国企业所欠缺的,往往是一个明确且固定的主题。

2. 要有前期

奥运营销能否成功,往往在赛事举办前就已经成为定局。每逢奥运会,我国都会有许多企业为了从奥运会的商业价值中获利,而斥巨资拿下其赞助商及供应商名额。但往往在他们拿下这一名头之后,便都做起了无用功,直至赛事结束。可口可乐公司却与之恰恰相反。北京奥运会于2008年举办,谁能想到可口可乐公司早在2002年就已经开始了准备工作。"爽起来"狂潮来临之前，谁又能想到可口可乐公司煞费苦心专门花费了一周时间来完成"爽即将到来"这一铺垫。可口可乐公司的成功并不仅仅是因为拿下了奥运赞助商，更为关键的是他们前期在营销策略上的付出。许多企业虽然斥巨资占领了奥运会这座"金矿"，但若他们此后仅仅只是坐等，便很难将每一分的投入都转变为收益。奥运营销在很大程度上营销的不是产品，而是一种精神，这一精神需要信念和意志作为支撑，而大多数奥运赞助商欠缺的就是这一支撑。而这一支撑往往需要企业挖掘自身信念，才可以为奥运营销注入充足的动力。

第四节 大市场营销理论

一 大市场营销理论的内涵与原理

进入21世纪后，世界经济向区域化和全球化的形势转变，在此背景下，企业之间的竞争也不局限于某个单一区域，而是演化为一种无区域限制的竞争模式。针对这一世界经济形势，美国市场营销专家菲利普·科特勒在创新常规市场营销方式的基础上，提出了一种新型市场营销观念——"大市场营销"。科特勒指出，为了获得市场各方的合作与支持，方便企业在进入某一特定市场后能够迅速、有效地开展业务经营，企业家们应有目的地运用各种手段，比如权力、金融、舆论等手段来实现预期目标。同时，传统市场营销的战略日益丰富，由"4P"转变为"6P"（增加了政治权力-Political Power 和公共关系-Public Relations），进一步充实市场营销理论。因此，大市场营销的理论及实践与传统的市场营销的不同主要表现在以下七个方面。

（一）市场营销目标

在市场营销的传统状况中，某种特定产品的既有市场不断发展，而该产品能够吸引目标消费群体加以关注的要素主要就集中在产品品牌及供应商种类上。因此，消费者的特点与需求是企业的第一调查目标，因为这是企业日后制作产品、构建销售网及策划营销方案的重要

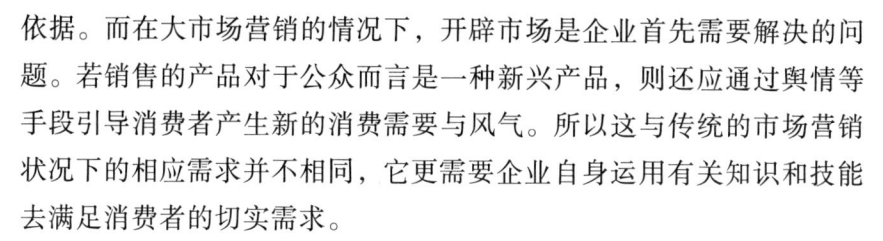

第五章 体育场馆商业运营的回头经济的理论机理

依据。而在大市场营销的情况下，开辟市场是企业首先需要解决的问题。若销售的产品对于公众而言是一种新兴产品，则还应通过舆情等手段引导消费者产生新的消费需要与风气。所以这与传统的市场营销状况下的相应需求并不相同，它更需要企业自身运用有关知识和技能去满足消费者的切实需求。

（二）牵涉的有关集团

通常情况下，传统市场营销者主要是同顾客、经销商、厂家、广告代理商、市场调研公司等相关人员进行沟通交流。随着信息化发展，大市场营销者除了需要同上述人员打交道外，还会涉及企业外部门与机构，如司法、行政、公益团体等部门。

（三）市场营销手段

大市场营销增加了政治权力和公共关系两种新型手段。

政治权力助推大市场营销持续发展，为大市场营销者在初入新市场后提供政策保障和相关支持，而这种支持与保障来自当地的行政机关及知名企业中的高级职员。例如，某制药公司使用相应的政治策略，获得了某国卫生部的批准，从而将一种新药打入该国市场。

公共关系一般指经过长时间努力形成的舆论，强大的舆论力量有利于增加公司的市场占领率，是大市场营销的"拉力器"。

（四）诱导方式

行之有效的诱导手段是每位营销人员都应掌握的重要知识，它能够促成大市场营销者与有关方面的合作，争取合作双方能够遵循自主交换原则，从而实现利益共赢。通常情况下，大市场营销人员认为对方提出的要求超出合理范围，或者任何积极的诱导并未对其发挥作用，那么公司为了加速对方的批准进程，可能需要支出额外的费用。因此，在依靠常规的诱导方式之外，公司还应采取其他的手段达到目的，如使用强制手段，通知对方必须撤销相关援助或者发动部分职员进行反抗合作的相关活动。

（五）期限

通常来讲，产品为打开市场销路，需增加引进时长，而实施大市场营销战略耗时更长。但为了提高产品受众度，还应该在指导和教育大批目标市场的消费者方面下足功夫。

（六）投资成本

长时间的工作与高昂的额外款项是开拓大市场营销赢得各方的配合的保障，而这也势必会引发较高投入成本的状况。

（七）参加的人员

产品经理是解决市场营销问题的首席专家，在营销专员、流调人员及相关人员的辅助下部署工作。而在处理大市场中的营销问题时，仅凭借产品经理是不够的，这需要企业中高层、律师、公共关系等更多其他人员的参与。因为大市场营销计划的制定与实施需要协调各方利益，同时也需要各方人员建言献策。

二　大市场营销战略的实施步骤

企业实施大市场营销战略主要分为三步。

（一）探测权力结构

在市场内经营者的首要目标就是了解相应的权力机构，该机构主要分为以下类型：

（1）金字塔形。权力位于"塔尖"，也就是统治集团，它既可以是单一个体（个人、宗族、企业），也可以是整个体系（产业、宗派）。"塔中"的任务是贯彻传达塔尖位置的统治阶层意图，起到上传下达的作用。"塔基"的任务是落实统治集团的具体意图。

（2）派系权利型。这种类型主要存在于在目标地区内两个以上的集团（如权力集团、施加压力的集团、特殊利益集团）之间进行的利益争夺。因此，企业应该就自身与各集团之间的合作关系具体考虑，在合作之后，整个派系的友好环境就会相应改变。

（3）联合权力型。这种类型主要是由不同的权力集团临时结盟，并达成必要合作对象。而公司为实现发展目标就需要与相关权力集团进行合作或联合不同企业成立联盟来扶持各自企业。此外，公司还需要掌握其自身各体系的权力构造，采取评估对比的方式分析各方实力，并基于分析结果制定相应决策。

（二）设计总体战略

在某一封闭型市场经营，各集团中的保守派、中立派和结盟派是公司首先了解的对象。可供选择的总体战略包括以下三个方面。

（1）为了使反对者保持中立，应补偿其所受损失。同时总成本应包括对受害者的补偿。

（2）组建支持者联盟，壮大自身的力量。

（3）对中立者施加影响并提供相应的利益，达到将其转变为同盟者的目的。

（三）制订实施方案

实施方案是大市场营销战略得以实现的蓝图。在具体操作过程中，是指对其中的某项预期目标，从要求、内容、形式、流程、方式等层面做出具有明确性、具体性、全面性等特征的计划文书。负责人员、实施时长、实施地点、实施手段的规定必须在实施方案中有所体现，并对这些内容进行有效的顺序排列。

三　大市场营销的实践意义

大市场营销战略是对传统营销战略的继承与发展，并结合时代特色进行创新，但其核心主体仍不改变。就营销的企业自身、专业人员及相关研究机构来看，大市场营销战略的应用是一个崭新的问题。动态观念是大市场营销的重点，因为它在市场中面对的是具有多元化、个性化需求的消费者。其实践意义如下。

（1）外部环境与企业市场营销之间的复杂关系通过大市场营销观念全面地展现给了企业。基于此，面对复杂多变的外部环境，尤其是在国际营销领域，企业要以更积极的态度来对待。为了实现目标，除了对多变的环境主动应变，企业还需主动利用内部优势去影响、改造不合适的外部状况。

（2）科学梳理企业与各种不同组织及公众的关系至关重要。而大市场营销观念恰好是企业意识到该观点，因为树立和维护良好的企业形象与产品形象是大市场营销观念对企业的要求，这也是获得各种组织、各类公众信任与支持的重要保障。

（3）市场营销和消费者需求二者的动态关系只有在大市场营销观念下才能更好地体现，因为企业不仅需要就消费者需求和市场动向作出及时响应，还要主动求变，扩大市场占有率并开拓新目标市场。

（4）大市场营销观念增强了企业的实力与竞争力，而且有利于开阔营销人员的视野，丰富营销人员的知识储备及实践措施。

四　大市场营销与传统市场营销的联系与区别

大市场营销是基于传统市场营销的发展之上才得以继续深化，但在特点及作用等方面，与传统市场营销相比，大市场营销又异于传统市场营销，主要体现在以下七个方面。

（1）营销目标。定型的市场与众所周知的产品是传统市场营销的特点。而大市场营销需要营销人员花费更多的时间，学习更多的技巧，去将产品打进市场，尤其是封闭的市场。

（2）参与营销活动的各类人员。消费者、分销商、广告方、市场调研公司是常规市场营销者经常打交道的人员。而为了争取各方的合作与支持，除了上述人员外，大市场营销者还需与立法部门、行政机关、公共利益团体、工会等部门交往。可见，参与大市场营销活动的人员具有多而杂的特点。

（3）营销手段。产品、价格、分销和促销是常见的一般市场营销手段。大市场营销在此基础上又增加了政治权力和公共关系两种手段。也就是说，为了赢得对方的支持和合作，大市场营销者要善于运用各种特殊手段，如赞助等，提供与市场需求相契合的产品和服务。

（4）诱导方式。以自愿原则及等价原则为基础的正面诱导是一般市场营销人员常用的说服各方人员与其合作的诱导方式。大市场营销认为，在对方提出某些不合理要求的情况下，常规的诱导方式并不能使对方让步，因此，在某些时候还需借助某些政治权力。

（5）期限。将产品导入市场需要一定的时长。一般市场营销者所需的时长较短，而大市场营销者所需的时长较长，并且诸多封闭的国内及国际市场还需打开。

（6）投入成本。较长时间的大市场营销期限需要额外的支出来取得各方的配合，这也注定了其投入成本会比一般市场营销大。

（7）参与人员。销售经理、营销专家、调研人员等是一般市场营销活动的企业负责人；而大市场营销还需要企业中高层、律师、公共关系等人员的参加。

第六章

体育场馆商业化运营与回头经济

第一节 体育场馆商业化运营与回头经济的关系逻辑

一 体育场馆商业化运营具备回头经济的条件逻辑

研究体育场馆之商业化运营,首先就应给体育场馆以概念界定与类型分类。以规模为界定标准,体育场馆可以划分为大型体育场馆、中型体育场馆以及小型体育场馆;以观众席位为划分依据,超过8000个观众席位的体育场馆界定为大型体育场馆,少于3000个观众席位的体育场馆界定为小型体育场馆,介于二者的自然应界定为中型体育场馆。笔者实地访谈了辽宁省体育局、吉林省体育局、黑龙江省体育局、呼和浩特市体育局、重庆市体育局、北京市体育局、广州市体育局、湖南省体育局以及山东省体育局的体育场馆负责人及其工作人员,再结合学术界与体育界对体育场馆商业化运营的相关研究,发现符合研究特征的体育场馆应为大型体育场馆,而中小型体育场馆的商业化运营远不能形成回头经济,或者说无法形成回头经济。纵观中小型体育场馆的商业化运营,往往包括某一运动项目的培训、某一俱乐部的比赛活动,或某几个运动项目的培训、某几个俱乐部的比赛活动,中小型体育场馆主要以社会公众的兴趣爱好、运动导向为获益点开展商业化运营,如社会公众喜好羽毛球运动自然在羽毛球场馆消费、篮球爱好者自然在篮球馆消费等。因此，中小型体育场馆的商业化运营只不过是因地制宜、因人而异，刺激各项目爱好者参与体育运动，于某一场馆内消费，根本谈不上凭借独有的运营方式实现回头经济。举一个简单的例子，篮球爱好者几乎不会因为体育场馆的某些独特运营方式改变自己的篮球爱好，而去羽毛球馆参加羽毛球运动。也就是说，中小型体育场馆只需配备适宜的体育运动场地与基础配套设施即可，适当举办一些较具影响力的中小型业余赛事足矣。由此可见，大型体育场馆的商业化运营是产生回头经济的最基本的条件逻辑。

从体育场馆商业化运营与回头经济的关系逻辑来看，体育场馆与回头经济有着密切的联系，因为体育场馆的收入除了国家和政府的财政补贴外，归根结底还是要依赖回头经济来实现。如何吸引消费者的注意力，如何让消费者产生兴趣，如何让消费者决定购买产品成为困扰体育场馆运营商的一个难题。另外，很多地区的大型体育场馆公益性效果不明显，很多时候不面向大众开放，这导致其拥有的绝大部分顾客以前从事过体育行业，并不都是单纯的体育活动爱好者。当前我国的体育场馆大致分为两类：一类是面向大众开放的公共体育馆，另一类是专业化的体育馆。公共体育馆具有较强的公益性，普遍面向广大人民群众和热爱运动的人士开放，如社区的健身、锻炼场地。而专业化的体育馆更加注重商业性，更喜欢招揽付费的VIP客户和专业的运动员，如高尔夫球场、保龄球馆等。随着体育产业的发展和人们需求的日益多样化，我国亟待推出两种类型相结合的第三类体育馆，即半公益、半营利类型的体育馆。例如高校的体育场馆，不仅面向校内的学生开放，也对校外人员开放，但要收取一定的费用用以维持场馆的基本管理和运营。如何使体育场馆维持商业化运营，以吸引更多新的潜在顾客，就需要体育场馆运营商从经济学的角度来不断创新运营模式。例如，1984年洛杉矶奥运会就是体育场馆商业化运营获得成功的经典案例，虽然洛杉矶奥运会还存在很多不足，但是它的运营模式改变了奥运会长久以来亏损的状态，也拯救了低迷的奥运经济，这种新颖的运营模式在之后很长一段时间被各国所模仿、学习。

第六章　体育场馆商业化运营与回头经济

从体育场馆的发展实践来看，只有通过商业化的运作方式，才能脱离国家和政府财政的扶持变为独立自主发展。虽然很难脱离国家和政府的扶持，但体育场馆商业化的趋势是社会发展的必然。例如，NBA 湖人队的主场斯台普斯球馆已经不仅仅是单一的体育场馆，处于洛杉矶市的斯台普斯球馆已经成为当地的标志性建筑和文化中心，斯台普斯球馆不再将球队比赛门票作为主要收入来源，它还承接各种大型商演、演唱会、文艺晚会活动等。这里不仅是著名的体育和娱乐中心，NBA 某些球队还将这座球馆作为自己的幸运之地：湖人队于 1960 年从明尼阿波利斯搬到斯台普斯，至 2010 年一共取得了 10 次 NBA 总冠军，其中包括 1 次三连冠，建立了新一代的湖人王朝；快船队在来到斯台普斯球馆之后也从西部垫底的鱼腩球队变成季后赛的常客；而其他几支球队在来到斯台普斯球馆之后也都取得了不错的成绩。由于斯台普斯球馆的影响力已经形成，许多世界级的活动都曾在此举行，如 2000 年的美国民主党全国代表大会、2002 年的全美花样滑冰锦标赛、格莱美奖的颁奖典礼、麦当娜的世界巡回演唱会、英雄联盟 S3 和 S6 两次世界总决赛等。斯台普斯球馆的运营经验值得我们借鉴，而打造回头经济的目的在于促进体育场馆固定消费群体的形成，以促进体育场馆商业化、市场化的成功运营。体育场馆商业化运营过程中，回头经济的打造只是一个过程，而最终是要实现体育场馆消费群体的维持和扩大，即吸引消费群体的注意是其根本目标。

二　体育场馆商业化运营生成回头经济的实践逻辑

了解了大型体育场馆商业化运营是生成回头经济的条件逻辑后，应明晰大型体育场馆商业化运营生成回头经济的实践逻辑，即现阶段大型体育场馆如何施以商业化运营才能实现回头经济。以辽宁省体育局为例，辽宁省的大型体育场馆逐渐从省体育局独立出来，归属新成立的体育产业集团，应归属体育场馆管办分离的实践逻辑。再者，笔者实地调研辽宁省、吉林省、黑龙江省、呼和浩特市、重庆市、北京市、广州市、湖南省以及山东省的大型体育场馆的商业化运营情况后发现，大型体育场馆的商业化运营大致包括体育场馆举办比赛的收入、体育场馆商业化运作开发、比赛场地的多功能使用以及体育场馆的无形资产四大模块。

（一）体育场馆举办比赛的收入研究

体育场馆从比赛中获得的盈利是体育场馆最基本、最能体现场馆价值的商业运营获利模式，如门票收入、广告经营收入、体育赛事转播权收入、体育赛事特许经营权收入、体育赞助等方面的盈利。

1. 门票收入

无论是欧美国家的体育赛事，还是国内的体育赛事，门票的销售额都是整个体育场馆商业化运营中最为稳定、最具代表性、最常规化操作的收入来源，同时也是职业体育运动、职业体育赛事的财政咽喉、命脉之所在。现阶段的门票类型主要包括套票、组合套票、比赛优惠券、团体票、赠票、票面设计。

（1）套票，即体育场馆所有场地的比赛门票，销售套票的优势在于能够确保一定的收入额度，可以赚取更高额度的利息，尽可能地缩短门票的销售时间，同时从某种程度上说可以稳定客源，保证每场比赛的观赛人数，使人气、知名度、关注度都随之增长。

（2）组合套票，即可以根据自己的喜好、赛事的热度调整市场需求，确定赛事组合的套票，因为很少有人可以观看所有的体育赛事，组合套票更接地气、更符合购买者的需求，也更能满足群众的体育需求。

（3）比赛优惠券，类似于折扣票，即举办方根据现实情况与市场需求，推出一系列低于市场价格的低廉的优惠券，如5折买票、学生票等，主要针对的人群是低收入群体，或者学生群体，目的在于增强社会关注度，加大体育赛事的宣传力度。值得强调的是，比赛优惠券的数量是有限的，多为供不应求的状态；比赛优惠券不是万能票，不适宜在一些热度高的赛事或者比赛开闭幕式中使用优惠券。

（4）团体票，类似于团购，多人同时购买，如家庭票、情侣票、兄弟票等，因为大多数观赛者往往是结伴而行，因此销售团体票也是惯常的做法。此外，还有类似于"包场"行为的团购票，如公司团建活动、学校团队建设等，都需要团体票。

（5）赠票，顾名思义就是赠送的票，主要针对赞助方群体、领导群体、重要任务群体、举办方群体以及一些教练群体，符合中国本土文化，赠票可以为某些比赛团队赢得较好的声誉与口碑，但是赠票也可能会产生一些负面影响。

(6) 票面设计，即如何设计出具有吸引力、能够刺激消费的票面，主要考虑到的是视觉冲击与收藏价值，强调凭借一次售卖吸引初次消费者，为了提高门票的销售量，因此要做好票面设计，抓住容易被忽视的点，毕竟往往细节决定成败。

2. 广告经营收入

没有广告的商品营销，犹如失去海水的鱼儿，可见广告费对于维持体育场馆的商业化运营占有举足轻重的地位。结合体育广告的概念，我们可以发现体育场馆应具备哪些基本条件才能进行广告营销。[1]众所周知，体育广告起着促进体育消费、创造收益的作用。一项大型体育赛事，凭借相当数量的受众、高质量的关注度，蕴含着巨大商机和经济效益。而体育广告在宣传的过程中塑造出的体育明星具有与体育的高竞技性、强娱乐性以及广泛号召力相匹配的显著特点，这种明星效应所产生的显著优势深深吸引世界著名的厂商花高费用于体育明星，以提升自身品牌的知名度与组织形象，如篮球领域的乔丹、足球领域的贝克汉姆等，利用体育明星作为代言人是树立企业形象、塑造企业品牌、提升企业知名度的成功之道。当然，体育赛事广告品种多种多样，但是一般可分为自办媒体和社会媒体两大主流形式。其中，自办媒体主要包括体育场馆广告、体育比赛实物广告、体育印刷品广告以及赛事荣誉广告；社会媒体主要包括报纸广告、杂志广告、广播广告、电视广告以及网络广告。

(1) 自办媒体。一是体育场馆广告，主要包括系列标牌广告、条幅广告等体育场馆内部广告和护栏广告、出口广告、灯柱广告、垃圾箱广告等体育场馆外部广告。

二是体育比赛实物广告，主要是以参加体育比赛的参与者为对象

---

[1] 周南、王殿文：《显著的植入式广告能带来更好的品牌态度吗——植入式广告显著性影响机制研究》，《南开管理评论》2014年第2期。

而举办的系列广告活动。比如，比赛运动队的服装广告，广告位置因广告商需求而异，有的广告被放在运动员的胸前，有的广告被放在运动员的背后，有的广告被放在运动员的前袖，有的广告被放在运动员的裤子上，有的广告则特意放在运动员的鞋子上；比赛用品广告，即基础设施广告，包括球拍广告、比赛用球广告、器械广告、机车广告、赛艇广告等。一般而言，实物广告的融合性较强，与比赛的互动性较强，效果也更为显著。例如，2013年，切尔西足球俱乐部球衣的胸前广告费高达3000万美元，成为球队的主要经济来源。

三是体育印刷品广告，顾名思义，主要是指各种宣传手册、门票的设计、留影纪念相册、体育明星签名、比赛成绩册、比赛秩序册等上面的印刷广告，这些可以说是每一位参与者人手一册的东西，也是与球迷互动的最好的工具，而且还具有较高的收藏价值，很多体育受众群体会特意收藏此物。

四是赛事荣誉广告，包括冠名的比赛名称、冠名的奖杯、冠名的比赛队伍等。参赛球队在比赛中的胜负能够增加其赞助商的社会曝光度。因此，大企业纷纷对赛事和球队进行赞助并冠名，如"丰田杯""红牛杯""四川全兴队""上海申花足球俱乐部"。广东三年冠名权卖出1亿元人民币，① 山西杏花村汾酒厂股份有限公司出资4000万元冠名山西国投职业篮球俱乐部有限公司CBA联赛三个赛季。②

（2）社会媒体。一是报纸广告。报纸广告是较为常见、普及率较高的广告形式，具有发行量大、传播范围广、受众群体多、辐射范围广的特点。比如，国内某些较为专业的体育专刊、专报的周发行量能够达到500万份。③ 由此可见，报纸广告的经济效益极为可观，但是缺点也是较为明显的。报纸广告的时效性较差，一旦报纸看完基本会作废；可储藏性差，报纸一般设计普通、收藏价值低，一般鲜有人收

---

① 《广东三年冠名权卖出一亿，那辽蓝和北京首钢的冠名费有多少？》，https://baijiahao.baidu.com/s?id=1678134209226952547&wfr=spider&for=pc.

② 《山西汾酒：关于冠名山西国投男篮CBA联赛的关联交易公告》，搜狐证券网，https://q.stock.sohu.com/cn/gg/600809,3203206455.shtml.

③ 《中国体育类报刊中影响力、公信力最强的媒体》，中国广告网，http://www.cnad.com/show/914/142401.html.

藏；注目度低，报纸的信息量较大，很容易分散读者的注意力。

二是杂志广告。杂志广告主要是体育专刊杂志，或者是综合类期刊。一般有固定的消费人群，与报纸的效果相类似，但是保存的时间相对较长。缺点是目标消费群体相对较少，自然发行量、传播范围、注目度均逊于报纸广告。另外，杂志与报纸的保存周期不一样，一般来说杂志的保存周期相对较长。

三是广播广告。广播广告是电视机问世之前最理想的广告媒体，伴随着电视机、电脑的相继问世，广播的地位随之下降，大不如从前。这类广告的优点在于：信息传播速度快、覆盖面广、成本低廉，但是缺点也较为明显，类似于大海捞针，面对所有听众，针对性较差，而且有些广播内容缺乏重复性，容易被遗忘，需要依赖记忆力，此外还缺乏如电视、电脑等媒体所带来的视觉冲击力。

四是电视广告。电视广告是常见的媒体之一，融合视觉、听觉，集图像、声音等于一体，为观众呈现多姿多彩的形式，内容生动形象，富有较强的感染力与吸引力。也正是因为电视广告的上述优点，被各大广告商所瞩目，但是其缺点也是显而易见的，众多广告商争先恐后地借助电视做广告，竞争激烈，广告的成本也相对提高，加之高昂的广告费用也使某些广告商望而却步。电视广告按秒收费，时间极为短暂，一般也就30秒左右，这也在很大程度上限制了广告接受者的信息接收量，短时间内记忆不清晰，浩繁的广告带来的视觉冲击太大，容易造成视觉疲劳、反应变慢以及理解能力变弱。

五是网络广告。低廉的成本、新生的网迷和体育迷的飞速增加以及网络的即时性是网络广告的主要优势。再者，网络的互动性较强，浏览网络广告的受众可以对广告进行点评，或者互动参与评论、交流，而且传播不受地域限制，网络群体可以在相当广的范围内不限时间和地点地浏览网页。但是，弊端在于成效考量较为困难，难以对宣传体育赛事的效果做出绩效评价。再者，部分特殊群体难以被影响，如老年人群体，他们多数不会操作电脑，自然也无法受到网络广告的影响。

3. 体育赛事转播权收入

以电视转播权为例，体育赛事的电视转播权模式主要包括中介机构缴纳保证金代理销售模式、与电视台合作经营模式、直接销售给电视机构模式、体育组织联合销售模式以及电视台联合经营模式。

（1）中介机构缴纳保证金代理销售模式。中介机构缴纳保证金代理销售模式的主要代表是国际足联的电视转播权销售。例如，每四年一届的世界杯比赛、每赛季的 NBA 比赛等。比赛热度越高，电视转播权的含金量就越高。

（2）与电视台合作经营模式。与电视台合作经营模式的主要代表是阿根廷足协与电视台的合作。该模式多被一些经济较为落后的国家采纳，以电视媒体作为自身强有力的后盾，达到社会效益与经济效益的双赢。

（3）直接销售给电视机构模式。直接销售给电视机构模式的主要代表是奥委会，即奥运会举办权与电视转播权分离。电视机构可以直接通过竞标获得奥运会的电视转播权，因为奥运会是世界上最大的体育赛事，影响力与关注度毋庸置疑。

（4）体育组织联合销售模式。各类不同项目、不同商业公司之间进行战略合作，常采用联票、通票、套票等售票形式进行联合销售，也可以在不同场地对不同的赛事进行宣传，如部分篮球场地的广告牌会对橄榄球赛事进行宣传等。

（5）电视台联合经营模式。电视台联合经营模式，即多家电视台联合对某一体育赛事进行转播。如果这种联合转播中，各方出现矛盾，就可能出现体育赛事转播权垄断的现象。但是有一点也是明确的，它可以最大限度地保证某一体育赛事得到广泛传播。

4. 体育赛事特许经营权收入

体育赛事特许经营权主要包括指定产品、标志产品以及指定服务。例如，奥运五环标志是最富商业价值的专属标志之一。

（1）指定产品。以 2008 年北京奥运会为例，奥运会指定产品包括邮票等纪念品、福娃等玩具、2008 奥运会比赛服装，以及一系列带有 2008 年北京奥运会标志的生活用品，如雨伞等。

（2）标志产品。标志产品是指带有特许经营标志的产品，主要包括电视机、电冰箱、洗衣机等家电类，肉、奶、蛋等食品类，笔、本、尺等办公类，以及工艺类、用品类等。

（3）指定服务。指定服务主要是指某些规定项目的特殊服务，如餐饮类服务、休息类服务、住宿类服务、交通类服务以及宣讲类服务等。

5. 体育赞助

顾名思义，体育赞助的主要目的是某些企业借助体育赛事进行宣传以提高自身知名度，而体育赛事正好可以借助这些企业的宣传而一举提升赛事的影响力，如对体育场馆中 VIP 包厢、独立的展厅的赞助。

（二）体育场馆商业化运作开发

1. 体育服务类项目

体育服务类项目主要包括体育运动项目开发、健身娱乐项目以及体育商业开发项目。其中，体育运动项目开发几乎可以涵盖与运动项目相关的所有项目类型的开发，如足球、篮球、排球、乒乓球、羽毛球、网球等。健身娱乐项目，如大型健身健美场所、各种健身俱乐部主要的经营项目以及附加的一些体育服务项目（如体育培训类服务）等，一般由专业的体育俱乐部承接，因为服务质量及人员配置等对于运营都较为关键。有关体育商业开发项目，如体育服饰需要成立体育用品专卖店，借助高质量的实体服务重点吸引市场上的目标消费群体，提高顾客的进店购买率，或者努力吸引某些业余体育爱好者。当然，现在体育场馆的发展趋向体育场馆综合体。例如，在某一体育场馆四周配置商铺，进行招商引资，以此吸引投资者投资，鼓励消费者消费，通过充分借助平台优势、赛事优势以及广告优势，刺激最终消费。

2. 非体育服务类项目

非体育服务类项目主要包括餐饮服务类、综合商业类、宾馆服务类以及旅游集散类。

第一，餐饮服务类。笔者实地调查北京、上海、广州三大中国一线城市的体育场馆餐饮业，最终发现这些城市的体育场馆餐饮业一般以体育场馆为载体，借助大中小型体育赛事加以宣传，尽量满足大部分体育运动爱好者的运动需求、服务需求以及体验需求。

第二，综合商业类。以群聚共生商业模式为例，融合广告、区位、主题、商圈等多种元素而形成群聚共生的商业模式，集多重优势于一体，发展成完整的体育产业链条，以共同获益。

第三，宾馆服务类。宾馆服务分软件与硬件两大类。软件服务类，主要是体育场馆文化方面，包括一些运动主题照片、场馆历史、大赛冠军照等；硬件服务类，就是一些内部物理硬件，如桌面摆台、桌椅、枕巾被套、洗漱用品等。值得强调的是，首先要让体育消费者感受到体育宾馆的氛围，其次要考虑到酒店的消费群体的消费能力，最后要保证他们享受到优质的服务。

第四，旅游集散类。旅游旺季常常人满为患，所以需要解决人与交通的问题，以人为例，游客具有集聚性，因此要及时疏散游客。再者，交通问题，因此要合理处理游客的停车问题。

（三）比赛场地的多功能使用

体育场馆的比赛场地的多功能使用主要是由体育场馆出租服务实现的，如体育比赛场馆供给服务、综合类演出服务以及体育场馆租赁服务等，涉及体育场馆经营者的责、权、利三者的统一，要求人、财力、物具有较高的灵活性。其中，体育场馆的租赁是必不可少的，租赁费用承担主要分为个人承担、合伙承担以及法人承担三种方式。为规范体育场馆的市场秩序，体育场馆需要具备以下条件。①体育场馆必须要有合法的房屋产权证件；②共有产权的体育场馆，必须要征得共有人的同意，出具租赁证明；③要经过规划部门、房管部门的正规证明；④要严格执行相关体育场馆租赁政策；⑤租赁者要确保体育场地得到正常使用。

（四）体育场馆的无形资产

体育场馆的无形资产意为缺乏实物状态的能够直接或间接产生经济效益的资产，不具有实物形态、存续期较长的任何有价值的补偿物、要素，可以持续地为场馆所有者和经营者带来经济效益的资源，包括专利权、版权、商誉、专营权以及其他类似的财产。在体育场馆的商业化运营中,无形资产主要表现为体育场馆的广告发布权和体育场馆冠名权等。其中,体育场馆的无形资产主要具有独立性、转化性、增值性、交易性以及垄断性特征。针对这些特性,我们需要明确体育场馆无形资产的独立性;如果发生体育场馆无形资产向有形资产转化的情况,则可能会产生巨大的经济效益与社会效益;体育场馆的无形资产附带增值功能,且稳赚不赔;体育场馆的无形资源可以放置于市场上加以自由转让以获取经济价值与经济效益;体育场馆的无形资产受到法律的保护。

第二节 体育场馆商业化运营中回头经济的实现过程

一 体育场馆商业化运营中回头经济的形成路径

（一）一次性消费的完成——注意力经济的形成

注意力经济的打造需要商品一次性消费的完成,这也是让消费者了解商品性质的最优途径。商品一次性消费的完成也就是初次消费环节,能够吸引客户的注意力并使之完成初次消费。由于经济水平的不同和大众生活方式的差异以及地域的区别,体育运动的参与群体虽然显著增多,但大众仍未对之形成全方位的正确认识。正是由于这个原因,在消费者的消费选择中,对体育用品的购买力还不强。此外,对体育用品的购买力也受所在地区经济发展水平的影响,比如,东南沿海的广州、深圳在体育产业方面的花销远远高于西北地区的兰州和乌鲁木齐。另外由于地域的不同,各地区人们对不同运动的爱好也各不相同,大连市有很多市民都是狂热的足球迷,而广东的市民则喜爱篮球更多一些。现阶段,我国体育消费的主要人群是专业的运动员和学生,潜在的消费群体巨大,未来还有很大的发展空间。由于我国近年来经济发展形势越来越好,国民的物质生活条件得到改善,人们也越来越注重精神文明的进步。由国家统计局公布的数据可知,2018 年,我国人均国内生产总值（Gross Domestic Product，GDP）已经达到了64644元，接近1万美元。从经济学的角度来看，当人均GDP超过2500美元时，人们的休闲娱乐消费将会快速增长，休闲健身娱乐将成为人们新的生活追求，社会的休闲娱乐需求将快速膨胀，取代之前低收入时的温饱需求，休闲健身娱乐成为人们生活的重要需求。①

消费经济学中提出，消费者再决定购买一项产品之前，首先是产品本身引起消费者的关注，之后消费者带着这种吸引对产品本身进一步了解而产生兴趣，从而结合自身情况以及对产品的需求程度从而产生消费动机这样的一个心理活动过程。体育场馆作为一种体育产品，消费者在进行体育场馆消费前也会由如此的心理活动过程，即"关注场馆—确定兴趣—决定采取消费行动"。这三个心理环节的开展推动了消费者在体育场馆完成一次性消费，是体育场馆注意力经济生成的必经阶段，每一环节是在前一环节达成的基础上才能进行下一环节，从而达到场馆回头经济"注意力经济形成"这一目标。首先，体育场馆"注意力经济"是在通过吸引体育消费者的基础之上形成的，通过宣传营销，消费者产生了对体育场馆的关注；其次，消费者在被体育场馆吸引后，其结合自身情况以及对体育场馆设施了解的基础之上，产生消费想法的过程；最后，产生消费是指消费者在确定兴趣的基础之上，内心确定该产品是消费者本身所想拥有的，从而产生的消费的过程。在这三个环节中，引发关注是其采取消费行动的前提，产生兴趣是基础，消费动机是关键，只有这三个环节环环相扣，衔接得当，回头经济才能有效达成。当这三个环节被个体消费者依次完成时，也就意味着体育场馆拥有了客户，当客户的数量达到一定的规模数量时，体育场馆就获取了一大重要资源——注意力资源；因此在体育场馆运营中，运营方要学会对消费者群体注意力的吸引，从而进一步获取注意力资源，形成注意力经济。

（二）消费者数量增多、场馆信息扩散——影响力经济的塑造

客户在完成初次消费以后，体育场馆就需要提高自身影响力，以

---

① 国家统计局：《2018年国民经济和社会发展统计公报》，国家统计局官网，http://www.stats.gov.cn/ts/zxfb/201902/t20190228_1651265.html。

继续吸引客户。影响力经济理论基础是在注意力经济理论基础上建立的。影响力经济理论是为了解决注意力经济理论不能解决的问题而提出的，是对注意力经济理论的升华。随着时间的慢慢推移，注意力资源已经不足以吸引客户前来消费，而场馆长久以来产生的影响力更容易吸引消费者的关注。影响力经济理论认为，二次消费环节形成时，注意力经济理论不足以使场馆获得足够的收益，而影响力经济理论则可以为场馆带来足够的利润。NBA职业联赛为了提高自身的影响力，不断加大宣传力度，扩大电视转播范围，广泛吸引国际球员，已经在很多国家形成影响力。这充分说明影响力经济的重要性。关于场馆知名度的问题可以借鉴NBA球馆运营的成功经验，并结合中国的实际状况进行适度地改革来加以解决。例如，针对不同年龄段的人群，推出不同类型的与之相适合的体育活动。再如，某个场馆主要推荐的是适宜老年人的舒缓的、有氧健身项目，那么该场馆就会比较容易吸引保健品、养生产品的厂商前来赞助，而不会引起竞技类运动品牌商的注意。

前文提到，体育场馆获取注意力经济是在吸引足够的顾客群体之后才能实现的，获取注意力资源的前提是消费者完成一次性消费，在此基础之上体育场馆又能够获取一种新的资源——影响力资源。影响力资源经过整合达到一定量级时，就会产生对体育场馆回头经济增长的重要意义。当这种资源形成之后，消费者在进行消费时内心会对场馆本身产生好感，从而将场馆分享给身边群体，因此场馆影响力会呈放射式的扩散，场馆也会因此获取一种品牌效应，使消费者在进行消费时会主观性地对该产品产生消费欲望。同样场馆经营方采取一些有效措施使其经营的场馆中的产品和服务进入消费群体视野，针对相应的消费群体产生消费之后，收集顾客对产品的反馈信息，从而对产品本身的缺陷或属性加以调整更改，不断满足消费者的需求，使其对产品也就是场馆本身产生好感，从而形成了影响力经济。

（三）二次定向消费或更多消费的发展——回头经济的实现

二次定向消费是指客户在初次消费之后，对场馆的服务感觉满意之后，再次前来消费的行为。回头经济建立在初次消费完成、场馆影响力扩大、舆论经济形成、多次定向消费完成的基础之上。场馆的商业运营如果没有经历吸引客户注意力进行初次消费和影响力的扩大进而实现二次消费的过程，以及缺乏足够的群众基础将很难实现回头经济。如前所述，消费者在完成二次消费之后，场馆的信息会呈指数增长，消费群体的数量也会急速上升。而回头经济就是依靠场馆针对来消费过的老客户推出的一系列的优惠活动等，以刺激老客户对产品再次进行消费来实现的，这样做有利于维持消费者消费的持久性，并进一步扩大客户市场。例如，可以举办老客户推荐新客户来体育场馆锻炼即可享受相应折扣等活动。二次定向消费逐渐累积的结果就是回头经济的实现。场馆的影响力不断提升，在客户之中的口碑变得越来越好，可以吸引更多的潜在消费者前来消费，也可以促使更多的老客户前来进行多次定向消费。体育场馆的商业化运营过程中的主要收入需要依靠老客户的多次定向消费。因为按照经济学中对消费者行为的分析，开发一个新客户的费用比维持一个老客户所花费用多6倍左右。[①]所以体育场馆的主要收入并不能一味地依赖场馆知名度来吸引潜在客户的不断加入，而是更要注重对老客户的维持。新客户固然重要，但更重要的是老客户的不断光顾。

回头经济需要依托注意力经济和影响力经济，体育场馆想要实现回头经济，必须在获取一定数量规模的消费群体之后完成一次性消费并且对产品本身产生好感的基础之上加以延伸。基于此，再定向消费以及多频消费就显得尤为重要，这需要体育场馆自身采取一定的营销手段，提高消费者对产品的忠诚度，从而使其进行再定向消费以及多频消费，这也是体育场馆具备实现回头经济的基础。所谓的再定向消费是指商家对完成一次性消费的顾客群体采取一定的营销策略，使消费者维持此产品的消费欲望，进而吸引消费者对产品的回头消费；多频消费是指促使消费者的消费频次不断增加。二者的目的均在于维持原有客户群体，保持顾客忠诚度从而进一步扩大市场占有率，这也是

[①] 郭红生、钱明辉：《客户对销售人员忠诚的潜在风险及其规避策略研究》，《财经问题研究》2009年第12期。

体育场馆运行的一个根本保障。例如，可口可乐公司就是依靠巨大的原有消费群体成为回头经济企业的标杆。

从宏观的角度来看，体育场馆想要做到回头经济，须在注意力经济和影响力经济的基础上，针对原有或初次消费客户群体采用相应的营销策略，因为他们是产生场馆回头经济最重要的影响力资源，也是体育场馆回头经济的核心和关键，同样也要把握注意力资源这一前提，以及扩大消费群体的规模这一基础，只有准确掌握此规律，体育场馆的回头经济才得以塑造。

二 体育场馆回头经济的形成条件

（一）一定规模的消费者数量是前提

产品进入市场进行交易的核心是实现产品的交换，要想达到这一核心要素就需要体育场馆具备一定数量规模的注意力经济，注意力经济可以理解为经历过场馆一次性消费后的消费群体，在此基础之上，保持其对该产品的定向以及多次消费欲望，这是体育场馆实现回头经济的前提条件。使顾客回头或者说顾客能够保持对体育场馆的消费欲望是顾客对该产品有了自身的价值认定以及内心需要才能够实现的，这也与体育场馆回头经济的扩大直接挂钩，只有维持好原有客户群体的忠诚度和消费欲望，体育场馆回头经济才有实现的可能。

究其原因，首先，产品进入市场的核心是交换，要想提升交换率，客户数量的提升是一个重要的方式，如果产品拥有大量的客户群体，也就意味着商家或产品运营方在营销策略方面取得成效，这也就使这些客户群体能够进一步扩大市场，提高前文所说的影响力资源。所以从营销学的角度来说：客户数量决定成交量和购买量，也就是说客户人数在根本上决定了产品的成交率。从客户的角度来说，对成交产品使用后的反馈又可以进一步提高产品方对产品品质的提升。所以体育场馆要着力打造客户数量群体，扩大注意力资源的覆盖，这是体育场馆实现回头经济的重要影响因素。

其次，原有客户群体的忠诚度与产品品牌的打造密切相关，顾客对产品的二次定向消费也就意味着对产品质量的肯定，这也直接关系到产品的影响力。产品影响力大，顾客数量以及再消费指数增加；反之，品牌影响力和知名度下降时，顾客回头率也会相应降低。上文所提到的可口可乐公司就是在打造产品质量的过程当中保持品牌影响力和知名度，从而维持原有消费群体并进一步扩大市场，成功实现回头经济。体育场馆的运营也应学习此经验，维持原有客户群体注意力并进一步扩大品牌影响力以及知名度。

（二）一定的顾客回头率是基础

体育场馆打造回头经济的基础是一定的回头资源和回头率，因此要重点针对顾客回头率的提高采取相应措施。

一方面，从回头资源的内涵看，回头资源是指产品进入市场被一定的客户熟知，商家采取令客户喜爱或感兴趣的手段或措施再次吸引原有客户二次或更多次消费其产品的资源。回头资源其实就是有意向再次购买原有产品的顾客，基于此，体育场馆回头资源是消费者被体育场馆所吸引并产生一次性消费，并且在体育场馆营销策略和自身情况等多种因素影响下继续对体育场馆进行消费的顾客群体。体育场馆回头资源既可以是场馆经营方在客户进入场馆进行消费之后形成的，也可以是在消费者进入场馆之前就有的资源，如体育场馆的品牌、场馆经营的环境等都属于回头资源的重要内容。

另一方面，一定的回头率是形成回头经济的重要基础，对于区域经济来说，对应的客户和消费群体数量基本是维持在一个稳中有升的水平，因此首先要保证经过一次性消费的顾客会对产品本身产生信赖和好感，从而激发顾客下次的消费欲望，维持顾客的购买力，这就需要体育场馆除了对场馆本身的环境质量有所保证之外，也需要通过顾客群体的需求来持续维持原有顾客群体，在此基础上，继续扩大顾客消费规模才有可能成为现实。因此，维持一定的顾客回头率是保证体育场馆回头经济的重要基础。

产品进入市场的核心是交换，同样对于体育场馆来说，在拥有消费者注意力以及获取品牌影响力的基础之上，给予顾客对应的个性化产品，顾客收到服务，场馆获取利润。在顾客数量一定的情况下，形成自身的品牌效应来有效提高顾客的回头率，从而形成优势的回头资源便是重中之重。所以，体育场馆回头资源的打造是生成场馆回头经济的基本条件。

（三）场馆的基础设施是关键

体育场馆作为一种产品，必然要有它自身的价值，那么体育场馆作为一种硬件设施，体育场馆的环境条件以及基础设备配置则是决定体育场馆价值的关键，也是作为一种产品的体育场馆投入到市场当中的主要竞争力。

就体育场馆本身而言，体育场馆的基础设施是评价体育场馆质量的关键指标。体育场馆的基础设施可分为外在环境和内在环境两大部分。外在环境通常是指场馆的区位选择，一个体育场馆的地理位置直接影响消费者的消费意愿以及对应的客户群体数量。由于在体育场馆建设竣工之后，地理位置无法改变，因此体育场馆的内部基础设施建设便显得尤为重要。内在环境是指体育场馆的内部结构设置，如篮球场馆中休息椅的布置、地板地胶的铺设、水吧的种类、指导人员的配备等都属于体育场馆质量的体现范畴。

从消费者视觉角度看，体育场馆的环境又有有形环境和无形环境之分。有形环境是指能够直接被消费者视觉所观看到的场馆的形状、附属配套设施等，这些因素是影响客户对场馆的第一印象和长期维持消费的考虑标准，是体育场馆产品质量的直接体现。无形环境是指消费者无法用肉眼直接所见，但能被消费者意识到或能够明显感觉到的环境。体育场馆的健身氛围、个性化布局等虽然不能直接被客户肉眼所见，却是客户能敏锐感觉到的东西，体育场馆的无形环境成为影响客户能否再次前来消费的重要因素。[1] 因此，体育场馆运营方要对场馆环境考虑全面，不仅仅是为客户打造良好的第一印象，同时也要深入无形环境的设计规划，为打造顾客回头消费做好万全准备。

（四）适销对路的营销策略是保障

在塑造回头经济的过程当中，在拥有一定规模数量的回头顾客的基础之上，针对市场目标人群制定相应的营销策略是保障回头经济形

---

[1] 冯明荣：《体验经济视角下高校体育场馆的营销创新》，《上海体育学院学报》2012年第3期。

成的关键。营销策略是指商家为增加销售、提高市场竞争力、扩大品牌影响力而采取的各种措施的总称,包括产品策略、价格策略、分销策略以及促销策略。[①] 体育场馆运营方可以根据已有的经验针对市场中不同群体的购买力状况,个性化地做出针对不同群体的营销策略。产品营销的核心是满足客户的需求并实现产品的交换,企业推出的产品属性、产品品质、产品特点、产品价格等直接关系到企业的市场竞争力,[②] 占有率。因而,先进营销策略能够为回头经济提供重要的驱动力。例如,在物流技术如此发达的今日,网购成了人们日常消费的一种主流,淘宝商家采取一系列惠及消费者的促销手段,大大增加了消费群体,并且很大程度地维持了用户的再消费欲望。体育场馆运营方也应学习电商相应的营销策略,并为己用,打造场馆的回头经济。

从发展历程看,产品营销策略主要包括传统营销策略和现代营销策略。以往的营销策略仅仅注重产品本身质量,但好处在于能够促成产品的一次性消费,缺点是不能做到维持顾客的二次消费和持续消费。现代营销策略是在注重产品本身的基础之上,更加关注消费者的利益,针对市场相应的需求,给予消费者一定的服务或利益,消费者在既得利益的驱使下会更多频次地去消费产品,从而有助于回头客的生成和客户回头率的提升。

从内容构成看,产品营销策略主要由产品属性、产品品质、促销渠道等构成。[③] 产品属性就是产品的类型、特点;产品品质是指产品价值本身以及进入市场后由市场决定后的销售价格;促销渠道是指商家为扩大销量所采取的营销办法。体育场馆经营方应下沉市场,了解客户需求,细分市场,针对目标人群给予个性化的服务,精确产品定位,采取相应的营销手段,及时获取反馈信息,不断改善产品属性以及服务,才能到达场馆的回头经济塑造的彼岸。

三 体育场馆商业化运营中回头经济的实现方式

一直以来,体育场馆在商业化运营中如何实现回头经济都是一个难

[①] 周秀敏:《新时期我国体育产品营销策略管窥》,《山东体育科技》2003年第1期。

[②] 赵志明:《职业体育赛事市场开发支撑体系研究》,博士学位论文,北京体育大学,2012年。

[③] 尹启华等:《新产品的柔性4P策略研究》,《商业时代》2006年第12期。

题，我们在上文提到体育场馆商业化运营过程中打造回头经济的目标是要实现体育场馆消费群体的维持和扩大，即赢得回头客，而赢得回头客是体育场馆成功培养客户忠诚度的结果。所以我们可以将体育场馆商业化运营过程中回头经济的实现看作如何提升客户的忠诚度并使他们成为忠诚客户的过程。维尔弗雷多·帕累托提出了的80/20法则，帕累托公司80%的效益是从20%的客户身上获得的，而这些客户即为公司的忠诚客户。[1] 美国学者对理财服务行业所做的一项研究表明：企业吸引一位新客户的成本是留住一位老客户成本的5—10倍，客户留住率每提高5%，企业的利润将增加25%—85%。[2] 这些研究说明，忠诚客户通过不断进行二次或多次定向消费为企业带来了巨大的利润，对公司的运营有着十分重要的意义。其中，培养忠诚客户必须从培养其行为忠诚和态度忠诚两个方面着手，其中心都是如何提升客户的满意度。

（一）行为忠诚

行为忠诚是忠诚客户的具体表现，使顾客达到行为忠诚需要体育场馆运营方是用户受利，这也是培养用户行为忠诚的前提，在这一环节，最重要的是考虑到顾客对产品本身的评价和满意情况。体育场馆可以通过在消费后赠送优惠券和给予客户二次定向消费后的返利等活动来提升客户的满意度。除此之外，体育场馆还可以通过采取一定营销活动来达到这一目的，如乒乓球场馆可以组织消费者挑战教练员成功则免单的活动等吸引客户。这一系列活动的目标都是使用户激发消费行为和获取消费者注意力，进而培养消费者行为忠诚。

（二）态度忠诚

态度忠诚与行为忠诚相比则更为复杂一些，态度忠诚是针对顾客个性化的服务。那么要想达到顾客的态度忠诚，体育场馆首要目标是了解顾客的自身情况，进而有针对性地对客户群体展开不同的、个性

---

[1] 邓爱民等：《网络购物客户忠诚度影响因素的实证研究》，《中国管理科学》2014年第6期。

[2] Reichheld F. F., Teal T., "The Loyalty Effect: The Hidden Force Behind Growth, Profits, and Lasting Value", *Global Business and Organizatiational Excellence*, Vol. 15, No. 3, Dec. 1996, pp. 117-123.

化的产品服务,从而提升顾客对产品的优质评价,进而到达获取用户态度忠诚的目的。在培养客户态度忠诚前,首先,场馆需要对客户进行市场细分,这样可以满足不同年龄段、喜欢不同运动的客户的需求,使他们感受到场馆是"懂我的",从而有效地提升客户对场馆的满意度。[1] 其次,场馆要多与客户进行互动交流。当今社会是一个信息化时代,体育场馆运营方与客户之间的联系沟通不仅仅依靠商家的单方面营销宣传,可以通过开展直播活动或线下活动与顾客进行及时的互动。并届时通过营销手段来获取顾客所需的个性化服务,提高顾客对产品的好感度,从而扩大场馆影响力,持续维持消费者忠诚度,提高顾客回头率,打造体育场馆回头经济。

第三节 体育场馆商业化运营过程中回头经济的现实价值

一 体育场馆商业化运营中回头经济的固有价值

体育场馆是进行运动训练、运动竞赛及身体锻炼的重要场所。它是为了满足体育赛事及大众体育锻炼的需要而专门修建的各类运动场所的总称。商业化运营是指专门从事产品交换的营利性活动,通俗说法就是"买卖"。目前,体育场馆的商业化运营形成了"以体为主、多种经营方式并存"的特点,具体表现为形成了以承办体育赛事为主,音乐会、发布会、展销会等其他活动为辅的多元化运营模式。例如,巴塞罗那奥运会结束后,奥运场馆内举办的38%的活动是体育赛事,24%的是音乐会,11%的是家庭活动,27%的是展览销售会议、新品发布会议等其他活动。[2] 回头经济理论则属于经济学领域,又叫回头客经济,是指企业通过吸引顾客消费和提升顾客的消费体验感来

---

[1] 朱林祥:《关于体育场馆运营服务对象细分的研究》,2015年中国体育产业与体育用品业发展论坛论文,福州,2015。

[2] 约迪·维沃尔杜:《巴塞罗那奥运场馆赛后运营模式》,奥运场馆建设运营国际论坛论文,北京,2005。

第六章 体育场馆商业化运营与回头经济

促使顾客对产品不断地进行消费,从而获得忠诚顾客的一种新经济策略。[1]体育场馆商业化运营过程中的回头经济则是将两者进行整合,总结起来就是通过一定的方式吸引已经在体育场馆消费过的顾客来体育场馆进行二次或多次定向消费,形成体育场馆固定消费群体,促进体育场馆可持续的商业化、市场化,从而使其体育场馆获取更稳定、更持久的经济效益。

体育场馆商业化运营的本质就是吸引顾客不断地进行消费,与回头经济的概念等同。所以,体育场馆经营者需要做的就是在顾客进行一次性消费的过程中利用优质的服务给顾客留下一个美好的印象或使顾客得到一定的利益,以促使这些顾客进行二次或多次定向消费。这些顾客由于获得了舒适的服务而心生满足感,在日后会推荐他们身边的亲人和朋友来此进行消费,这样体育场馆就可以不断获得新的消费群体,进入良性循环。体育场馆商业化运营的最终目标是要实现体育场馆消费群体的维持和扩大,即不断吸引消费群体,而回头经济的打造正是其中的核心环节。

体育场馆以商品的定位进入市场后就与普通产品的属性相同。而拥有特定数量的消费群体则是体育场馆可持续发展的首要条件,也会以此为基础开展销售行为,从而有销售实力刺激顾客产生多次消费,形成注意力经济。在此之后,借助产品自身及忠诚消费群体的双重影响力吸引更多潜在用户进行消费。最终,在消费者群体的广泛带动下,显著增加场馆消费者数量及入馆频次,实现回头经济。以最典型的打折促销策略对回头经济做进一步阐释。通过打折让利,消费者取得不同程度的消费优惠,更容易锁住目标用户,顾客在获取满足感之后,不仅可以进行忠诚消费,还会介绍非目标客户进行消费,在拓展消费群体范围同时,巩固老顾客的二次消费。所以,在注意力经济、影响力经济形成过程中实现了体育场馆商业化运营的回头经济,从而促进可持续发展。回顾体育场馆回头经济的形成路径可知,场馆科学合理的运营是实现场馆商业化运营回头经济的必备条件,而回头经济

---

[1] 苏丹、王巧贞:《回头客的1P式营销》,《销售与市场》(评论版)2012年第10期。

也是促进场馆商业化运营的重要过程。体育场馆商业化的合理运营能够产生多种优质效应，回头经济作为重要效应之一，直接决定体育场馆商业化运营的结果。体育场馆不同于其他产品，其固有属性决定了其进入市场后，其自身的诸多因素难以因时因地而变，如所在位置、建筑构造、场馆大小等要素。基于此，体育场馆的消费群体变动幅度小，受众主要为场馆周边居民。综上，体育场馆的商业化运营的回头经济发展是必然可能的。

二 体育场馆商业化运营过程中回头经济的效益价值

虽然目前我国大部分体育场馆面临亏损、经营困难的处境，但同时它又是体育领域当下发展方向，众多投资公司和实业公司都在尝试进入体育市场。这"一冷一热"的反差恰恰说明国内体育场馆商业化运营过程中存在巨大的商机。如果体育场馆可以做好回头经济，那么在其商业化运营的过程中将会产生诸多效益，其形式主要集中在政治效益和经济效益上。

（一）政治效益

2015年，习近平在中央财经领导小组第十一次会议上提出"供给侧结构性改革"，强调"在适度扩大总需求的同时，着力加强供给侧结构性改革，着力提高供给体系质量和效率，增强经济持续增长动力"。[①] 2016年，《体育发展"十三五"规划》明确提出，不断满足人民群众日益增长的多元化体育需求……充分发挥市场在体育资源配置中的决定性作用和更好地发挥政府作用。[②] 党的二十大明确提出，坚持把发展经济的着力点放在实体经济上，构建优质高效的服务业新体系，加快发展数字经济，促进数字经济和实体经济深度融合。[③] 而作为实体经济组成部分的体育场馆在实现回头经济的过程中积极地响

[①] 《习近平主持召开中央财经领导小组第十一次会议》，新华网，http：//www.xinhuanet.com/politics/2015-11/10/c_1117099915.htm。

[②] 政法司：《体育发展"十三五"规划》，国家体育总局，https：//www.sport.gov.cn/n10503/c722960/content.html。

[③] 习近平：《高举中国特色社会主义伟大旗帜为全面建设社会主义现代化国家而团结奋斗——在中国共产党第二十次全国代表大会上的报告》，新华网，https：//baijiahao.baidu.com/s?id=1747667408886218643。

应了国家供给侧结构性改革的号召,且其目的刚好与供给侧结构性改革目标相匹配,体育场馆必须提高供应设施和相关服务水平,促进运营结构调整,向目标顾客提供有效供给,顺应市场需求的多样变化,以更好地满足顾客的现实需求,促进我国经济朝着健康可持续的方向进一步发展。今后在习近平总书记的带领下我国会更加深化供给侧结构性改革,体育场馆的商业化运营经过回头经济的考验将成为成功的案例之一,将会得到政府的大力支持和相应政策的扶持,也会为其他实体行业提供成功的经验。

(二)经济效益

体育场馆商业化运营的回头经济在经济方面的收益分为有形资产和无形资产。有形资产是指表面收益,主要表现在体育场馆的回头客人数变多,通过他们的消费而带来的效益,但是这些只是效益中的一部分,更重要的是无形资产。无形资产是归属于某一企业但不具实物形态、存续期较长的任何有价值的补偿物、要素,可以持续地为体育场馆所有者和经营者带来经济效益的资源,包括专利权、版权、商誉、专营权以及其他类似的财产。[1] 在体育场馆的商业化运营中,无形资产主要表现为场馆的广告发布权和冠名权上。当体育场馆通过回头经济使顾客流量达到一定数值且场馆具有一定影响力和知名度时,体育场馆就可以组织人员开始进行市场调研、策划和评估,而后进行大力宣传,当一切准备就绪后,找准时机就可以将广告发布权和冠名权进行公开招标或拍卖,以此获得经济利益。例如,2003年9月5日,南京市龙江体育馆在一切准备就绪后将冠名权以5年300万元的价格出售给江苏步步高百胜电子有限公司,并于次年将公司更名为南京步步高电器体育馆,成功获得了大量的利润。[2] 由此可见,若体育场馆可以把握好商业化运营过程中的回头经济,那么将既能获得大量的利润,又能跟上时代的潮流,响应国家的号召,而且还会在政府及相关政策的支持下,不断发展,越来越强,成为其他实体经济的榜样。

---

[1] 于敬凤、曾庆肃:《大型体育场馆无形资产的开发》,《体育学刊》2008年第10期。
[2] 《南京龙江体育馆成功冠名健身中心转让经营权》,新浪新闻,https://news.sina.com.cn/s/2003-12-19/13551382587s.shtmll.

第四节 体育场馆商业化运营过程中回头经济的现实状况

一 体育场馆改革初见成效，市场主体地位模糊

党的十八大以来，以习近平同志为核心的党中央领导高度重视事业单位改革，各级党委、政府精心组织，扎实推进，在全国范围内开始进行事业单位与国有企业改革。大力推进事业单位与国有企业改革的目的是在兜底财政供养人员的同时，调整结构布局，提高资源配置的利用率，更好地展现公益事业"以人为本"的核心与本质。体育场馆作为承接人民休闲、训练、竞赛以及身体锻炼的重要场所，其存在的价值是满足运动队备战比赛、开展各级赛事以及满足大众参加体育运动的需求。在国家事业单位与国有企业改革的背景下，体育场馆的经营模式由过去的传统事业单位性质逐渐向企业化方向发展，并由专业的社会团队对其进行商业化运营，越来越多的社会资金开始注入，体育场馆开始融入商业运营，并利用体育场馆自身的优势吸引不同的商家前来投资，以实现回头经济，现已初见成效。例如，辽宁省作为体育事业改革的试点地区，其省属体育场馆都归辽宁省体育产业集团负责管理与运营。辽宁省体育产业集团是事业单位改制中新组建的公司，是从原来省体育局剥离出来的私营集团，其人员构成包括体育局指派的部分成员和参与场馆商业化运营与管理的社会人员，他们集中开展体育装备器材和健身视频销售、体育文化开发、体育技术研发、体育人才培训等商业活动，以此提高辽宁省体育产业的盈利水平。作为试点先行的辽宁省，体育场馆改革成果比较丰富，而在某些省份，大多数归属事业单位的体育场馆，虽也在进行"管办分离"改革，但其所有权与经营权仍未完全剥离，多个地区场馆的商业化运营仍受政府的影响，多服务于运动队训练，市场主体地位模糊，处于被动参与的状态，在商业化运营过程中，回头经济的实现受到一定限制。

二　体育场馆商业化运营活动多元化，市场发育欠成熟

近年来，随着经济体制改革的不断深入，国民收入日益增加，人民群众对健康的需要被唤醒，体育产业发展动力不断增加。在这样的时代背景下，体育场馆商业化运营作为体育产业发展的重要组成部分，其运营形式也呈现多元化发展趋势。"体育场馆商业运营回头经济研究"课题组成员依据原定计划，对沈阳、哈尔滨、长春、济南、滨州、重庆、广州等城市的体育场馆进行实地走访调查，并对场馆相关管理人员进行访谈，我们发现，当前随着建筑技术的不断精进、人民设计理念的更新、科学技术水平的进步，体育场馆多元化功能设计水平的不断提升，体育场馆开始考虑到群众的消费需求，并且国家开始重视实现大型体育场馆赛后的重新利用。我国体育场馆商业化运营的核心产业为竞赛表演业、培训业、广告业、电视转播、市场开发等，多元化的活动的开展，为体育场馆商业化运营增添了更多活力与动力，为回头经济的形成奠定了基础。但是，在走访调查过程中，课题组还发现，相比于国外，我国体育市场发育还处于欠成熟的阶段，这也致使体育场馆商业化运营进度缓慢、收益效果不佳，无法形成体育场馆的回头经济。当前，我国体育场馆商业化运营的核心产业是竞赛表演业，其中的收益来自售卖票务、广告赞助、转播权买卖以及配套产业的开发等。但我国体育场馆开展商业化运营改革起步较晚，国内高水平、品牌性赛事资源有限，且受到其他多方面因素的影响，导致赛事开展过程中市场被动参与，未能形成完整的场馆运营产业链。例如，娱乐、餐饮、休闲等项目开发得较少，人们享受到的服务较单一，多用来满足群众健身需求，而其他相关的配套服务市场却欠成熟。因此，欠成熟的赛事市场给群众提供的服务也存在单一性的问题，无法形成回头经济。

三　体育场馆功能设计偏重社会效益，空间布局不合理

功能设计是指某一产品设计初期，在对用户需求、功能定位等进行调查分析的基础上，对相关产品进行概念性构建的创造活动。功能设计是产品开发与定位的实施环节，也是落实后期应用工作需要完成的前提条件。根据"功能设计"的定义与内涵可知，体育场馆的功能设计是在其创建初期，设计人员根据场馆的现有条件，以及实际的使

用需求，对场馆进行规划与设计，而后对体育场馆实施建造。体育场馆初期的功能设计决定了其后续发展空间的大小，是体育场馆参与商业化运营的第一步，更是回头经济形成的重要影响因素。通过实地走访与调研，我们发现，当前国内开展商业化运营工作较好的场馆是2008年北京奥运会篮球比赛赛场——五棵松文化体育中心，它主要有五棵松体育馆和五棵松棒球馆两大馆，由文化体育设施和配套商业设施构成。五棵松体育中心设有47间豪华包厢、10个售卖点以及2家餐厅，是第一家获得冠名的北京奥运会场馆。五棵松体育场馆在功能设计之初，就对其赛后的重新利用做了充分与全面的考虑，其功能具有多样化的特征。2010年初万事达卡赞助五棵松体育馆，使其成为国内首家获得冠名赞助的奥运场馆，彻底走上了商业化运营的道路，并一直由华熙国际（北京）五棵松体育场馆运营管理有限公司运营。该场馆可以进行篮球、羽毛球、乒乓球等大型比赛和文艺会演，众多当红歌星曾在此举办个人演唱会，并带动了周围配套产业的发展，形成了集西部购物、商务于一体的休闲娱乐群落。反观当前国内大部分体育场馆，它们在建立之初，缺少对场馆后续运营状况的综合考虑，多考虑其社会效益，在空间布局上以满足群众健身需求为主。据了解，这主要源于我国体育场馆的属性特征，即体育场馆多由国家投资筹建，属于公共体育文化设施，其目的多用于开展社会体育活动，以及满足运动员训练与竞赛的需要，对于商业开发考虑得较少，因此场馆的空间布局也不利于后续的商业开发，这自然就难以形成场馆的回头经济。

四　民间参与商业化运营积极性高，亟待完善政府监管机制

随着全民健身与健康中国战略等政策的提出与落实，我国群众体育参与意识不断增强，同时体育社团实体化、市场化改革进程的加快等，都促使体育产业开始成为21世纪新兴产业，阿里、万达等知名企业开始进军体育领域。体育产业在我国发展速度加快，市场规模不断扩大，群众对于各级不同赛事的关注度也与日俱增。通过实地调研与专家访谈等，笔者发现，当前民间力量参与体育场馆商业化运营多集中于赛事运作及其衍生产业。众多民间资本与社会组织开始参与赛事运作工作，而且刺激了一大批商业触觉敏感的企业，成立了专门的赛事运作公司。例如，中奥体育产业集团有限公司是一家专门从事体育赛事投资运营的公司，2007—2016 年，与中国高尔夫协会合作举办中国高尔夫俱乐部联赛；2010 年与中国田径协会合资成立中奥路跑（北京）体育管理有限公司。除运营北京马拉松赛事之外还主营体育场馆管理；健身服务；体育运动项目经营；承办展览展示；组织体育文化交流活动（演出、棋牌除外）；体育赛事策划等项目。2010—2019 年，该公司与中国自行车运动协会合作举办环中国国际公路自行车赛等赛事。从课题组实地调研结果来看，当前国内许多知名赛事都有当地企业活跃的身影，他们出资冠名，并围绕赛事生产各种衍生品，涵盖服装、奖品、饮水等，服务于赛事的同时，还提高了自身的知名度。例如，2019 年 12 月在浙江绍兴，由古越龙山集团斥巨资赞助的世界女排俱乐部锦标赛（俗称"世俱杯"）就为国内俱乐部的赞助提供了更多"绍兴经验"，树立了"绍兴典范"，而民间资本为何如此热衷于赛事赞助呢？课题组走访调查中发现，有位古越龙山的负责人提到，仅仅从经济收益来看，参与赛事运作不一定能够回笼大量资金，但赛事却使企业的品牌效应产生了较好的效果，充分体现了体育赛事的成功举办在企业运营过程中发挥关键作用。囿于我国当前的管理体制，体育场馆的管理与运营工作长期被纳入政府管理范围，由省、市以及地方体育局负责进行专门管理，垄断了一些品牌赛事，从管理层面影响体育场馆内赛事的成功举办结果，赛事商业化运作受到限制，产业链的创新程度较低。另外，某些大型赛事的审批程序较烦琐，这就容易导致利润低的群众体育活动无人承办，而利润较高的品牌赛事难申请的两极分化现象。

第五节　体育场馆商业化运营过程中回头经济的问题挖掘

一　某些地方政府引导力度不足，体育场馆改革速度缓慢

截至 2013 年，《第六次全国体育场地普查数据公报》显示我国人

均拥有体育场地面积为1.46平方米,① 而2010年美国人均体育场地面积为16平方米,日本人均体育场地面积则达到19平方米。仅从数据上看,我国人均体育场地占有面积与发达国家相比,还存在着明显差距,场地问题在一定程度上制约了我国群众体育、全民健身等活动的开展。我国经济发展仍具有现实问题,这体现在:重要经济指标丧失联动性、经济增长缓慢与CPI②运行低位,以及居民平均收入显著上升、消费增多,企业运营收益持续下降,投资降低等。在经济学领域,我国在该阶段出现这样的情况不是传统说法中的"滞胀",也不是标准形态的"通货紧缩"。在此背景下,在2015年11月10日召开的中央财经领导小组第十一次会议上,习近平总书记提出着力加强供给侧结构性改革的要求。2017年,中国特色社会主义进入新时代,这是我国发展新的历史方位,我国经济发展也进入了一个全新时代,党的十九大报告提出深化供给侧结构性改革。自此,我国各行各业开始调整产业结构,科学有效地降低无效和低端供给,并提高有效和中高端供给,以此实现需求侧与供给侧的平衡,提高全要素生产率,更好地提高社会生产力水平,落实好以人为本的执政理念。新时代,政府以供给侧结构性改革为引导,对我国体育场馆的商业化运营也进行了一系列改革,但各地区改革程度不一,加之部分地方政府引导力度不够,因此发展速度受到限制。这体现在:①模式改革方面,体育场馆商业化运营过程中回头经济的形成涵盖建设和运营两方面,当前大力推广的PPP模式解决了体育场馆量的不足的问题;而运营则是解决质的问题,但体育场馆的建设主体多是政府相关部门,运营主体则多是社会企业部门。另外,有些地方政府对于场馆,特别是大型体育场馆商业化运营干涉较多,某些地方政府主张以体育赛事为主,很少对外开放,场馆利用率较低;而企业多以盈利为目的,运营更为灵活,但当前某些地方政府对体育场馆商业化运营的扶持政策与引导力度还不够。②场馆资源利用效率方面,许多体育场馆斥巨资建造,但赛后闲

---

① 经济司:《第六次全国体育场地普查数据公报》,国家体育总局,https://www.sport.gov.cn/n4/n210/n218/c328625/content.html。

② 消费者物价指数(consumer price index),又名居民消费价格指数,简称CPI。

置，每年都处于亏损状态，"鸟巢"便是最明显的例子，仍然需要国家补贴以维持其正常运行。体育场馆商业化运营过程中，回头经济的形成需要依靠群众，因此政府与企业在参与场馆商业化运营时应综合考虑自身利益与客户的需要，只有这样才能建立彼此之间的信任关系，更好地形成回头经济。③群众消费需求方面，截至2015年，我国大大小小的体育场馆总共有170多万个，① 数量上实现了增长，但群众对场馆的需求还未完全释放。一方面，政府对场馆"一馆多用"的建造理念认识不足，一些新型材料和智能化设计没有得到较好的利用；另一方面，体育场馆系统化管理不足，场馆商业化运营过程中，回头经济的实现需要层层铺垫与引导，但由于体育产业在我国还属于新兴产业，体育人才储备不足，对于场馆商业化运营的管理生疏、欠规范，因此造成了体育场馆商业化运营产业链的部分缺失，需要依靠引进人才、设备、技术等来解决，产业链亟待自主补足。

二 社会力量参与程度低，运营主体自主性不足

截至2017年12月底，我国共有12587个大型体育场馆，若每个场馆按10亿元计价，那就有12万余亿元的场馆资产，课题组调研发现，如此庞大的场馆资源，在商业化运营的回头经济的实现过程中却存在社会力量参与程度较低的问题，主要体现在社会力量参与场馆商业化运营供给产品较单一、场馆运营主体落实不够自主、相关政策法规执行不到位等。

结合当前体育场馆商业化运营过程中，回头经济形成的实践来看，社会力量供给服务产品单一从内容上阻碍了场馆回头经济的形成。当前的现实情况是社会力量参与场馆商业化运营提供的产品多集中在健步走、篮球、羽毛球等大众参与的健身项目上，而对于创新性较强的公益性产品，却面临市场开发不足的问题。囿于场馆公益性的属性，且受到多方利益主体的限制，很多企业在商业化运营过程中无法真正甩开袖子大干，致使场馆收益不乐观。大型体育场馆多隶属于

---

① 《全国体育场地170万个、人均1.57平方米》，中华人民共和国中央人民政府官网，http://www.gov.cn/xinwen/2016-04/07/content_5062046.htm。

政府部门，占地面积较大，人员管理费用与场馆维护费用等都是一笔很大的开销，收益无法维持其正常运营，便只能依靠政府的补贴，但长此以往，政府的补贴也无法有效填补场馆运行所需费用。

在社会力量参与商业化运营过程中，从市场主体情况来看，鉴于大型体育场馆自身具备的特性，只有最大效益地发挥其体育的功能，才能实现场馆的社会价值。我国大型体育场馆的运营主体主要包括：政府和社会力量。在体育场馆商业化运营中，部分地方政府没能制定出很好的激励机制，运营所获收益与个人收入不挂钩，导致工作人员工作积极性不高且对于社会力量引进工作更是毫无兴趣。社会力量属于第三方运营主体。这类运营主体多以实现利益最大化为目的，对于利润较少的场馆，他们不屑参与，而利润较高的场馆需要投入的资本又很多，因此除大型公司积极参与场馆的商业化运营之外，当前大部分社会力量参与商业化运营的主动性不足。

政策法规执行方面，近几年，我国相继出台了多个文件，对体育产业的发展提出了相关建议。虽然政府从宏观层面出台了一系列法律法规对体育产业发展路径进行规划，但是体育场馆的商业化运营方面的文件则较少，且力度不够，这导致体育场馆在商业化运营过程中出现较多纰漏。不同运营主体利益取向不同，在遵守相关政策法规的同时，都会选择对自己有利的角度。因为没有具体的法律规定，不同利益主体之间相互博弈，在时间、场地等方面进行人为控制，各自寻求自身利益的最大化，最后导致商业化运营过程中，回头经济无法形成。

三 商业化运营意识薄弱，自办与引进商业活动匮乏

应当明确的是，在体育场馆商业化运营回头经济的形成过程中既需要有形资产，也需要无形资产，无形资产不具备实物的形态与特征，但无形资产对于商业运营的收益来说却能起到至关重要的作用。无形资产的利用主要取决于管理人员、投资人员对于场馆商业化运营的开发意识，从哲学的角度来看，意识是在后天实践与受教育过程中逐渐形成的，是社会发展的产物，是人对客观事物的主观认知。体育场馆管理人员商业化运营意识的建立，是开展一切商业活动的起点，

只有管理人员有这方面的认知，才会利用相关资源，并针对此目标开展一系列的工作。比如，只有当前基层群众开始建立积极参与体育运动的意识，才会有更多的人购买健身设备，并参与到体育运动与健身活动中来。同理，只有相关管理人员树立先进、正确的运营意识，才能更好地促进体育场馆商业化运营活动的顺利开展。体育场馆是政府部门开展体育公益活动的载体，也是促进体育产业发展的载体，其兼具社会效益与经济效益的双重作用。我国体育场馆类型众多，有大型、中型以及小型场馆，不同类型的场馆开展商业化运营活动的收益不同，因此，在开展商业化运营活动之前要对体育场馆的基本情况进行了解。

大型体育场馆商业化运营大致可分为自办与引进第三方社会力量两种类型，因此两种类型应相互剥离、各自独立，协同促进体育场馆商业化运营回头经济的形成。一方面，部分地方政府部门自办的赛事，由于体育场馆运营成本较高与设施损耗较大，常常入不敷出，且由于部分地方政府在举办赛事时使用的是补贴的款项，相关日常管理工作，如保洁、物业工作失误会浪费政府投入费用和供给物资。另一方面，体育场馆引进第三方组织开展赛事活动方面，大型体育场馆需要第三方组织对其进行科学化的改造与革新，只有这样才能更好地开展体育赛事、文艺演出、展览等活动。但是当前的现实情况是，第三方出于盈利的考虑，在大型体育场馆商业化运营过程中投资会比较谨慎，特别是二、三线城市，群众的体育消费需求有限，无法满足第三方组织的盈利需求，体育场馆在引入第三方资本参与运营时受到较多阻碍，导致场馆的市场开发能力和经营积极性打了折扣。

四　赛事审批制度烦琐，竞赛表演市场闭塞

参与商业运营的体育场馆多属于大型体育场馆，为满足各类赛事、文娱表演、餐饮娱乐、商业广告、商务会议、展览旅游等活动的不同需求，大型体育场馆的建筑定位较为多元，今后的用途广泛。其不同于中型与小型场馆之处在于，它可以承办大型文艺会演以及其他商务活动，这是其核心运营内容，在核心内容之外还有众多衍生的产业，附属的收益涵盖门票、冠名权、广告代言、无形资产开发等。因此大型体育场馆在商业化运营过程中，某些赛事往往需要审批才能举办，且审批流程较为复杂，这在一定程度上影响了体育场馆竞赛表演市场的繁荣。

我国体育场馆赛事审批制度可以追溯到"文化大革命"时期，"文化大革命"结束后，我国政治环境逐渐稳定，国家各行各业开始复苏与崛起，经济发展作为国家首抓的任务，开始呈现稳步增长的态势。体育事业的发展也重新受到国家相关部门的重视，国家开始拨乱反正，体育场馆竞赛表演的功能也受到关注。改革开放初期，地区发展还是以经济作为衡量标准，体育赛事的发展则表现为"体育搭台，经贸唱戏"，即借助体育赛事的影响力开展各种经济活动。随着各类赛事的快速开展，政府为系统地对体育赛事进行管理与管控，先后颁布了《全国综合性运动会试行工作条例》《全国体育运动单项竞赛制度》等，对我国商业性体育赛事的开展予以约束。之后，随着改革开放和现代化建设步伐的加快，我国确立了建立社会主义市场经济体制的目标。1993年，随着《国家体委关于深化体育改革的意见》的颁布，社会上越来越多的企业开始关注体育产业的发展，第三方组织注入资金承办体育赛事的数量逐渐增多，同时众多社会企业和团队出于自身利益的考虑，也出现了一些不和谐的现象。后来，随着我国政府行政管理体制改革的不断深化，我国行政审批改革也在不断革新与变更中，且当前我国倡导进一步落实简政放权政策，以减少政府对微观事务的管理。2014年，国务院审改办在中国机构编制网公布了《国务院审改办公开各部门行政审批事项汇总清单》，但举办全国性和国际性体育竞赛仍需审批。这在一定程度上导致某些受到群众追捧的体育竞赛表演业的商业价值无法得到进一步挖掘。

五 难以吸引顾客进行一次性消费

体育场馆实现回头经济的第一大难题就是难以吸引顾客进行首次消费，随着我国市场竞争日趋激烈，体育场馆的商业化运营面临着严峻挑战，由于缺乏创新等原因，发传单等传统宣传手段已经很难吸引顾客到体育场馆进行一次性消费，这使营销工作受阻并影响了场馆效益。其成因就是体育场馆的市场竞争者采取相应手段吸引其目标客服，只有在明确市场竞争者之后才能制定有效的营销策略。具体来说，竞争者主要包括现实竞争者和潜在竞争者，相比于前者，潜在竞争者的竞争实力更强劲。例如，在通信领域，中国移动、中国联通和中国电信三个公司长期处于激烈的竞争中，随着腾讯公司微信的半路杀入，三家公司蓦然发现，最危险的对手并非彼此而是腾讯公司。目前，在实现回头经济的过程中，体育场馆的现实竞争者就是场馆之外的其他运动场所，例如公园、广场等，但是这些现实竞争者主要以老年人为主，消费状态较为稳定，回头率稳定，流失可能性较小，真正需要关注的是场馆的潜在竞争者。2009 年，上海市对市民在双休日里活动空间的选择进行了调查，调查显示选择商场的人有 21.4%，选择影剧院的人占 2.8%，选择市内体育场馆的人占 2.3%，宾馆饭店、博物展览馆的人更少，分别占 2.1%和 1.0%。[①] 2018 年，太原某高校采用多选排序方式调查该校学生的休闲兴趣与休闲方式状况，调查表明，把"旅游观光"置于首位的人数占 2.35%，置于第二位的人数占 14.12%，置于第三位的人数占 10.59%，共计 27.06%；把"娱乐休闲（如酒吧等）"置于首位的人数占 24.71%，置于第二位的人数占 22.35%，置于第三位的人数占 20.00%，共计 67.06%；把"体育运动"置于首位的人数占 8.24%，置于第二位的人数占 10.59%，置于第三位的人数占 34.12%，共计 52.95%。[②] 调查表明，目前体育场馆回头经济形成的潜在竞争者并非全部为同行场馆竞争者，主要为其他场所内的服务业，在激烈的竞争中，体育场馆难以吸引大量的顾客。

六　无法使消费者成为忠诚顾客

体育场馆成功所面临的第二大难题为无法使消费者成为忠诚顾客。一些顾客不会选择到体育场馆进行二次定向消费而是转投上文分析过的竞争场所，其成因在于场馆没能给顾客带来良好的一次性消费体验感，其服务水平也较低。例如，悉尼奥运会投资兴建的澳大利亚

[①] 方田红：《上海市民城市休闲行为的时空结构特征分析》，《华东理工大学学报》（社会科学版）2009 年第 3 期。

[②] 孙林叶：《大学生休闲：数据与分析》，《洛阳师范学院学报》2018 年第 3 期。

体育场在奥运会期间吸引了大量的顾客，但之后承办的赛事与提供的服务不能满足顾客的需求，导致顾客数量锐减，最终不得不将11万人的座席减为8万个。①

根据上述分析，服务业所提供的服务包括有形服务和无形服务。现今，我国体育服务业所提供的无形服务仍处在发展阶段，与其他休闲娱乐场所相比毫无优势，所以，体育场馆经营者、管理者需将其主要注意力集中于体育场馆的有形服务上。每个休闲娱乐场所都拥有自己的优势和劣势，体育场馆需要做的就是扬长避短，从所有休闲娱乐场所中脱颖而出，从而形成回头经济。①体育场馆必须对自身和竞争者进行分析与对比，其目的在于了解自身优劣势，将竞争者在运营和服务方面的最好模式作为基准，然后加以模仿、组合和改进，力争超过竞争者。例如，施乐公司通过向L. L.比恩公司（该公司仓库工人的整理工作比施乐公司快3倍）学习账单处理技术，优化自身工作进程，在短期内实现其成为行业领导者的目标。这一过程分为两步。第一步，体育场馆要分析本体和竞争对手在市场、销售、投资、盈利、设备使用情况等相关业务上的核心对比数据，收集的方法包括查找二手资料和向顾客、供应商及中间商调研从而得到第一手资料等。第二步，体育场馆制作调查问卷，要求顾客从顾客知晓度、环境质量、情感份额、技术服务和企业形象五个方面对场馆和竞争者们做出评价，根据评价结果和所收集的数据综合分析得出自身和竞争者的优势与劣势。体育场馆与其他休闲娱乐场所在服务水平相当的情况下，最大的优势就是体育运动可以增强体质，促进健康。②大多数公共体育场馆的收费较低，可以面向广大消费者。③体育场馆的安全秩序较好，而酒吧等娱乐场所面向多种不同收入人群，秩序较差。在拥有这些优势的同时，体育场馆也暴露出许多弊端。体育场馆主要包括室内体育场馆和室外体育场馆两种类型，其中室外场馆的最大缺陷就是受气候等外界条件影响很大，严重影响了场馆的服务质量。因此，只有体育场

---

① 王跃新：《奥运会举办国场地建设规划及场（馆）后期的利用》，《中国体育科技》2002年第3期。

馆处理好场馆的安全和环境问题之后，才有可能实现回头经济，但为了缩短这一时间，体育场馆还需处理好各种细节，如利润计算、设施引进、法律纠纷等方面的工作。

七 顶层设计指导下，实践动力不足

2014年，国务院印发了《关于加快发展体育产业促进体育消费的若干意见》（以下简称《意见》），之后各省针对本省体育产业发展实际，提出了具有针对性的促发展、促消费的实施意见。例如，辽宁省就依据该文件开始实行大型体育场馆混合所有制改革。在文件精神的指导下，辽宁省相关政府部门先后与北京斯迈夫体育文化产业有限公司合作召开体育产业发展战略研讨会，并赴北京五棵松体育馆实地考察，相关专家学者围绕辽宁省体育产业的发展进行了深入调研。并在此基础上，辽宁省召开了辽宁省体育场馆合作开发运营专家论证会，政府工作人员、专家以及相关企业家围绕场馆PPP合作运营、场馆资源合作开发等中心议题对辽宁省体育场馆的运营交换了意见，这说明辽宁省政府及相关单位为推动体育场馆尤其是大型体育场馆的商业化运营进行了大量富有成效的实践，对于今后大型体育场馆改革具有参考价值。国家的政策需要基层实践的不断验证，只有付诸实施，理想才能转化为现实。辽宁省在推进大型体育场馆改革过程中，前期政策文件的颁布、调研经验的积累以及研讨成果的生成，并没有在实践环节得到充分的执行。究其原因，与大型体育场馆人力资源配置落后有关，某些工作人员缺乏岗位责任意识、市场化意识以及专业知识，还有一部分工作人员的场馆运营观念落后、执行力差，这些问题都不利于大型体育场馆改革的顺利实施。而最重要的是，政策执行动力不足。某些工作人员在传统管理体制的影响下，被动地接受上级的指导，工作是为了完成行政任务，而不是聚焦在场馆本身的运营上，工作动力不足。部分体育场馆的工作人员只是简单完成了任务受领与传达的物理性工作，但缺少思想层面的政策领悟能力，因此并未采取更加积极的措施。在体育场馆改革普遍处于观望状态时，某些工作人员缺乏主动性、专业性，依然更多地依靠政府来推动。所以，执行难源于基层动力缺乏。

第六节 体育场馆商业化运营中回头经济不足的致因剖析

一 场馆改革侵犯部分主体利益，监督体系不健全

课题组在走访调研中发现，我国大多数体育场馆改革速度缓慢的根本原因是缺乏相关的监督体系，政府、场馆运营者、第三方等监督主体在某些环节中未能发挥应有的监督作用。在实践中，因为没有形成完善的监督体系，导致体育场馆商业化运营主体与群众消费需求无法精准对接，进而引起供需错位，造成许多不必要的损失。另外，即使有些体育场馆设立了监督部门，负责收集、整理、传递场馆经营中遇到的各类问题以及群众的实际需求，但据调查结果显示，绝大部分的监督部门在获取群众、基层服务人员、场馆责任人员等群体的相关建议后，反馈工作却经常出现信息传递中断的情况，这也导致部分群众的消费需求无法得到合理满足，场馆的建设与发展也被阻滞，造成"灯下黑"的情况出现，只能任由场馆自由发展。由于人们的消费产品单一，因此群众的消费需求无法得到满足。首先，各监管主体的监管职责不明确。体育场馆商业化运营的监督主体理应涉及政府部门、基层群众以及第三方监督主体，但当前监管主体对于场馆商业运营改革工作的监督仅仅停留在表面，没有根据不同区域、不同发展规模对监督工作进行细化，各主体监督的职责不清，进而导致监督工作有名无实。其次，各主体机构设置不合理。近几年，随着我国市场化改革进程的不断加快，以及"管办分离"等政策的提出，我国不同类型的体育场馆都在进行市场化运营的探索。国内体育场馆改革最为典型的省份是辽宁省，辽宁省将本省体育场馆的经营权和管理权分离，并成立了辽宁省体育产业集团，辽宁省体育产业集团的经营范围涵盖体育场馆的投资建设和运营管理。由于我国体育场馆过去多属于事业单位的性质，因此虽然当前很多场馆的管理层和运营层发生了变化，但其内部的组织结构未能及时更新。有些机构存在重叠问题，而有些机构又缺乏相应的设置，导致在监督工作上出现缺位、错位等情况。最后，监督主体之间的沟通交流不顺畅。监督主体之间应根据不同的分工，切实做好监督工作，如果各主体之间没有建立顺畅的交流与沟通的渠道，就会大大降低监督工作的效能，对有关信息无法做到很好的筛查，这样向管理人员反馈的质量也会受到影响，无法形成完善的监督反馈体系。

二 场馆属性使然，尚未建立完善的激励机制

随着国家分类推进事业单位改革工作的逐渐落地，体育场馆属性开始发生了变化。过去，我国体育场馆多由政府相关部门管理，但当前，许多地区的体育场馆开始单独成立体育产业集团，归民营企业管理与运营，并引进了更多社会力量参与到体育场馆的商业化运营中。但当前仍然有一大部分体育场馆还未完全从事业单位剥离出来，其产权未完全划分清晰，市场主体位置也没有最终确定，这必然影响经营活动的顺利开展。课题组走访调研后发现，体育场馆多归属政府的体育系统管理，因此，这些场馆必然具有公益性的特点，这就需要场馆有固定的时间供大众免费健身，另外，其也要为当地专业运动队提供训练与备战比赛的场地，在这样的情况下，与商业运营相关的活动都要为上述活动让路，这样一来，留给商业化运营活动的时间少之又少，且提供给商业化运营的场地也十分有限。当体育场馆承接政府主办的相关赛事时，场馆商业运营的营利性与政府开办赛事的公益性就出现了矛盾，商业运营的管理者无法对市场进行充分的开发与利用，而政府的补贴若不到位，就又会影响场馆运营管理者举办赛事的积极性，这就导致赛事开展过程中收益效果不乐观。长此以往，参与商业运营的社会人员与政府相关工作人员的工作热情就会减退，这样更不利于体育场馆的商业化运营。

课题组在调研走访过程中发现，当前我国体育场馆商业化运营尚未形成完善的激励机制。动力激励是推动事物发展的重要动力，构建体育场馆商业化运营的激励机制是推进其回头经济形成的推动力。而矛盾关系理论强调矛盾是事物发展的动力，若要实现波浪式前进、螺旋式上升就离不开外部矛盾与内部矛盾的相互作用，只有矛盾才能引起不同观点和思维的交流与碰撞,也只有在协调不同观点之后才能推动事件本身的进步。对于体育场馆商业化运营激励机制来说,内部矛盾(内生性动力)与外部矛盾(外生性动力)皆有,二者相辅相成、合力促进体育场馆商业化运营回头经济的形成。其中,内生动力(内生矛盾)是内部形成的,是各构成要素协同构建主体的驱动力,主要体现在体育场馆商业化运营商业价值的实现,源于政府改革的需要、场馆革新发展的需要、市场经济发展的需要以及管理者个人能力被认可的需要。而外生动力则主要由外部变革的推动力来体现的,如当前政府提出的管办分离、事业单位改革等措施。但由于其内生动力仍不足,体育场馆商业运营主体自主性不强,究其根本原因为相关激励机制尚不健全。后续,若要实现体育场馆商业化运营,就必须在遵循动态平衡原则的基础上构建有效的激励机制,以便更好地促进回头经济的形成。

三 场馆智慧化程度难以跟上科技的发展水平

在新发展格局时代背景下,我国科技飞速发展,在以互联网、物联网、大数据、云端计算、5G新技术等为主的新一代信息技术极大地改变了社会生产及人们生活方式。目前,借助科技引领体育发展是实现体育高质量发展的重要条件,新一代信息技术革新也将极大地改变了体育场馆的建设和运作模式,智慧体育场馆建设热情高涨。我国各地区都紧抓发展机遇,大力支持智慧体育场馆建设,但我国智慧体育场馆的分布呈现"东多西少、沿海多内陆少"并呈逐渐递减趋势,由中心城市向中小城市辐射的发展趋势。在经济发达、开放度高、社会资源广的东部地区,如北京、上海、杭州等地方,对新事物的接纳程度高,较早开启了智慧体育场馆建设与应用的探索。相较之下,内陆城市的发展较沿海地区缓慢,因此我国不同地区之间的发展不平衡问题日益突出。但不同地区之间的智慧体育场馆的发展水平存在差异和不平衡的现象突出,而且,场馆的信息化水平不均严重影响国家或不同地区的政府对体育场馆有关信息、监管信息收集并进行场馆大数据分析等相关工作的开展,场馆信息层级碎片并断层。

目前,在加强场馆管理层面,我国智慧体育场馆的管理较为集

第六章 体育场馆商业化运营与回头经济

中,但在消费供给的匹配效率等方面的能力尚待提高。现有大型场馆大都借助微博账号和微信公众号等途径,进行相关宣传,但其运营主体大都未进行有效的线上营销与实时宣传,场馆运营信息更新力度小,其与市场消费者之间的互动沟通频率低。又如,因 VR 等虚拟健身运动的设备价格较高,科技方式难以有效掌控,当前国内部分体育场馆对虚拟运动设施器材的建设技术尚不健全。

2018 年,借鉴阿里体育公司的科技和创新理念,杭州阿里体育中心(前身为九堡文体中心)创立虚拟运动不同类型的体验项目。对于消费者群体而言,通常以智慧体育场馆内高科技的应用水平及信息化程度来权衡场馆的智慧化建设水平,首要关注的就是场馆的独特吸引力,以此获得全新的参与体验。就目前而言,大型体育场馆的智慧化程度普遍不高、科技水平不高,信息化程度低且存在法律法规不健全等安全隐患,消费者的参与体验感普遍较差。

当前,《2022—2028 年中国体育场馆行业现状调研分析与发展趋势预测报告》显示,国内大型体育场馆的运营状态大都亏损,建设智慧体育场馆的前期筹备时间长、投入资金数量和规模较传统场馆较大,存在投入较高、回报较低等相关问题,导致大多数体育场馆的运营主体产生顾虑。为迅速改变运营不善危机,不少体育场馆重点使用创新性技术,但受硬件设施建设难度和维修费用高昂等现实状况的影响,体育场馆未必会获益。现阶段,与场馆运营相关的 APP 发展突飞猛进,是进行场馆营销的重要手段之一,但是有关体育场馆使用及运营的 APP 的开发资源并不全面,因此需要在开发初期配备专业的人员进行维护。为了接发实时动态,有关场馆 WiFi 安装及管理的问题得到广泛重视,不仅在服务前台、入门闸机、馆内线上导航与网络服务等设施中的前期投入较大,设备报修维护、运营系统更迭、换代和后期技术服务等相关费用较高,只有少部分运营良好的场馆兼具应用的相关条件,其余的场馆在投入成本和收益回报的处理过程中难以维持平衡状态,受场馆选址场地的影响,位置偏僻的部分场馆在不占优势的同时如没有科学合理的营销手段无疑是"雪上加霜",消费者少,场馆利用率低,会在某种程度上造成资源浪费,降低场馆运营者对场馆智慧化建设的积极性。

国内体育场馆智能化的建设等规定依据《智能建筑设计标准（GB 50314—2015）》中确定的标准可划分成甲级、乙级、丙级三个不同的等级。不同等级中的相应子系统的对应状态也不尽相同，主要可分为应配置、宜配置、可配置三种状态。这种分级方法主要针对馆内的软硬件资源所展开的相对独立的规划建设，不足的是，在这种方法运用下，不同系统之间的联动和数据处理能力有待进一步完善，对场馆后期的智慧化经营不利。有些城市在社会面统一招标后共建智慧化场馆，但对场馆的系统的信息化运营及维护是由不同企业负责，且这些企业的维护范围较单一，仅限于自己行业领域。此外，目前市场上对同一件硬件或软件设施之间的规定标准尚未有明确的统一规定，在设施数据端口的规范上也未有统一定论，所以，场馆设施的供给企业发生变更之后，新接手的供给企业不能完全掌握场馆设施的具体数据，场馆的前期投入可能不会有回报。因此，出现场馆的软硬件系统之间难以实现有效整合、信息数据难以及时共享、商业服务难以正确融合的现象，场馆的实时信息无法实现畅通传达、传递效率低，使场馆数据和相关资讯无法实现共享，工作难以顺利协作。

四　体育产业起步晚，人才资本储备不足

体育场馆商业化运营是指将体育场馆原有的管理职能与运营职能分开。一直以来，我国众多体育场馆的运营多归属于政府体育系统，其管理与运营由政府相关部门履行职责。这样的运营模式使部分管理人员具有多重身份，既是管理者，又是决策者，还是评估者。体育场馆的商业化运营多掌握在政府部门的手中，场馆在运营过程中也一直沿袭过去传统的运行模式。而随着我国经济的稳步增长，国民受教育程度不断提高，体育场馆传统的运营模式已经无法满足群众的消费需求，也无法满足市场发展的要求。当前，政府相关管理部门试图改变这样的运营模式，并努力吸引更多社会资本的注入，以推进体育场馆商业化运营的良性发展。但是我国体育产业起步较晚，体育市场体系还不健全。课题组通过梳理发现，我国体育产业崛起自2008年北京奥运会，并在《意见》出台后，才出现迅猛增长的态势，与美国、韩

国、日本等发达国家之间的差距还很明显。"全民健身"与"健康中国"等国家战略的深入推进使大众健身数量增加、国民体育消费意识逐渐增强，这为我国体育产业的发展提供了广阔的平台。随后，《行业协会商会与行政机关脱钩总体方案》为我国体育场馆商业化运营改革指明了方向，管办分离工作模式的试行为体育场馆商业化运营提供了发展动力。但强大的政策导向与广阔的市场平台对于我国体育场馆商业化运营来说，既是机遇，也是挑战。"管办分离"后的体育场馆需要独立承担管理与运营工作，但是我国体育人才资本储备不足，当前开设体育场馆管理专业的高校不多。也就是说，现今从事体育场馆商业运营的人员大多不是专业人士，然而我们需要的是专业的人干专业的事。体育场馆商业化运营应以外部政策为导向、以相关改革为契机、以现有资源为基础、以市场需求为导向，扎扎实实地走好中国化道路，但是当前专业从事体育场馆商业化运营的人才却比较匮乏。

五　场馆内部运行机制落后，不能满足市场经济发展的需求

课题组在调研走访中发现，当前我国体育场馆众多赛事与活动都趋向市场化与社会化发展，政府主导的体育赛事的市场自由度相对较低。当前，国家各行各业都呈现快速发展的态势，但众多体育场馆内部运营机制还比较落后，特别是市场需求机制还不完善，这也是导致当前部分体育场馆赛事审批程序冗杂、竞赛表演市场闭塞的根本原因。

当前体育场馆属性划分不清，场馆法人自主权不明确，主要体现在场馆管理法人治理结构和市场需求表达机制中缺乏像理事会这样的管理组织，这也是造成审批制度烦琐的重要原因。理事会可以将政府的体育系统、群众以及社会其他利益主体聚集到一起，引导他们在体育场馆的管理层中发挥作用，并为体育场馆商业化运营决策提出不同的观点与发出不同的声音，这就会使体育场馆商业化运营更符合群众的需求，也更符合市场发展的需要，兼具公益性与经济性的特点，并且能够有效解决体育场馆竞赛表演市场闭塞的问题。此外，大部分体育场馆对预算、人事、绩效等制度都没有进行革新，还是按照过去的制度来执行，这就必然出现场馆运营参与人员工作不积极的问题。另外，不同性质的体育场馆在功能上能够有效实现互补，满足不同群体的体育需求，促进群众体育与竞技体育的协同发展。但在当前我国赛事审批制度制定过程中没有针对不同性质的场馆出台不同的政策，这导致所有场馆开展的体育赛事和活动都沿用相同的审批制度，无形中增添了一些不必要的手续。不同类型体育场馆在发挥自身公益性与经济性作用的同时，场馆之间还没有形成比较完善的沟通体系，且相关部门未出台场馆标准化管理法规，这些都是体育场馆内部运行机制落后的表现。体育场馆的改革迫在眉睫，但是落后的运行机制无法有效满足市场经济发展的需求，进而导致体育场馆收益不乐观。

第七章

体育场馆商业化运营中回头经济的实证分析

第一节 研究对象与方法

一 研究对象

本章节的具体研究是依据《第六次全国体育场地普查数据公报》展示的数据,选取8个主要代表城市(北京、上海、广州、深圳、南京、青岛、大连、长春)的160个大型民营体育场馆(主要以综合体育场馆及羽毛球、篮球、游泳等体育场馆为主)相关的服务质量作为本章的研究对象。

二 研究方法

(一)文献资料法

在中国知网、1984—2017年在Web of Science数据库中发表的相关学术论文中对"民营体育场馆""服务质量评价""IPA分析[①]"等为关键词作出检索,合计检索到122篇论文,其中博士学位论文3篇、硕士学位论文68篇、会议论文10篇、期刊论文41篇,根据研究需要引用中文核心论文12篇、博士学位论文2篇、国外文献8篇、

---

① IPA分析即Important-Performance Analysis,顾客对公司提供服务的期望,以及顾客实际感知后的满意度进行比较。

相关文件4篇,"体育数据"(国家体育总局)1个。

(二) 问卷调查法

本书基于对国内外不同研究学者的相关研究文献进行梳理总结之后,参考已有优秀研究成果,学习相关模型理论,借鉴ASCI模型、[①] SCSB模型、[②] SERVQUAL模型、[③] KANO模型[④]等相关模型,从民营体育场馆的体育设施、环境、管理员素质、服务人员态度、健身经济性5个维度出发,在进行预调查之后,创建有关场馆服务质量的调查问卷和消费者满意度调查问卷,问卷指标共包括34类属性,在借鉴李克特五级量表的基础之上,分别从"非常不重要/非常不满意"到"非常重要/非常满意"的"1—5"个等级对160个民营体育场馆中的健身群体作出相关调查。

1. 问卷发放与回收

为了对私营体育场馆服务质量和消费者满意度的结果展开调查,课题组针对场馆的消费群体,采用方便抽样的方法,使用电子问卷(问卷星、E-mail)等形式展开调查。2017年第一季度,课题组按每个民营体育场馆20份的标准,共发放调查问卷3200份,回收2978份,剔除无效问卷42份,回收有效问卷2936份,回收率91.75%,有效回收率98.46%。调查样本年龄分布在18—65岁;其中男性占比为48.9%,女性占比为51.06%。[⑤] 调查样本学历分布比例为:高中及以下占5.48%、大专占12.33%、本科占54.79%、硕士研究生占15.07%、博士研究生占12.33%。调查样本月收入比例分布为:1500—2000元占31.51%、2000—3000元占8.22%、3000—4000元

[①] ASCI模型即美国顾客满意度指数模型,是一种具有代表性的顾客满意度研究模型,应用较为广泛,具有成熟的理论支持和较高的学术权威性。

[②] SCSB模型是指瑞典顾客满意度指数模型(Sweden Customer Satisfaction Barometer)。

[③] SERVQUAL为英文service quality(服务质量)的缩写。SERVQUAL模型是衡量服务质量的工具。

[④] KANO模型是东京理工大学教授狩野纪昭(Noriaki Kano)发明的对用户需求分类和优先排序的有用工具,以分析用户需求对用户满意的影响为基础,体现了产品性能和用户满意之间的非线性关系。

[⑤] 在计算时因为修约(四舍五入),所以男性占比和女性占比相加之和不等于100%,下同。

占21.92%、4000—5000元占9.59%、5000元以上占28.77%。调查样本的每周锻炼情况如下，每周一次占32.35%，每周2—3次占42.36%，每周3次以上占25.29%。以上被调查者职业分布基本覆盖了科教文体卫等领域，数据样本具有一定代表性。

2. 问卷信度、效度

课题组本着科学严谨的调查态度，在保证调研质量的基础之上，决定对问卷结构效度进行验证性因子分析，Bartlett球形检验和KMO检验结果数值均为0.856，表明问卷结构完整，结构效度高。问卷信度克隆巴赫a系数均高于0.840，说明问卷信度内部一致性优秀，问卷说服力较高。

（三）数理统计法

在进行IPA分析时本研究主要运用Exce2016、SPSS Statistics21.0等软件对调查数据进行处理。

第二节 我国民营体育场馆服务质量评价IPA分析

服务营销学中提出的"服务质量"概念是指在既定条件中市场中的潜在需求可以得到不同程度的相应满足。[①] 因此，体育场馆服务质量是指体育场馆为满足不同类型顾客的健身等消费需求所提供的有形或无形的产品的满意程度。[②] 近年来，随着我国体育产业的不断发展，源于经济学与市场营销学的经营与管理方法不断地被应用于体育产业市场经营管理领域。市场竞争日益激烈，不仅在企业内部及其之间对顾客服务与需求导向重点关注，还在体育领域对体育产业的相关服务作出调研。民营体育场馆作为我国体育产业的重要组成部分，对促进我国体育产业经济发展与国民体质健康起着重要的作用，其服务质量

---

① 洪志生等：《服务质量管理研究的回顾与现状探析》，《管理评论》2012年第7期。
② 胡继东等：《体育场馆运营服务质量评价指标体系研究》，《标准科学》2015年第3期。

有效满足消费者需求,不仅有利于《全民健身规划纲要》的顺利实施,还有利于我国体育产业的可持续发展。

一 服务质量 IPA 分析与应用

IPA 分析是在测量服务供给和服务表现对顾客的重要性和满意感之后,择优根据相关数据选择对特定的服务属性优化排序的分析方法。1977年,IPA 分析法首次由 Martilla 和 James 等人提出,主要用于研究汽车售卖时的经销服务,[1] 随着应用范围不断拓展,在休闲娱乐业、[2] 餐饮行业、[3] 文化展览行业[4]的政策制定及服务质量评价、顾客满意度分析、区域竞争力等方面运用并作出分析。21世纪初期,黄宗成首次将该理念引入国内,将其运用在旅游行业的管理服务工作中,[5] 在此之后拉开了该方法在国内学术界的借鉴帷幕,在旅游行业的景区和治安管理、[6] 旅游者满意度评价、[7] 旅游资源开发[8]等研究中广泛应用。随着 IPA 分析法影响力的扩大,近年来也有少数学者将其跨域应用于我国公共体育设施构建、[9] 场馆服务质量管理[10]等专题研究中。本书使用 IPA 分析方法分析民营体育场馆的服务质量,构建有关健

---

[1] Sonmez S. F., Graefe A. R., "Influence of Terrorism Risk on Foreign Tourism Decisions", *Annals of Tourism Research*, Vol. 25, No. 1, Jan. 1998, pp. 112-144.

[2] Kozak M., et al., "The Impact of the Perception of Risk on International Travellers", *International Journal of Tourism Research*, Vol. 9, No. 4, Jul. 2007, pp. 233-242.

[3] Mawby R. I., et al., "Fear of Crime among British Holidaymakers", *British Journal of Criminology*, Vol. 40, No. 3, Jun. 2000, pp. 468-479.

[4] Demos E., "Concern For Safety: A Potential Problem in the Tourist Industry", *Journal of Travel and Tourism Marketing*, Vol. 1, No. 1, 1992, pp. 81-88.

[5] 黄宗成等:《中高龄族群长住型旅馆经营管理之探究:以 IPA 及其应用为例》,《北京第二外国语学院学报》2002年第1期。

[6] 郑旗、张鹏:《县域公共体育设施服务质量评价与改进:基于 IPA 分析与实证》,《上海体育学院学报》2015年第6期。

[7] 陈旭:《IPA 分析法的修正及其在游客满意度研究的应用》,《旅游学刊》2013年第11期。

[8] 刘新颜等:《基于 IPA 分析的陕西历史博物馆游客满意度研究》,《资源开发与市场》2014年第9期。

[9] 鲁欣、宋慧晶:《基于 IPA 分析的旅游目的地形象感知研究:以太原市为例》,《山西经济管理干部学院学报》2014年第4期。

[10] 孙二娟:《高校体育场馆服务质量管理研究——基于学生满意的视角》,博士学位论文,北京体育大学,2013年。

第七章 体育场馆商业化运营中回头经济的实证分析

身活动消费者服务满意度的 IPA 分析模型,按照区域划分不同代表场馆服务质量的相应现实状况,可以为民营体育场馆经营者提供符合消费者需求的运营途径,帮助场馆工作人员优化场馆管理的服务质量。

二 服务质量理论与 IPA 分析

狩野纪昭(Noriaki Kano)教授和高桥文雄(Fumio Takahashi)首次将服务质量理论应用于质量管理学的研究中。服务质量理论的产生源于 IPA 分析方法的修正,在有关服务质量的科学研究中对服务满意度与服务重要性之间的关系研究得出较为统一的定论,即二者之间呈线性关系,而区间满意度与整体满意度间呈非线性关系。[1] 基于此,有学者[2][3]在使用 IPA 分析方法的基础上,分层构建顾客需求,进一步衍生出"魅力质量理论",并将顾客服务需求分为如下三类。

(1)基本型需求(重要性高、满意度低):企业提供的产品与服务满足消费者的最基本要求。企业的供给与顾客的需求必须一一对应、全部满足,否则顾客就会对企业产生不满,顾客服务满意度降低,顾客产生消极情绪,企业的正面形象难以维护。

(2)期望型需求(重要性高、满意度高):顾客的满意状况与需求的满足程度呈密切相关。期望型需求不是"必须"获得的产品属性或相关服务项目。企业提供的产品或服务水平与顾客的期望呈正相关,顾客满意度随着产品或服务的质量升高;反之,在未能满足顾客期望时,顾客会表现出明显的不满情绪。

(3)兴奋型需求(重要性低、满意度高):顾客期望程度不太突出的需求。兴奋型需求与顾客的期望程度呈正相关,随着满足顾客期望程度的增加而增加;反之,未能满足顾客期望时,顾客也不会表现出明显的不满情绪。

三种顾客服务需求类型明确地揭示了市场消费者对体育场馆产品

---

[1] 魏丽坤:《Kano 模型和服务质量差距模型的比较研究》,《世界标准化与质量管理》2006 年第 9 期。

[2] Kano N., et al., "Attractive Quality and Must-Be Quality, Hinshitsu", *The Journal of Japanese Society for Quality Control*, Vol. 14, Jan. 1984, pp. 39-48.

[3] 于萌等:《基于 IPA 分析的我国大型体育赛事商业运营的服务质量评价与改进研究》,《成都体育学院学报》2018 年第 4 期。

与服务的不同需求与消费期待，因此，在对民营体育场馆的服务质量提升的研究层面，必须要首先把握顾客的服务需求要素。

第三节 我国民营体育场馆服务质量 IPA 实证分析

一 体育场馆服务质量评价维度与属性指标筛选

大型体育场馆的回头经济研究较为多元，而当前大型体育场馆的多种经营模式仍待开发，探索大型体育场馆的运营手段移植与借鉴，探寻体育场馆经营的转型升级之路，也是本课题组探求的问题之一。场馆服务质量是民众选择场馆的重要因素，也是实现体育场馆经营回头经济的关键因素，课题组根据不同体育场馆经营情况，调查分析33项服务指标的重要性与顾客满意程度，借助因子分析法剔除8个因子载荷不高、未符合体育场馆服务质量评价的指标，最终确定了场馆设施器材、场馆健身环境、管理人员素质、辅助性服务、健身经济性5个大维度内的25项服务属性指标，形成体育场馆顾客满意度评价指标体系，各项指标因子载荷结构矩阵、Bartlett 球形检验、克隆巴赫系数检验（Cronbach's alpha）、信度检验（reliability test）具体见表7-1、表7-2。

表7-1 体育场馆服务质量评价指标因子载荷结构一览

成分	初始特征值 a			提取平方和载入			旋转平方和载入		
	合计	方差(%)	累计(%)	合计	方差(%)	累计(%)	合计	方差(%)	累计(%)
1	4.57	65.61	65.61	11.57	65.61	65.61	5.78	32.81	32.81
2	3.80	10.21	75.83	1.80	10.21	75.83	3.24	18.36	51.17
3	2.05	5.96	81.78	1.05	5.96	81.78	3.41	19.34	70.51
4	1.73	4.15	85.93	0.73	4.15	85.93	2.13	12.08	82.57
5	1.11	3.46	89.41	0.61	3.48	89.41	1.20	6.82	89.41

第七章 体育场馆商业化运营中回头经济的实证分析

表 7-2　体育场馆服务质量评价指标因子载荷结构一览

体育场馆服务质量数属性指标	场馆设施器材	场馆健身环境	管理人员素质	辅助性服务	健身经济性
A1. 体育场馆中体育设施与器材种类情况	0.87	0.34	0.24	0.17	0.05
A2. 体育场馆中体育设施与器材质量情况	0.82	0.39	0.20	0.02	0.10
A4. 体育场馆中设施与器材配置合理情况	0.79	0.22	0.15	0.19	0.45
A3. 体育场馆体育设施与器材的安全情况	0.76	0.21	0.29	0.21	0.22
A5. 体育场馆中体育设施定期保养情况	0.75	0.19	0.39	0.33	0.00
B5. 体育场馆的室内温度、湿度、舒适性	0.45	0.86	0.36	0.15	0.17
B2. 体育场馆更衣室、休息室、淋浴室配置情况	0.18	0.85	0.33	0.39	-0.13
B4. 体育场馆的影像、音响设备配置及视听效果	0.30	0.74	0.10	0.58	0.13
B3. 体育场馆空间环境情况	0.25	0.68	0.40	0.20	0.29
B6. 体育场馆器材、场地、环境卫生状况	0.50	0.65	0.27	0.41	-0.08
B1. 体育场馆室内照明情况	0.35	0.64	0.21	0.30	0.19
C1. 体育场馆管理制度完善程度	0.50	0.11	0.91	0.02	0.08
C5. 体育场馆管理人员接待行为礼貌情况	0.15	0.04	0.84	0.17	-0.04
C3. 体育场馆管理人员服务态度	0.21	0.11	0.83	0.15	-0.02
C2. 体育场馆预订的便捷性	0.32	0.25	0.80	-0.05	0.01
C4. 体育场馆管理人员处理问题的及时性	0.23	0.11	0.75	0.45	0.23
C6. 体育场馆管理人员的责任心	0.32	0.23	0.66	0.15	0.45
D5. 体育场馆具备的个性化服务情况	0.40	0.11	0.13	0.74	0.08
D3. 体育场馆健身服务项目的丰富性	0.32	0.23	0.09	0.74	0.35
D2. 体育场馆停车设施合理配置情况	0.08	0.28	0.04	0.73	0.55
D4. 体育场馆教练员指导健身活动情况	0.47	-0.05	0.21	0.68	0.43
D1. 体育场馆健身氛围及体育文化氛围	0.42	0.05	0.26	0.65	0.36
D6. 体育场馆配置食品、饮料、健身装备情况	0.19	0.86	0.11	0.63	0.34
E1. 体育场馆健身收费性价比	0.51	0.20	0.32	0.11	0.75
E2. 体育场馆食品、饮料、健身装备售卖价格	0.41	0.36	0.21	0.16	0.70

续表

体育场馆服务质量数属性指标		场馆设施器材	场馆健身环境	管理人员素质	辅助性服务	健身经济性
球形检验	KMO、Bartlett 维度球形检验	0.89	0.84	0.89	0.89	0.88
	KMO、Bartlett 指标球形检验	0.86				
信度检验	克隆巴赫维度系数（Cronbach's α）	0.90	0.85	0.83	0.87	0.87
	克隆巴赫指标系数（Cronbach's α）	0.84				

注：A 指标按照"场馆设施器材"相关因子降序排列；B 指标按照"场馆健身环境"相关因子降序排列；C 指标按照"管理人员素质"相关因子降序排列；D 指标按照"辅助性服务"相关因子降序排列；E 指标按照"健身经济性"相关因子降序排列，下同。

二 我国民营体育场馆服务质量的 IPA 分析

目前，在我国民营体育场馆服务质量重要性与消费者满意度的评价中，消费者对于服务质量重要性评价得分为 4.00—4.83 分，对服务满意度评价得分为 3.30—3.98 分。从整体上看，消费者对于体育场馆服务质量重要性评价（平均 4.49 分）高于服务质量满意度评价（平均 3.72 分）。在场馆设施器材、场馆健身环境、管理人员素质、辅助性服务、健身经济性等维度的评价中：①场馆设施器材、场馆健身环境、健身经济性维度，服务质量重要性评价得分分别为 4.692 分、4.512 分、4.165 分，服务满意度评价得分分别为 3.686 分、3.633 分、3.565 分。顾客对此三方面服务内容评价表现为重要性高、满意度低，说明民营体育场馆在场馆设施器材、健身环境与健身经济性维度方面并不能完全满足顾客的需求，需要在今后的场馆运营过程中，完善体育场馆内外部硬件设施，提供合适的消费健身氛围；还需依据顾客在场馆内进行健身消费的不同情况制定不同梯度的项目收费准则，以满足健身人群的基本需求。②管理人员素质维度方面，服务质量重要性和满意度评价得分分别为 4.547 分和 3.805 分，顾客对此方面的评价表现为重要性高、满意度高，表明在管理人员素质方面，民营体育场馆能够基本满足消费者的相应需求，但仍需要根据顾客的不同需求继续在前期成果的基础上作出完善与提高。③在体育场馆辅助性服务方面，服务质量重要性评价得分为 4.352 分，服务满意度评价得分为 3.737 分，顾客对该指标评价的表现是重要性相对较低、满意度相对较高，表明民营体育场馆提供的辅助性服务水平虽高，但相较于场馆整体运营规模，在该方面的场地设施等资源的分配仍不太合理，供需不匹配致使场馆的产品与服务供给处于过度状态，在后续的场馆经营与管理中，应根据顾客的实际需求与场馆经营效率设置科学的服务内容，具体见表 7-3。

表 7-3　　　　　　　　体育场馆服务质量 IPA 分析一览

体育场馆服务质量数属性指标	服务质量重要性评价			服务满意度评价		
	评价得分	均值	标准差	评价得分	均值	标准差
A1. 体育场馆中体育设施与器材种类情况	4.70	4.61	0.70	3.69	3.70	1.01
A2. 体育场馆中体育设施与器材质量情况		4.72	0.70		3.72	1.26
A4. 体育场馆中设施与器材配置合理情况		4.83	0.51		3.61	1.18
A3. 体育场馆体育设施与器材的安全情况		4.83	0.51		3.83	1.04
A5. 体育场馆中体育设施定期保养情况		4.47	1.31		3.57	1.13
B5. 体育场馆的室内温度、湿度、舒适性	4.51	4.67	0.84	3.63	3.61	1.13
B2. 体育场馆更衣室、休息室、淋浴室配置情况		4.4	0.98		3.30	1.41
B4. 体育场馆的影像、音响设备配置及视听效果		4.17	0.71		3.50	1.21
B3. 体育场馆空间环境情况		4.56	0.78		3.70	1.07
B6. 体育场馆器材、场地、环境卫生状况		4.56	0.71		3.78	1.07
B1. 体育场馆室内照明情况		4.67	0.69		3.91	0.99

续表

体育场馆服务质量数属性指标	服务质量重要性评价 评价得分	服务质量重要性评价 均值	服务质量重要性评价 标准差	服务满意度评价 评价得分	服务满意度评价 均值	服务满意度评价 标准差
C1. 体育场馆管理制度完善程度		4.67	0.69		3.63	1.14
C5. 体育场馆管理人员接待行为礼貌情况		4.33	0.91		3.76	1.04
C3. 体育场馆管理人员服务态度	4.55	4.67	0.59	3.805	3.98	0.94
C2. 体育场馆预订的便捷性		4.50	0.62		3.76	1.12
C4. 体育场馆管理人员处理问题的及时性		4.50	0.79		3.87	0.98
C6. 体育场馆管理人员的责任心		4.61	0.61		3.83	1.02
D5. 体育场馆具备的个性化服务情况		4.11	0.90		3.65	1.10
D3. 体育场馆健身服务项目的丰富性		4.28	0.83		3.85	0.97
D2. 体育场馆停车设施合理配置情况	4.35	4.44	0.62	3.74	3.70	1.13
D4. 体育场馆教练员指导健身活动情况		4.44	0.78		3.70	1.03
D1. 体育场馆健身氛围及体育文化氛围		4.56	0.62		3.87	1.07
D6. 体育场馆配置食品、饮料、健身装备情况		4.28	0.83		3.65	1.10
E1. 体育场馆健身收费性价比	4.17	4.33	0.97	3.57	3.63	1.14
E2. 体育场馆食品、饮料、健身装备售卖价格		4.00	0.91		3.50	1.15

笔者通过对民营体育场馆服务质量的"IPA分析"评价，并结合魅力质量理论分析发现，位于A象限（继续保持区）的服务属性指标是消费者进行健身活动的期望需求，主要包括体育场馆体育设施与器材的安全情况，体育场馆器材、场地、环境卫生状况，体育场馆室内照明情况，体育场馆管理人员服务态度，体育场馆预订的便捷性，体育场馆管理人员处理问题的及时性，体育场馆管理人员的责任心以及体育场馆健

第七章 体育场馆商业化运营中回头经济的实证分析

身氛围及体育文化氛围8项指标。目前，消费者对继续保持区的服务属性指标的评价均处于优良状态，其服务的需求程度与顾客满意情况呈线性增长趋势，场馆服务水平越超过顾客现实期望，顾客满意情况就越优，所以还需继续增强其在经营与管理过程中的巩固与完善力度。

位于B象限（供给过度区）的服务属性指标是消费者进行健身活动的兴奋需求，主要包括体育场馆管理人员接待行为礼貌情况与体育场馆健身服务项目的丰富性，这两项服务指标为主要来自顾客进行健身活动的兴奋型需求，虽然顾客不会对此方面的服务过分期待，但场馆服务一旦满足了顾客的兴奋型需求，顾客满意度将呈直线上升趋势。目前，消费者对民营体育场馆在服务项目丰富性与服务人员行为礼貌方面作出高度评价，该项服务内容的评价标准是重要性低、满意度高，因此必须在重视场馆经营和管理的效率之后加强运营管理力度，实现资源合理分配，在满足消费者的不同需求之后安排相应的服务项目，合理利用现有条件，实现资源的可持续利用。

位于C象限（低优先改善区）的服务属性指标是消费者进行健身活动的次要层需求指标，主要包括体育场馆中体育设施定期保养情况，体育场馆更衣室、休息室、淋浴室配置情况，体育场馆的影像、音响设备配置及视听效果，体育场馆具备的个性化服务情况，体育场馆教练员指导健身活动情况，体育场馆配置食品、饮料、健身装备情况及体育场馆食品、饮料、健身装备售卖价格和体育场馆健身收费性价比这8项指标。从以上指标的评价情况看，目前民营体育场馆在此方面的服务情况表现不佳，但相较于前文所述的指标，该部分指标处于次要影响需求的位置，在体育场馆服务质量满意程度感知方面对消费者的选择影响不大，但其对体育场馆运营的影响程度仍不可忽视，因此在管理与经营过程中，应针对不同问题作出适当完善。例如，进一步完善场馆更衣室、休息室、淋浴室及音响设施的配置，提升健身指导服务与个性化服务，设置合理的健身收费标准等。

位于D象限（高优先改善区）的服务属性指标是消费者进行健身活动的基本需求，主要包括体育场馆中体育设施与器材种类情况，体育场馆中体育设施与器材质量情况，体育场馆停车设施合理配置情况，体育场馆中设施与器材配置合理情况，体育场馆的室内温度、湿度、舒适性，体育场馆空间环境情况，体育场馆管理制度完善程度7项指标，目前消费者对以上内容的服务评价满意度极低，这极大地影响了顾客对民营体育场馆所提供服务的满意度，在后续的管理与经营过程中必须加以重视，采取相应措施，特别是要注重对场馆体育设施、器材种类产品及服务的提高，完善提高相关质量标准，科学使用设施、合理布局车位，为消费者创造良好的健身空间与健身环境，提高顾客健身活动与进出场馆的便捷性，从而提高消费者服务感知的满意度，增强顾客忠诚度，为场馆运营中回头经济的形成奠定基础，促进民营体育场馆的可持续经营与发展，具体见图7-1。

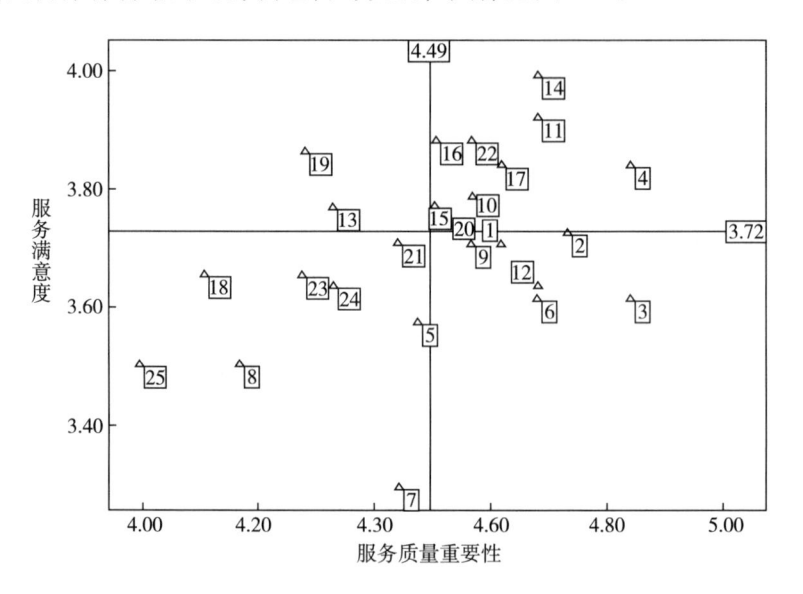

图7-1 体育场馆服务质量IPA坐标象限分析

第四节 我国民营体育场馆服务质量与管理运营策略改进

一 完善民营体育场馆器材设施，构建优良的健身环境

运用IPA分析法对民营体育场馆的服务质量进行研究，可以掌握

体育场馆硬件设施与健身环境的优化对消费者对场馆的服务感知提升的重要性。当下，全民健康意识显著提升，为满足日益激增的社会健身的基本需求，必须完善体育场馆硬件设施和健身器材、改善消费者的健身氛围，吸引和保障消费者从事基本健身活动。民营体育场馆应依据场馆内设施等相关资源储备量，满足从事健身活动的消费群体的实际需求，完善场馆体育设施建设，丰富场馆器材种类，优化场馆空间配置，为消费者创造良好的健身环境，通过提供优质的健身器材和优美的健身氛围来提高顾客服务满意度，锁定目标用户，实现消费者的持续消费，形成场馆"回头客"。

二 实施民营体育场馆品牌战略，加强管理，优化服务

从民营体育场馆服务质量满意度评价中可以发现，作为从事健身活动的消费者的期望需求的场馆管理与服务态度能够满足顾客的基础需求，且其现状优良。基于消费者需求程度与满意状况的密切关系（超出期望越多，满意度越高），基于此，民营体育场馆需要凭借现有运营基础，创建并优化场馆线上运营平台，创新运营管理制度，提高用户在预约、交费、办卡等方面的便利程度；制定严谨的人员培训制度，严格贯彻场馆运营的服务意识、责任意识、安全意识等，并提高场馆培训人员及场地运营人员的危机化解能力，以高标准落实管理政策，提供满足消费者现实需求的高质量服务，形成规模效应，逐步发展企业品牌，借助品牌效应实现场馆及场馆附属产品的连锁经营，扩大市场占有率，提高民营体育场馆在市场中的竞争实力。

三 创新民营体育场馆运营机制，整合资源，使之得到优质分配

新时代发展背景对我国体育服务业的发展做出了全新要求，民营体育场馆也必须顺势而变，释放市场经济内民营体育场馆活力，不仅需要引进现代化场馆运行体系，创新运营机制，引进系统的管理流程，实现软硬件设施建设、项目培训服务、场馆运营管理的系统化发展，还需创新管理模式，有效整合消费者健身需求与场馆服务职能，以丰富的器材设施、优质的健身服务创造场馆规模化和专业化的运营模式。同时，必须以顾客满意度的提升为前提，促进场馆设施器材等资源的整合，优化器材设施合理配置，致力于服务质量的提高、顾客的忠诚率累计,稳定健身人群的消费持续性,不仅可以拓展场馆提供的产品及服务范畴,还可以实现场馆的配套服务延伸,又可以在资源配置优化之后,达到场馆运营的最佳效益。

在全民健身时代,为贯彻全民健身计划部署,满足人民日益增长的健身需求,提高全民健身整体水平,完善民营体育场馆产品与服务的供给水平尤为重要。在场馆自主运营过程中,重视场馆服务水平、满足消费者的健身需求,不仅能够吸引消费者进行健身活动、强身健体,还能够稳定消费群体、挽留目标用户、形成场馆回头经济、实现可持续经营,实现双赢。因此,对场馆服务质量的研究具有现实必要性,通过分析消费人群的健身需求及其满意度,可以对我国全民健身计划的贯彻实施和体育产业的发展提供现实意义。

四 加快场馆智慧化转型升级,提升用户沉浸式体验

数字时代,智慧体育场馆的场景营销必须顺势而变,打破传统保守的思维界限,创新场馆业态形式和服务定位。一方面,在互联网、大数据和智能技术飞速发展的当下,场馆服务类型的传统边界被打破,服务类型之间日趋融合,由单一、纵向的场地出租业务模式向多元、横向业态融合模式发展。在数字经济时代,新技术发展迅速、消费者市场发生显著变化,传统体育场馆运营模式发展举步维艰,亟待转型,重塑场馆运营形象。与此同时,场馆运营观念也从简单的生产资料管控和梳理向科学信息和知识技能掌握方向转变,运营观念更加人性化、专业化,有针对性地响应用户不同诉求。另一方面,场景营销创新为场馆开展智能化消费业务提供了支撑,并形成不同场景维度下的弹性业态类型:①用户需求导向下的价值动向,预示着场景体验需要围绕用户需求进行设计创新;②业务创新前提下的积极变革,通过优化、创新流程适应新技术的发展,并以此来满足顾客消费需求;③市场细分趋势下的价值动向,场馆根据自身优势探究发现特定场景下的新细分市场,从而在实践中设计具体应用场景。智慧体育场馆的多维度场景创新通过从技术方面整合用户信息来解决实际问题,既可以直接呈现消费场景,也可以对其进行推断,进而为深挖"新场景"提供解决方案。

技术的进步使观众们不再满足于在场馆中静坐观看比赛,他们喜欢快捷地获得大量信息,需要更多的互动和沉浸式体验,而智慧体育场馆的场景营销不仅能让消费者享受运动项目所带来的娱乐感,而且使消费者在整个流程中都能获得愉悦体验。事实上,个人对体育的情感和价值的追求是根据每个人的偏好和需求来定义的,许多人群喜欢体育并不是喜欢体育本身,而是更加热衷于场馆创造的运动场景以及这个场景所浸润的情感品位。运动场景并非简单的物理空间,它是基于新技术从消费者视角打造的娱乐平台,是运动消费情境下的多元商业模式,也是运动社群亚文化认同与表达的媒介。智慧体育场馆能通过新技术使顾客身临其境地观看比赛直播、直接访问交通情况和停车位、订购食物和升级观赛座位等。它能够通过多渠道进行数字营销以吸引观众,对基于消费者体验需求的信息质量评价标准进行分析,提升消费者在场景消费过程中的愉悦感,提高消费者的场景营销认可度。新时代背景下,只有体育场馆的场景布局必须顺势而变,提高创新改造能力,提供符合消费者需求的产品与服务,才能提高消费者的消费欲望和消费满足感。

第八章

体育场馆商业化运营中场地资源配置均衡性

第一节 体育场馆商业运营中的回头经济与场地资源配置

2016年,《体育发展"十三五"规划》中明确将"全民健身"计划上升至国家战略层面。[①] 2021年,《体育发展"十四五"规划》将全民健身水平提高至全新高度,截至2020年年底,经常参加锻炼的人数比例达到37.2%,人均体育场地面积达到2.2平方米。[②] 党的二十大报告中也明确提出必须"健全基本公共服务体系,提高公共服务水平",因此在体育事业发展中必须重视体育资源配置的均衡性、普及型和可达性,提高体育公共服务水平。为贯彻落实全民健身计划、满足大众体育需求、推动我国公共体育服务事业均衡发展,必须实现体育场地的均衡配置水平。体育场地资源不仅包括户外天然的自然资源,还包括人工建造的社会资源,在这些场地资源内主要需要进行场

[①] 国家体育总局政法司:《体育发展"十三五"规划》,国家体育总局官网,https://www.sport.gov.cn/n10503/c722960/content.html.

[②] 国家体育总局政法司:《体育发展"十四五"规划》,国家体育总局官网,https://www.sport.gov.cn/n315/n330/c23655706/content.html.

第八章 体育场馆商业化运营中场地资源配置均衡性

地建设、场地运营、场地经营管理和场地维护等，优化体育场地资源合理配置是贯彻落实公共体育服务高质量发展、推动体育事业可持续发展的重要环节。

近年来，为响应全民健身计划实施，体育场地资源的有效供给显著增加，场地及相关场馆总数不断增多。受区域发展水平和地理位置等相关条件的制约，社会经济发展状况与文化表现水平参差不齐，加之区域政府与社会机构在体育场地建设方面的参与水准并不一致，导致不同区域的场地资源的有效供给不足、场地结构布局并不科学等现实问题的解决迫在眉睫，这也成为各级政府与学术界的热议话题。目前，我国学者从不同研究视角出发，在体育领域对我国公共体育资源的均衡配置问题作出研究。韦伟和王家宏较全面地对我国体育场地资源配置的非均衡性分布特征进行研究，梳理归纳我国体育组织机构的资源配置、体育资源财经协调路径、体育场地发展活力状况、体育场馆布局位置与体育场馆经营管理等问题；[①] 满江虹从不同角度研究我国群众体育运动的资源配置总体水平、体育公共产品及服务的总体供给效率、社会公共体育服务的非均衡发展现状等问题；[②] 许月云等人选取特定的研究领域，分析了福建、重庆与湖南等区域的体育场地布局分配状况，科学梳理相关区域内体育场地设施地理位置的非科学现状，比较省、市、县资源配置区域差异。[③] 综上所述，国内有关体育场地资源配置的研究较为成熟，研究成果较为丰富。在研究内容上，针对某区域内的体育资源配置的微观个案研究较多，宏观研究较少；在研究方法上，定性研究和定量研究均有，但定性研究较定量研究较多，在人均资源占有量的研究上对微观地区的资源配置水平进行量化研究，但忽视了不同区域内经济与地理环境对体育场馆资源配置的重要性，影响因素较少，且评价体系研究尚有很大提升空间。

[①] 韦伟、王家宏：《我国公共体育服务绩效评价体系构建及实证研究》，《体育科学》2015年第7期。

[②] 满江虹：《基于DEA的体育事业协同路径优化系统动力学仿真研究》，《西安体育学院学报》2018年第1期。

[③] 许月云等：《侨乡泉州体育场地经济成分特征研究》，《中国体育科技》2006年第2期。

第二节 研究体育场地资源配置均衡性的基尼系数法

基尼系数[①]是1912年意大利著名的经济学家科拉多·基尼（Corrado Gini）以洛伦兹曲线（Lorenz curve）的核算为前提而提出的衡量整体收入差异、不均等性（inequality）以及分配均衡程度的最为通用的国际化指标[②]（如图8-1所示）。基尼系数（G）等于绝对平等线与洛伦兹曲线围成的面积A，与洛伦兹曲线和绝对平等线下直角三角形（OHL）的面积（$A+B$）之比，即$G=A/[A+B(0<G<1)]$。洛伦兹曲线的弧度与基尼系数取值呈正比，收入分配越均衡，洛伦兹曲线的弧度越小，基尼系数的取值也越小；反之，收入分配越不均衡，基尼系数就越高。以国际正规标准所示，将0.4确定为分配差距标准的"警

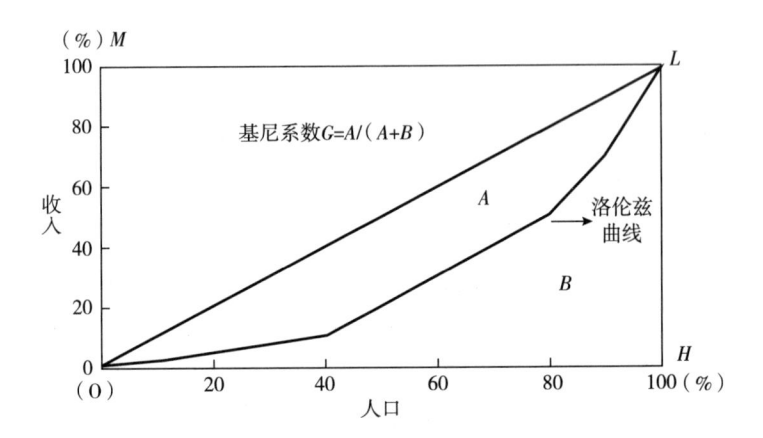

图8-1 洛伦兹曲线与基尼系数示意

---

① Wolfson M. C., "Conceptual Issues in Normative Measurement When Inequalities Diverge", The *American Economic Review*, Vol. 84, No. 2, 1994, pp. 353–358.

② Yao S. J., "On the Decomposition of Gini Coefficients by Population Class and Income Source: A Spreadsheet Approach and Application", *Applied Economics*, Vol. 31, No. 10, Oct. 1999, pp. 1249–1264.

戒线"，低于 0.2 为收入绝对均衡；0.2—0.3 为收入比较均衡；0.3—0.4 为收入相对均衡；0.4—0.5 为收入不均衡；0.5 以上为收入极不均衡。基尼系数与资源配置均衡性程度对应关系见表 8-1。

表 8-1　　　　基尼系数与资源配置均衡性程度对应关系

G 值区间	G<0.2	0.2≤G<0.3	0.3≤G<0.4	0.4≤G<0.5	G>0.5
评价结果	绝对均衡	比较均衡	相对均衡	不均衡	极不均衡

随着国内外学者对基尼系数的深入探究，基尼系数衍生的计算方法及公式颇多，具有较强的可选择性。考虑到体育场地资源基尼系数与洛伦兹曲线的适切性与拟合程度，笔者查阅钟武和王冬冬、[①] 李强谊和钟水映、[②] 叶晓甡等[③]相关文献资料，最终笔者选用与本书研究适用性最强的基尼系数计算公式，即

$$G = \sum_{i=1}^{n} W_i Y_i + 2\sum_{i=1}^{n-1} W_i(1-V_i) - 1, G \in 0, 1 \quad (8\text{-}1)$$

式（8-1）中，G 为基尼系数；W_i 为辽宁省各地级市人口数占全省总人口数的比重；Y_i 为辽宁省各地级市体育场地资源占全省体育场地资源总量的比重；V_i 为 Y_i 从 $i=1$ 到 i 的累计数，如 $V_i = Y_1 + Y_2 + Y_3 + \cdots + Y_i$；$i$ 为全省体育场地资源占有量；n 为沈阳、大连、鞍山等 14 个地级市。具体运算步骤如下。

第一步：计算各地级市人口（经济）平均占有体育场地资源量，并按人口（经济）平均占有体育场地资源量从低到高排序。

第二步：计算 W_i 和 Y_i，其中 W_i 包括 W_1，W_2，W_3，$\cdots$，W_{14}，Y_i 包括 Y_1，Y_2，Y_3，$\cdots$，Y_{14}。

[①] 钟武、王冬冬：《基于基尼系数的群众体育资源配置公平性研究》，《体育科学》2012 年第 12 期。

[②] 李强谊、钟水映：《我国体育资源配置水平的空间非均衡及其分布动态演进》，《体育科学》2016 年第 3 期。

[③] 叶晓甡等：《中超球队间球员身价差距研究》，《中国体育科技》2017 年第 3 期。

第三步：计算人口（经济）累计百分比 $\sum_{i=1}^{n} W_i$ 和体育场地资源累计百分比 $\sum_{i=1}^{n} Y_i$，绘制洛伦兹曲线图。

第四步：各地级市的 W_i 与 Y_i 相乘，求得 $\sum_{i=1}^{n} W_i Y_i$。

第五步：将各地级市的 W_i 与（$1-V_i$）相乘，求得 W_i（$1-V_i$），其中 $V_i = \sum_{i=1}^{n} Y_i$。

第六步：将各地级市的 W_i（$1-V_i$）求和，求得 $\sum_{i=1}^{n-1} W_i$（$1-V_i$）。

第七步：将上述各项结果代入式（8-1），即可求得基尼系数 G。

第三节　体育场地资源均衡配置评价指标的选取与数据准备

一　指标选取

指标选取是对资源配置均衡性进行分析的前提和基础，直接关系到均衡性分析结果的科学性和准确性。[①] 因此，借助基尼系数研究体育场地资源配置的均衡性时，首先需要确定合理的评价指标。根据体育场地建设实际、内涵以及资料的可获得性，遵循典型性、易得性、易定量性、易可比性等原则，[②] 并结合孙平军等、[③] 李秀伟和修春

[①] 张凤彪、王松：《基于 DEA 的体育场地建设效率评价研究——以辽宁省为例》，《沈阳体育学院学报》2017 年第 2 期。

[②] 翟腾腾：《基于基尼系数的江苏省建设用地总量分配研究》，《中国人口·资源与环境》2015 年第 4 期。

[③] 孙平军等：《东北地区经济空间极化及其驱动因子的定量研究》，《人文地理》2013 年第 1 期。

亮、[1] 张大超等、[2] 寇健忠[3]等学者的研究成果，笔者最终从辽宁省体育场地统计调查数据中选取辽宁省 14 个地级市的常住人口数量、GDP、财政拨款、体育彩票公益金、单位自筹、社会资金、体育场地从业人员、场地数量、用地面积、建筑面积、场地面积、不开放场地所占比例、部分开放场地所占比例、全天开放场地所占比例 14 项数据指标，作为剖析辽宁省体育场地资源配置的均衡性的基尼系数。

二 指标参数

2013 年，辽宁省 14 个地级市常住人口为 4238.0 万人。与本书研究相关的 GDP、常住人口数据均来源于《辽宁统计年鉴 2014》（以下简称《年鉴 2014》），2014 年，辽宁省体育场地数据来源于《第六次全国体育场地普查公报》（以下简称《公报》）。经统计，2014 年辽宁省各地级市常住人口数量、GDP、财政拨款、体育彩票公益金、单位自筹、社会资金、体育场地从业人员、场地数量、用地面积、建筑面积、场地面积、不开放场地所占比例、部分开放场地所占比例、全天开放场地所占比例等体育场地资源配置参数情况，如表 8-2 至表 8-4 所示。为能够准确无误地研究并解决体育场地配置资源的均衡问题，笔者一改传统的指标选取方法，不采用传统的因研究过程简化而选取 4—6 项指标构成指标体系的做法，改为选择分析体育场地资源配置均衡性的 14 项相关指标，在公平、合理、科学的配置目标下，力求提供体育场地资源均衡配置的切实路径。

---

[1] 李秀伟、修春亮：《东北三省区域经济极化的新格局》，《地理科学》2008 年第 6 期。

[2] 张大超等：《我国城乡公共体育资源配置公平性评估指标体系研究》，《体育科学》2014 年第 6 期。

[3] 寇健忠：《体育场地资源配置的均衡性研究》，《北京体育大学学报》2017 年第 4 期。

表 8-2　辽宁省各地区体育场地资源配置参数一览

地区	常住人口（万人）		GDP（亿元）			财政拨款（万元）				体育彩票公益金（万元）			
	n	W_i	n	W_i	万人均	n	Y_i	万人均	亿元均	n	Y_i	万人均	亿元均
沈阳	727.10	17.16	7158.57	24.03	962.89	700114	21.87	962.89	97.80	10694	10.01	14.71	1.49
大连	591.40	13.95	7650.79	25.68	1453.79	859770	26.85	1453.79	112.38	7658	7.17	12.95	1
鞍山	349.80	8.25	2623.25	8.81	829.50	290158	9.06	829.50	110.61	4594	4.30	13.13	1.75
抚顺	218	5.14	1340.45	4.50	257.65	56168	1.75	257.65	41.90	21162	19.81	97.07	15.79
本溪	152.30	3.59	1193.66	4.01	358.98	54672	1.71	358.98	45.80	2845	2.66	18.68	2.38
丹东	239.60	5.65	1107.30	3.72	282.22	67620	2.11	282.22	61.07	4439	4.15	18.53	4.01
锦州	305.90	7.22	1344.93	4.52	807.03	246871	7.71	807.03	183.56	2502	2.34	8.18	1.86
营口	232.50	5.49	1513.11	5.08	842.24	195820	6.12	842.24	129.42	1675	1.57	7.20	1.11
阜新	191.10	4.51	615.12	2.07	239.85	45836	1.43	239.85	74.52	3998	3.74	20.92	6.50
辽阳	180.00	4.25	1079.99	3.63	360.17	64830	2.02	360.17	60.03	4130	3.87	22.94	3.82
盘锦	129.00	3.04	1351.06	4.54	1181.69	152438	4.76	1181.69	112.83	7950	7.44	61.63	5.88
铁岭	301.90	7.12	1031.27	3.46	837.99	252990	7.90	837.99	245.32	32440	30.36	107.45	31.46
朝阳	339.50	8.01	1002.86	3.37	124.09	42128	1.32	124.09	42.01	1132	1.06	3.33	1.13
葫芦岛	279.90	6.60	775.11	2.60	616.47	172549	5.39	616.47	222.61	1622	1.52	5.79	2.09

134

续表

地区	单位自筹 n	Y_i	万人均	亿元均	社会资金 n	Y_i	万人均	亿元均	体育场地从业人员 n	Y_i	万人均	亿元均
沈阳	267211	16.19	367.50	37.33	24433	21.15	33.60	3.41	10346	20.86	14.23	1.45
大连	472003	28.60	798.11	61.69	32716	28.33	55.32	4.28	9360	18.87	15.83	1.22
鞍山	52334	3.17	149.61	19.95	11417	9.88	32.64	4.35	3818	7.70	10.91	1.46
抚顺	44501	2.70	204.13	33.20	3681	3.19	16.89	2.75	2248	4.53	10.31	1.68
本溪	46199	2.80	303.34	38.70	1187	1.03	7.79	0.99	1856	3.74	12.19	1.55
丹东	65214	3.95	272.18	58.89	10117	8.76	42.22	9.14	2417	4.87	10.09	2.18
锦州	130261	7.89	425.83	96.85	3349	2.90	10.95	2.49	2949	5.95	9.64	2.19
营口	184756	11.19	794.65	122.10	4316	3.74	18.56	2.85	1936	3.90	8.33	1.28
阜新	225657	13.67	1180.83	366.85	2361	2.04	12.35	3.84	3415	6.89	17.87	5.55
辽阳	34118	2.07	189.54	31.59	1050	0.91	5.83	0.97	1917	3.87	10.65	1.78
盘锦	49317	2.99	382.30	36.50	5268	4.56	40.84	3.90	1819	3.67	14.10	1.35
铁岭	58323	3.53	193.19	56.55	9322	8.07	30.88	9.04	2342	4.72	7.76	2.27
朝阳	11118	0.67	32.75	11.09	3323	2.88	9.79	3.31	2617	5.28	7.71	2.61
葫芦岛	9565	0.58	34.17	12.34	2961	2.56	10.58	3.82	2558	5.16	9.14	3.30

续表

地区	场地数量（个） n	Y_i	万人均	亿元均	用地面积（平方米） n	Y_i	万人均	亿元均
沈阳	10503	20.86	14.45	1.47	23067803.88	19.26	31725.77	3222.40
大连	9502	18.87	16.07	1.24	33696778.10	28.13	56977.98	4404.35
鞍山	3876	7.7	11.08	1.48	7640678.30	6.38	21842.99	2912.68
抚顺	2282	4.53	10.47	1.70	3462580.53	2.89	15883.40	2583.15
本溪	1884	3.74	12.37	1.58	4380093.71	3.66	28759.64	3669.47
丹东	2454	4.87	10.24	2.22	6115669.76	5.11	25524.50	5523.05
锦州	2994	5.95	9.79	2.23	6022237.90	5.03	19686.95	4477.73
营口	1965	3.90	8.45	1.30	7020544.13	5.86	30195.89	4639.81
阜新	3467	6.89	18.14	5.64	3807009.10	3.18	19921.55	6189.05
辽阳	1946	3.86	10.81	1.80	3098449.70	2.59	17213.61	2868.96
盘锦	1847	3.67	14.32	1.37	4016138.23	3.35	31132.85	2972.58
铁岭	2378	4.72	7.88	2.31	4670042.87	3.90	15468.84	4528.44
朝阳	2657	5.28	7.83	2.65	5361106.41	4.48	15791.18	5345.82
葫芦岛	2597	5.16	9.28	3.35	7437809.19	6.21	26573.09	9595.81

续表

地区	建筑面积（平方米）			场地面积（平方米）		
	n	Y_i	万人均	亿元均	n	Y_i	万人均	亿元均

地区	n	Y_i	万人均	亿元均	n	Y_i	万人均	亿元均
沈阳	2248402.18	29.60	3092.29	314.09	9834847.83	12.81	13526.13	1373.86
大连	2272935.37	29.92	3843.31	297.09	22858063.93	29.77	38650.77	2987.67
鞍山	423748.40	5.58	1211.40	161.54	5474868.27	7.13	15651.42	2087.06
抚顺	254177.56	3.35	1165.95	189.62	2511077.00	3.27	11518.70	1873.31
本溪	248824.90	3.28	1633.78	208.46	2089943.71	2.72	13722.55	1750.87
丹东	237246.98	3.12	990.18	214.26	4338865.74	5.65	18108.79	3918.42
锦州	327018.74	4.30	1069.04	243.15	5366775.96	6.99	17544.22	3990.38
营口	205410.13	2.70	883.48	135.75	5014294.36	6.53	21566.86	3313.90
阜新	144909.26	1.91	758.29	235.58	2639285.89	3.44	13811.02	4290.68
辽阳	188665.37	2.48	1048.14	174.69	2322095.67	3.02	12900.53	2150.11
盘锦	357567.07	4.71	2771.84	264.66	2596773.78	3.38	20130.03	1922.03
铁岭	322060.86	4.24	1066.78	312.30	3303770.07	4.30	10943.26	3203.59
朝阳	152313.73	2.00	448.64	151.88	4153501.51	5.41	12234.17	4141.66
葫芦岛	213741.04	2.81	763.63	275.76	4265710.98	5.56	15240.12	5503.36

续表

地区	不开放场地所占比例 (%)			部分开放场地所占比例 (%)			全天开放场所占比例 (%)		
	n	Y_i	万人均	亿元均	n	Y_i	万人均	亿元均	n	Y_i	万人均	亿元均
沈阳	15.67	15.67	0.02	0.00	5.30	4.86	0.01	0.00	66.59	9.34	0.09	0.01
大连	14.66	14.66	0.02	0.00	17.06	15.63	0.03	0.00	53.86	7.55	0.09	0.01
鞍山	8.19	8.19	0.02	0.00	3.9	3.57	0.01	0.00	56.30	7.89	0.16	0.02
抚顺	4.02	4.02	0.02	0.00	9.68	8.87	0.04	0.01	57.10	8.01	0.26	0.04
本溪	3.91	3.91	0.03	0.00	5.20	4.77	0.03	0.00	55.73	7.81	0.37	0.05
丹东	8.31	8.31	0.03	0.01	3.42	3.13	0.01	0.00	32.76	4.59	0.14	0.03
锦州	9.10	9.10	0.03	0.01	5.34	4.89	0.02	0.00	37.41	5.24	0.12	0.03
营口	4.78	4.78	0.02	0.00	2.75	2.52	0.01	0.00	51.45	7.21	0.22	0.03
阜新	5.15	5.15	0.03	0.01	11.48	10.52	0.06	0.02	60.54	8.49	0.32	0.10
辽阳	3.98	3.98	0.02	0.00	5.04	4.62	0.03	0.00	56.42	7.91	0.31	0.05
盘锦	4.70	4.70	0.04	0.00	6.06	5.55	0.05	0.00	45.97	6.44	0.36	0.03
铁岭	1.94	1.94	0.01	0.00	30.36	27.82	0.10	0.03	54.29	7.61	0.18	0.05
朝阳	9.51	9.51	0.03	0.01	2.30	2.11	0.01	0.00	30.26	4.24	0.09	0.03
葫芦岛	6.09	6.09	0.02	0.01	1.23	1.13	0.00	0.00	54.60	7.65	0.20	0.07

资料来源：以上数据根据《第六次全国体育场地普查公报》《辽宁统计年鉴（2014）》等相关统计资料整理而得。

第四节　体育场地资源配置基尼
系数计算结果与分析

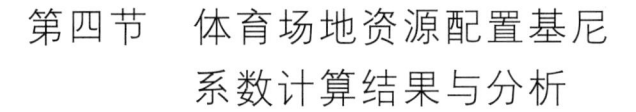

一　计算结果与分析

（一）洛伦兹曲线

遵循模型建构逻辑，根据表8-2中辽宁省各地级市体育场地资源配置参数，按由少到多或由小到大的顺序依次排序并计算体育场地资源配置参数累计百分比，建立常住人口数量与体育场地投入（财政拨款、体育彩票公益金、单位自筹、社会资金、体育场地从业人员）、体育场地产出（场地数量、用地面积、建筑面积、场地面积）、体育场地对外开放（不开放场地所占比例、部分开放场地所占比例、全天开放场地所占比例）等的关系，并计算出辽宁省各地级市体育场地资源配置参数均量排序及其累计百分比，计算结果，如表8-3至表8-4所示。

依据表8-3至表8-4的计算结果，以辽宁省各地级市人口累计百分比（人口）为横轴，各体育场地（投入、产出、对外开放）资源配置累计百分比为纵轴，最后绘制出体育场地（投入、产出、对外开放）资源配置—人口洛伦兹曲线（见图8-2至图8-7）。

由图8-2至图8-7的数据可知：辽宁省体育场地投入资源配置—人口洛伦兹曲线的弧度由小到大依次是体育场地从业人员、财政拨款、社会资金、单位自筹、体育彩票公益金；辽宁省体育场地产出资源配置—人口洛伦兹曲线的弧度由小到大依次是场地数量、场地面积、用地面积、建筑面积；辽宁省体育场地对外开放资源配置—人口洛伦兹曲线的弧度由小到大依次是不开放场地所占比例、全天开放场地所占比例、部分开放场地所占比例；辽宁省体育场地投入资源配置—经济洛伦兹曲线的弧度由小到大依次是体育场地从业人员、财政拨款、社会资金、单位自筹、体育彩票公益金；辽宁省体育场地产出资源配置—经济洛伦兹曲线的弧度由小到大依次是场地数量、场地面

表8-3 基于人口的辽宁省各地区体育场地资源配置参数均量排序及其累计百分比

单位:%

均量排序	财政拨款 地区名称	$\sum_{i=1}^{n}W_i$	$\sum_{i=1}^{n}Y_i$	体育彩票公益金 地区名称	$\sum_{i=1}^{n}W_i$	$\sum_{i=1}^{n}Y_i$	单位自筹 地区名称	$\sum_{i=1}^{n}W_i$	$\sum_{i=1}^{n}Y_i$	社会资金 地区名称	$\sum_{i=1}^{n}W_i$	$\sum_{i=1}^{n}Y_i$	从业人员 地区名称	$\sum_{i=1}^{n}W_i$	$\sum_{i=1}^{n}Y_i$
1	朝阳	8.01	1.32	朝阳	8.01	1.06	葫芦岛	6.60	0.58	辽阳	4.25	0.91	盘锦	3.04	3.67
2	阜新	12.52	2.75	葫芦岛	14.62	2.58	朝阳	14.62	1.25	本溪	7.84	1.94	本溪	6.64	7.41
3	本溪	16.11	4.45	营口	20.10	4.15	辽阳	18.86	3.32	阜新	12.35	3.98	辽阳	10.88	11.27
4	抚顺	21.26	6.21	锦州	27.32	6.49	抚顺	24.01	6.02	葫芦岛	18.95	6.54	营口	16.37	15.18
5	辽阳	25.50	8.23	本溪	30.91	9.15	本溪	27.60	8.82	朝阳	26.96	9.42	抚顺	21.51	19.71
6	丹东	31.16	10.35	阜新	35.42	12.89	盘锦	30.64	11.80	锦州	34.18	12.32	铁岭	28.64	24.43
7	盘锦	34.20	15.11	辽阳	39.67	16.76	鞍山	38.90	14.97	抚顺	39.33	15.51	丹东	34.29	29.31
8	葫芦岛	40.81	20.49	丹东	45.32	20.91	铁岭	46.02	18.51	营口	44.81	19.24	葫芦岛	40.90	34.46
9	营口	46.29	26.61	鞍山	53.58	25.21	丹东	51.68	22.46	盘锦	47.86	23.81	朝阳	48.91	39.74
10	锦州	53.51	34.32	大连	67.53	32.38	锦州	58.89	30.35	铁岭	54.98	31.88	锦州	56.13	45.69
11	铁岭	60.63	42.22	盘锦	70.58	39.82	营口	64.38	41.54	丹东	60.63	40.64	阜新	60.63	52.57
12	鞍山	68.89	51.28	沈阳	87.73	49.83	阜新	68.89	55.21	鞍山	68.89	50.52	鞍山	68.89	60.27
13	沈阳	86.05	73.15	抚顺	92.88	69.64	沈阳	86.05	71.40	沈阳	86.05	71.67	大连	82.84	79.14
14	大连	100	100	铁岭	100	100	大连	100	100	大连	100	100	沈阳	100	100

第八章 体育场馆商业化运营中场地资源配置均衡性

续表

均量排序	不开放场地所占比例 地区名称	$\sum_{i=1}^{n} W_i$	$\sum_{i=1}^{n} Y_i$	部分开放场地所占比例 地区名称	$\sum_{i=1}^{n} W_i$	$\sum_{i=1}^{n} Y_i$	全天开放场地所占比例 地区名称	$\sum_{i=1}^{n} W_i$	$\sum_{i=1}^{n} Y_i$
1	铁岭	7.12	1.94	葫芦岛	6.60	1.13	朝阳	8.01	4.24
2	本溪	10.72	5.85	朝阳	14.62	3.23	丹东	13.66	8.84
3	辽阳	14.96	9.83	营口	20.10	5.76	锦州	20.88	14.08
4	抚顺	20.11	13.85	丹东	25.76	8.89	盘锦	23.93	20.52
5	盘锦	23.15	18.55	鞍山	34.01	12.46	营口	29.41	27.74
6	营口	28.64	23.33	辽阳	38.26	17.08	大连	43.37	35.29
7	阜新	33.15	28.48	本溪	41.85	21.85	铁岭	50.49	42.90
8	葫芦岛	39.75	34.57	沈阳	59.01	26.70	葫芦岛	57.10	50.56
9	鞍山	48.01	42.76	锦州	66.22	31.60	本溪	60.69	58.37
10	丹东	53.66	51.06	盘锦	69.27	37.15	鞍山	68.94	66.26
11	锦州	60.88	60.16	抚顺	74.41	46.02	辽阳	73.19	74.17
12	朝阳	68.89	69.67	阜新	78.92	56.54	抚顺	78.33	82.18
13	大连	82.84	84.33	大连	92.88	72.18	阜新	82.84	90.66
14	沈阳	100	100	铁岭	100	100	沈阳	100	100

注：排序时，遇百分位相同，比较千分位。

表8-4　基于GDP的辽宁省各地区体育场地资源配置参数均量排序及其累计百分比　　　　单位：%

地区	常住人口（万人） n	W_i	GDP（亿元） n	W_i	均量排序	财政拨款 地区名称	$\sum_{i=1}^{n} W_i$	$\sum_{i=1}^{n} Y_i$	体育彩票公益金 地区名称	$\sum_{i=1}^{n} W_i$	$\sum_{i=1}^{n} Y_i$
沈阳	727.1	17.16	7158.57	24.03	1	朝阳	3.37	1.32	朝阳	3.37	1.06
大连	591.4	13.95	7650.79	25.68	2	阜新	5.43	2.75	葫芦岛	5.97	2.58
鞍山	349.8	8.25	2623.25	8.81	3	本溪	9.44	4.45	营口	11.05	4.15
抚顺	218	5.14	1340.45	4.5	4	抚顺	13.94	6.21	锦州	15.56	6.49
本溪	152.3	3.59	1193.66	4.01	5	辽阳	17.56	8.23	本溪	19.57	9.15
丹东	239.6	5.65	1107.30	3.72	6	丹东	21.28	10.35	阜新	21.64	12.89
锦州	305.9	7.22	1344.93	4.52	7	盘锦	25.82	15.11	辽阳	25.26	16.76
营口	232.5	5.49	1513.11	5.08	8	葫芦岛	28.42	20.49	丹东	28.98	20.91
阜新	191.1	4.51	615.12	2.07	9	营口	33.50	26.61	鞍山	37.79	25.21
辽阳	180	4.25	1079.99	3.63	10	锦州	38.01	34.32	大连	63.47	32.38
盘锦	129	3.04	1351.06	4.54	11	铁岭	41.48	42.22	盘锦	68.01	39.82
铁岭	301.9	7.12	1031.27	3.46	12	鞍山	50.28	51.28	沈阳	92.04	49.83
朝阳	339.5	8.01	1002.86	3.37	13	沈阳	74.32	73.15	抚顺	96.54	69.64
葫芦岛	279.9	6.6	775.11	2.6	14	大连	100	100	铁岭	100	100

续表

均量排序	单位自筹 地区名称	$\sum_{i=1}^{n} W_i$	$\sum_{i=1}^{n} Y_i$	社会资金 地区名称	$\sum_{i=1}^{n} W_i$	$\sum_{i=1}^{n} Y_i$	体育场地从业人员 地区名称	$\sum_{i=1}^{n} W_i$	$\sum_{i=1}^{n} Y_i$
1	葫芦岛	2.60	0.58	辽阳	3.63	0.91	盘锦	4.54	3.67
2	朝阳	5.97	1.25	本溪	7.63	1.94	本溪	8.54	7.41
3	辽阳	9.59	3.32	阜新	9.70	3.98	辽阳	12.17	11.27
4	抚顺	14.09	6.02	葫芦岛	12.30	6.54	营口	17.25	15.18
5	本溪	18.10	8.82	朝阳	15.67	9.42	抚顺	21.75	19.71
6	盘锦	22.64	11.80	锦州	20.18	12.32	铁岭	25.21	24.43
7	鞍山	31.44	14.97	抚顺	24.68	15.51	丹东	28.93	29.31
8	铁岭	34.91	18.51	营口	29.76	19.24	葫芦岛	31.53	34.46
9	丹东	38.62	22.46	盘锦	34.30	23.81	朝阳	34.90	39.74
10	锦州	43.14	30.35	铁岭	37.76	31.88	锦州	39.41	45.69
11	营口	48.22	41.54	丹东	41.48	40.64	阜新	41.48	52.57
12	阜新	50.28	55.21	鞍山	50.28	50.52	鞍山	50.28	60.27
13	沈阳	74.32	71.40	沈阳	74.32	71.67	大连	75.97	79.14
14	大连	100	100	大连	100	100	沈阳	100	100

续表

均量排序	场地数量 地区名称	场地数量 $\sum_{i=1}^{n} W_i$	场地数量 $\sum_{i=1}^{n} Y_i$	用地面积 地区名称	用地面积 $\sum_{i=1}^{n} W_i$	用地面积 $\sum_{i=1}^{n} Y_i$	建筑面积 地区名称	建筑面积 $\sum_{i=1}^{n} W_i$	建筑面积 $\sum_{i=1}^{n} Y_i$	场地面积 地区名称	场地面积 $\sum_{i=1}^{n} W_i$	场地面积 $\sum_{i=1}^{n} Y_i$
1	盘锦	4.54	3.67	辽阳	3.63	2.59	阜新	2.07	1.91	本溪	4.01	2.72
2	本溪	8.54	7.41	抚顺	8.13	5.48	朝阳	5.43	3.91	辽阳	7.63	5.75
3	辽阳	12.17	11.27	阜新	10.19	8.65	辽阳	9.057	6.40	抚顺	12.13	9.02
4	营口	17.25	15.18	盘锦	14.73	12.01	营口	14.14	9.10	盘锦	16.67	12.40
5	抚顺	21.75	19.71	本溪	18.73	15.66	葫芦岛	16.74	11.91	阜新	18.73	15.84
6	铁岭	25.21	24.43	铁岭	22.20	19.56	丹东	20.46	15.04	铁岭	22.20	20.14
7	丹东	28.93	29.31	朝阳	25.56	24.04	本溪	24.46	18.31	朝阳	25.56	25.55
8	葫芦岛	31.53	34.46	锦州	30.08	29.06	抚顺	28.96	21.66	葫芦岛	28.16	31.11
9	朝阳	34.30	39.74	丹东	33.79	34.17	铁岭	32.43	25.90	丹东	31.88	36.76
10	锦州	39.41	45.69	营口	38.87	40.03	锦州	36.94	30.20	营口	36.96	43.29
11	阜新	41.48	52.57	葫芦岛	41.48	46.24	盘锦	41.48	34.91	锦州	41.48	50.28
12	鞍山	50.28	60.27	鞍山	50.28	52.62	鞍山	50.28	40.49	鞍山	50.28	57.41
13	大连	75.97	79.14	沈阳	74.32	71.87	沈阳	74.32	70.08	沈阳	74.32	70.23
14	沈阳	100	100	大连	100	100	大连	100	100	大连	100	100

第八章 体育场馆商业化运营中场地资源配置均衡性

续表

均量排序	不开放场地所占比例 地区名称	$\sum_{i=1}^{n}W_i$	$\sum_{i=1}^{n}Y_i$	部分开放场地所占比例 地区名称	$\sum_{i=1}^{n}W_i$	$\sum_{i=1}^{n}Y_i$	全天开放场地所占比例 地区名称	$\sum_{i=1}^{n}W_i$	$\sum_{i=1}^{n}Y_i$
1	铁岭	3.46	1.94	葫芦岛	2.60	1.13	朝阳	3.37	4.24
2	本溪	7.47	5.85	朝阳	5.97	3.23	丹东	7.08	8.84
3	辽阳	11.10	9.83	营口	11.05	5.76	锦州	11.60	14.08
4	抚顺	15.60	13.85	丹东	14.77	8.89	盘锦	16.13	20.52
5	盘锦	20.13	18.55	鞍山	23.57	12.46	营口	21.21	27.74
6	营口	25.21	23.33	辽阳	27.20	17.08	大连	46.90	35.29
7	阜新	27.28	28.48	本溪	31.21	21.85	铁岭	50.36	42.90
8	葫芦岛	29.88	34.57	沈阳	55.24	26.70	葫芦岛	52.96	50.56
9	鞍山	38.68	42.76	锦州	59.75	31.60	本溪	56.97	58.37
10	丹东	42.40	51.06	盘锦	64.29	37.15	鞍山	65.78	66.26
11	锦州	46.92	60.16	抚顺	68.79	46.02	辽阳	69.40	74.17
12	朝阳	50.28	69.67	阜新	70.85	56.54	抚顺	73.90	82.18
13	大连	75.97	84.33	大连	96.54	72.18	阜新	75.97	90.66
14	沈阳	100	100	铁岭	100	100	沈阳	100	100

注：排序时，遇百分位相同，比较千分位。

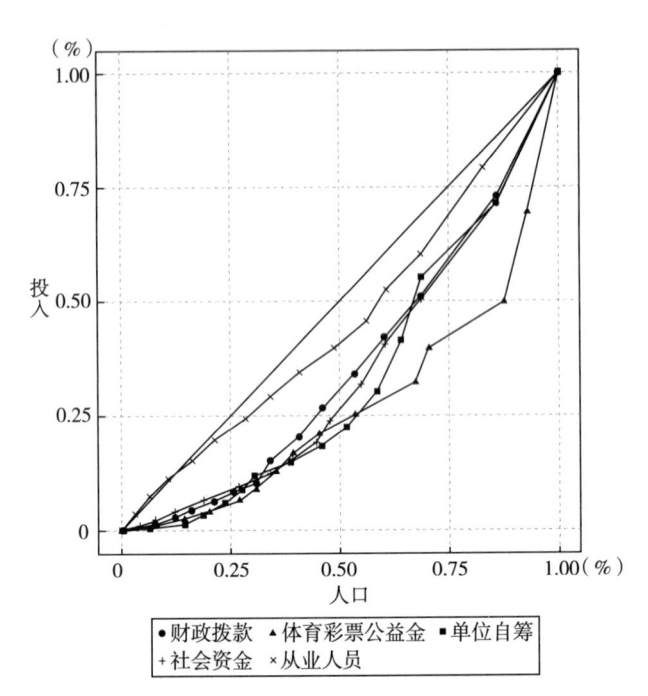

图 8-2　体育场地投入资源配置—人口洛伦兹曲线

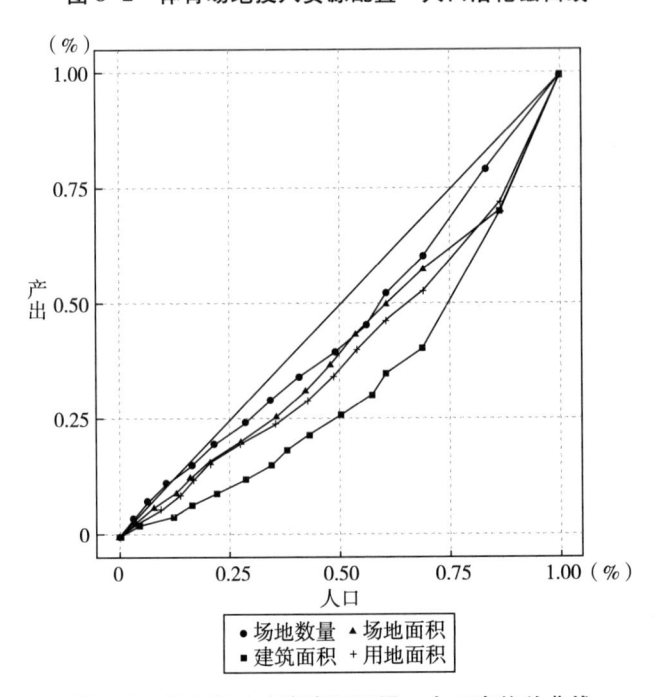

图 8-3　体育场地产出资源配置—人口洛伦兹曲线

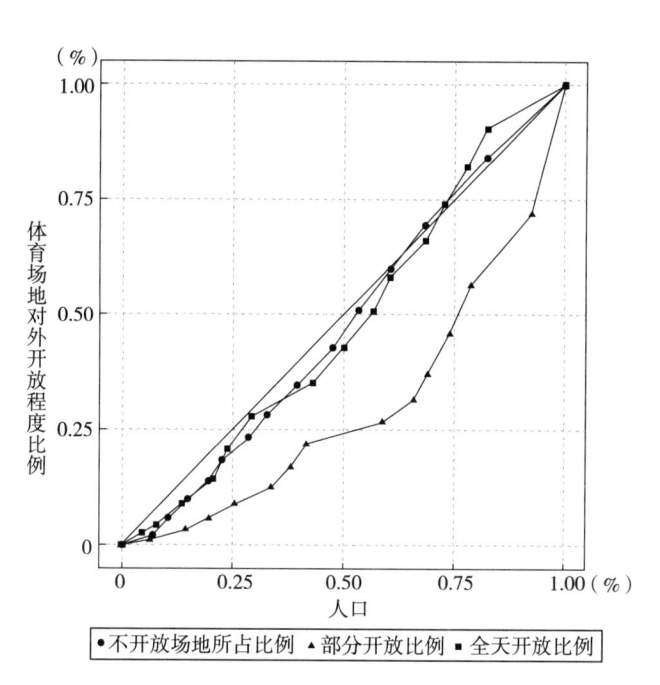

图 8-4 体育场地对外开放资源配置—人口洛伦兹曲线

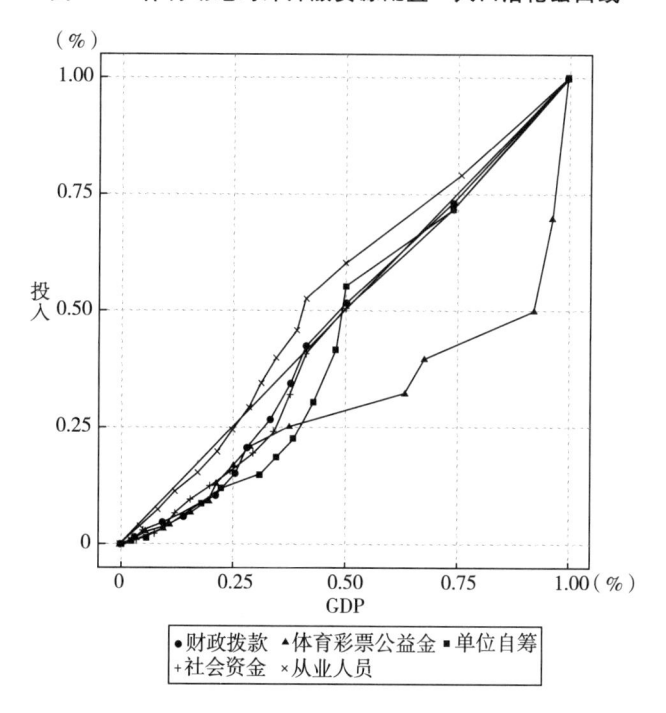

图 8-5 体育场地投入资源配置—经济洛伦兹曲线

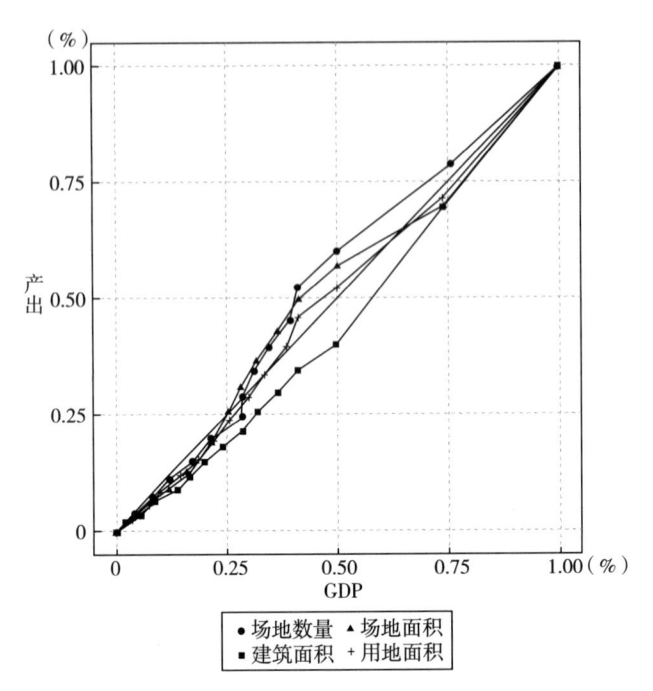

图 8-6　体育场地产出资源配置—经济洛伦兹曲线

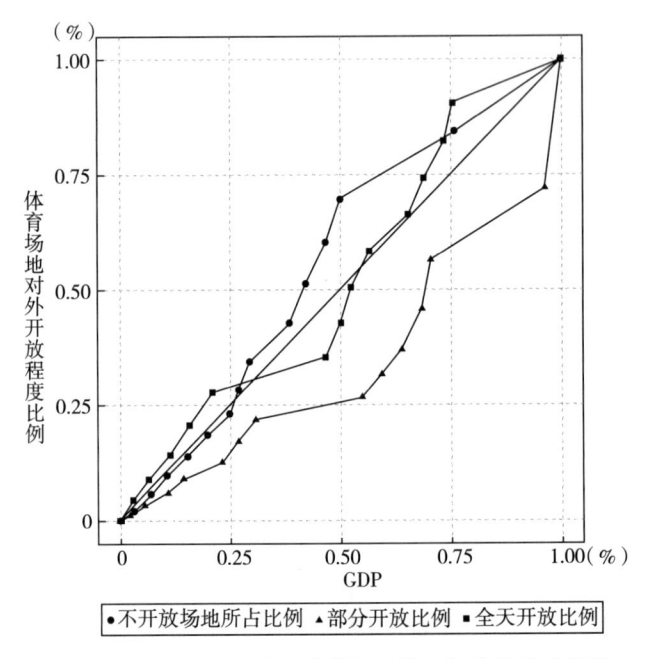

图 8-7　体育场地对外开放资源配置—经济洛伦兹曲线

积、用地面积、建筑面积；辽宁省体育场地对外开放资源配置—经济洛伦兹曲线的弧度由小到大依次是不开放场地所占比例、全天开放场地所占比例、部分开放场地所占比例。

（二）基尼系数

根据上述数据，先计算出各地级市体育场地资源配置的 $\sum_{i=1}^{n} W_i Y_i$ 和 $\sum_{i=1}^{n-1} W_i (1-V_i)$，然后分别代入式（8-1），即可得到体育场地资源配置的基尼系数，详见表8-5。

二 分析与讨论

由图8-2至图8-7与表8-5可知，2013年辽宁省体育场地资源配置各指标的基尼系数及其洛伦兹曲线的相应弧度保持一致。从人口分布的体育场地资源配置基尼系数来看，体育彩票公益金、部分开放场地所占比例的基尼系数 $G \in 0.4，0.5$，处于不均衡的状态；单位自筹、社会资金、建筑面积的基尼系数 $G \in 0.3，0.4$，处于相对合理的状态；财政拨款、用地面积的基尼系数 $G \in 0.2，0.3$，处于比较均衡的状态；体育场地从业人员、场地数量、场地面积、不开放场地所占比例、全天开放场地所占比例的基尼系数 $G<0.2$，处于绝对均衡的状态。从经济分布的体育场地资源配置基尼系数来看，体育彩票公益金的基尼系数 $G \approx 0.4057 \in 0.4，0.5$，处于不均衡的状态；部分开放场地所占比例的基尼系数 $G \approx 0.3201 \in 0.3，0.4$，处于相对合理的状态；财政拨款、社会资金、单位自筹、体育场地从业人员、场地数量、场地面积、建筑面积、用地面积、不开放场地所占比例、全天开放场地所占比例的基尼系数 $G<0.2$，处于绝对均衡的状态。其中，基于常住人口数量、GDP的辽宁省体育场地体育彩票公益金的基尼系数 $G>0.4$，资源配置处于不均衡状态；体育场地从业人员、场地数量、场地面积、不开放场地所占比例、全天开放场地所占比例的基尼系数 $G<0.2$，资源配置处于绝对均衡的状态。不难看出，人口分布、经济分布均或多或少地影响着辽宁省体育场地资源配置的均衡性，匹配度差异较大。也就是说，体育场地的建设和发展与各地级市的常住人口数量和GDP密切相关。传统情况下，体育场地资源配置的考虑范围并

表 8-5　辽宁省体育场地资源配置均衡性评价结果

指标	人口基尼系数				经济基尼系数			
	$\sum_{i=1}^{n} W_i Y_i$	$\sum_{i=1}^{n-1} W_i (1-V_i)$	G	评价结果	$\sum_{i=1}^{n} W_i Y_i$	$\sum_{i=1}^{n-1} W_i (1-V_i)$	G	评价结果
财政拨款	0.107289243	0.588609403	0.284508049	比较均衡	0.146109551	0.453963162	0.054035875	绝对均衡
体育彩票公益金	0.075843713	0.691784776	0.459413265	不均衡	0.076442321	0.664617719	0.405677759	不均衡
单位自筹	0.098152219	0.617460795	0.33307381	相对合理	0.134472748	0.484035332	0.102798144	绝对均衡
社会资金	0.107526219	0.600680033	0.308886285	相对合理	0.147854661	0.460353284	0.068561228	绝对均衡
体育场地从业人员	0.098201076	0.495966841	0.090134758	绝对均衡	0.124638793	0.404850976	0.065659255	绝对均衡
场地数量	0.098200178	0.495964116	0.090128409	绝对均衡	0.124636176	0.404848192	0.065667439	绝对均衡
场地面积	0.098834678	0.5374414573	0.173663824	绝对均衡	0.132779001	0.425667245	0.015886509	绝对均衡
建筑面积	0.116217004	0.610136211	0.336489427	相对合理	0.166482307	0.46622055	0.098923407	绝对均衡
用地面积	0.104097919	0.550629021	0.205355961	比较均衡	0.141635417	0.434127245	0.009889908	绝对均衡
不开放场地所占比例	0.089920689	0.478453955	0.046828599	绝对均衡	0.105612137	0.387870175	0.118647513	绝对均衡
部分开放场地所占比例	0.076711392	0.662026894	0.40076518	不均衡	0.08253349	0.618778625	0.32009074	相对合理
全天开放场地所占比例	0.073359045	0.484893377	0.043145799	绝对均衡	0.076853261	0.442225313	0.038696112	绝对均衡

第八章　体育场馆商业化运营中场地资源配置均衡性

不全面，重点关注的是各地级市的人口因素而轻视了社会经济等因素，考虑范围并未全面系统地评价辽宁省体育场地资源配置的均衡性，评价结果不尽客观和公平，缺乏权威效度与威信度。

从体育场地经费投入指标来看，其主要以政府财政拨款为主，单位自筹、体育彩票公益金以及社会资金（社会捐助、其他资金）辅之。根据《公报》《年鉴2014》中的数据，截至2013年12月，辽宁省14个地级市的体育场地投资金额共计5074883万元，其中，财政拨款3201964万元（63.09%）、单位自筹1650577万元（32.52%）、社会资金115501万元（2.28%）、体育彩票公益金106841万元（2.11%）。由《年鉴2014》可知，经济较为发达的沈阳、大连、鞍山等地级市的体育场地投资金额高达2733102万元，占全省的53.86%（财政拨款36.46%、单位自筹15.60%、社会资金1.35%、体育彩票公益金0.45%），人均财政投资金额1638.26元，在全省保持领先水平，侧面说明辽宁省14个地级市的体育场地投资在全省范围内的占比不高，整体格局变化不明显，体育场地配置的资源分配不均问题并未得到根本解决。同时，辽宁省的体育场地经费来源也不均衡，即财政拨款>社会资金>单位自筹>体育彩票公益金。其中，财政拨款和单位自筹已去全省经费来源的95.61%，社会捐助和体育彩票公益金仅分别占2.28%和2.11%，其中，社会捐助主要集中在沈阳市、大连市，体育彩票公益金主要集中在铁岭市、抚顺市。另外，从体育场地从业人员投入指标来看，伴随着近些年辽宁省14个地级市体育场地场馆的不断增多，相关从业人员总数已达到49598人，但体育场地从业人员的配置依旧不均衡。其中，沈阳市和大连市体育场地从业人员19706人，占全省体育场地从业人员的39.73%，说明场地相关从业人员的经营水平、管理水平和服务水平的状况呈"优质优量"，但场馆平均从业人员不到1人（0.985人），说明体育场地从业人员还很缺乏。值得强调的是，辽宁省14个地级市的体育场地从业人员数量约等于体育场地数量但尚未赶超，也就是说辽宁省14个地级市的场均从业人员不足1人，但体育场地从业人员与体育场地数量的配比相对均衡。

从体育场地产出指标来看，其主要包括场地数量、用地面积、建筑面积以及场地面积4个指标。截至2013年12月，辽宁省14个地级市的体育场地数量高达50352个，平均每万人拥有体育场地11.88个，资源配置处于最高水平；场地面积76769874.70平方米，人均场地面积1.81平方米，资源配置处于绝对均衡水平；建筑面积7597021.59平方米，人均建筑面积0.18平方米，说明资源配置相对合理；用地面积119796941.80平方米，人均用地面积2.83平方米，[①]说明资源配置比较均衡。可见，体育场地产出指标（场地数量、场地面积）的资源配置均达到绝对均衡的状态，究其根源有二。其一，正值筹办中华人民共和国第十二届运动会之际，辽宁省政府明确提出要抓住举办大型赛事的机遇，要求全省14个地级市均承办比赛任务，使全运会场馆实现全省布局。因此，辽宁省14个地级市的体育场地数量、用地面积、建筑面积以及场地面积等均得到大幅度提高。其二，得益于农民体育健身工程的强力推进。2006年，国家体育总局印发《关于实施农民体育健身工程的意见》，辽宁省随之全面展开农民工群体的体育健身工程部署工作，开展一系列的组织、控制、协调、创新等具体工作。统筹各方努力后，辽宁省的人均场地面积高达1.81平方米，已经略微超过《全民健身计划（2016—2020）》（以下简称《计划》）中规定的人均体育场地面积（1.8平方米），这足以说明辽宁省整体体育场地面积及人均体育场地面积的配置已经实现均等化。但值得注意的是，抚顺（1.59平方米）、辽阳（1.72平方米）、铁岭（1.55平方米）、朝阳（1.58平方米）等市的人均体育场地面积尚未达到《计划》中的标准值（1.8平方米）。可见，体育场地面积配置的"相对合理""比较均衡""绝对均衡"不过是低数量级的"相对合理""比较均衡""绝对均衡"。

从体育场地对外开放指标来看，其主要包括不开放场地所占比例、部分开放场地所占比例以及全天开放场地所占比例3个指标。体

[①] 经济司：《第六次全国体育场地普查数据公报》，国家体育总局，https://www.sport.gov.cn/n4/n210/n218/c328625/content.html。

第八章 体育场馆商业化运营中场地资源配置均衡性

育场地对外开放是体育场地资源充分利用的有效途径，是保障广大民众参与体育锻炼的基本条件，是促进全民健身国家战略实现的根本保障。可见，体育场地对外开放相关问题是广大民众、各级政府普遍关注的重要问题。因此，辽宁省14个地级市各级政府认真落实、贯彻体育场地对外开放的政策、意见，27141个体育场地全天开放、4369个体育场地部分时段开放、18842个体育场地不开放，体育场地对外开放率为62.58%，该数据较第五次辽宁省体育场地普查结果有了显著提高。值得注意的是，辽宁省的14个地级市中，体育场地对外开放比例最高的不是省会沈阳市（71.89%），也不是经济较发达的大连市（70.92%），而是久居内陆且位于辽宁省最北端与吉林省交界的铁岭市（84.65%），阜新市（72.02%）则次之。但单从体育场地全天开放比例来看，前三名依次是沈阳市（66.59%）、阜新市（60.54%）、抚顺市（57.1%），部分开放场地所占比例的前三名则依次是铁岭市（30.36%）、大连市（17.06%）、阜新市（11.48%）。[①]不难看出，经济状况虽然影响着体育场地对外开放的比例，但并不是决定性因素，不开放、全天开放的场地分别占开放体育场地的比例是符合相关规定的且数量相对均衡，在开放的体育场地中，只有部分体育场地对外开放配置处于不均衡（人口分布）、相对合理（经济分布）的状态。值得注意的是，体育场地对外开放比例虽逐步在提高，人口分布、经济分布的体育场地对外开放配置的均衡性也相对合理，但是借助体育场地参与健身的群众因得不到专业、持久、科学的健身指导，引发了一系列连锁反应：健身意识不强、健身积极性不高、健身方法不对，体育场地内从事健身活动的群体总数增加缓慢，体育场地的利用率不高，进入场地的门槛相对较高、规模效益实现缓慢，因此体育场地的资源配置均衡仍具有大幅提升空间。

---

① 王松：《辽宁省体育场地资源配置的均衡性研究》，硕士学位论文，大连理工大学，2019年。

第九章

实现体育场馆商业化运营回头经济的具体措施

第一节 找准目标市场,提高市场占有率和顾客回头率

体育场馆在商业化过程中,打造回头经济的前提条件就是要具备一定数量的顾客群体和维持顾客对场馆的回头消费。通过分析产品的经营规律可知,吸引规模顾客与打造产品品牌的首要路径就是要准确把握产品的目标市场、找准产品的目标人群。目标市场是指运营者根据场馆所在市场的地理位置、社会经济水平、人口特征等因素把整个大市场环境分为若干个子市场,并根据自身的实际情况,结合场馆特点,发现能够或有可能将其发展为消费群体的子市场。准确把握目标市场、选择目标人群有利于在节约经营成本的基础上快速有效地扩大消费群体、拓展市场占有范围、[1] 提高顾客回头率。体育场馆也是如此。

一方面,要科学合理地细分市场。首先,根据场馆的地理位置细分。体育场馆所处的地理位置是决定场馆消费群体数量和回头顾客能

---

[1] 马乃欣:《我国体育用品营销策略研究》,《体育文化导刊》2010年第3期。

否成功被挖掘的重要因素。城市核心商业区交通便捷、人口昼夜变化大，该地区的体育场馆容易促成一次性消费的完成。居民区具有常住人口多、人口稳定性大的特征，该地区体育场馆的消费人群较为稳定，容易形成场馆回头经济。郊区具有环境幽雅、噪声小、空气清新等优势，此类区域适宜经营消费群体较为稳定的中高档类体育场馆，也容易形成场馆回头经济。其次，根据社会经济水平细分。社会经济水平是决定体育场馆消费的重要因素。场馆所处区域的经济状况决定了居民的经济收入水平，经济水平越高的地区越容易促使居民到体育场馆消费及形成场馆回头经济，相反就越难。最后，根据体育人口特征细分。体育人口数量是决定经营效益的根本因素。场馆所处区域体育人口的数量以及人口年龄、性别、职业等都是影响体育场馆回头经济的重要因素，回头经济的打造应该综合考虑体育人口的实际分布状况。

另一方面，根据不同目标市场的特征准确把握目标人群。科学分析不同目标市场的特征与牢牢抓住目标市场的目标人群是打造场馆回头经济的关键。对以地理位置为标准划分的市场来说，应该紧紧抓住人口稳定性和交通便利性等方面的特征，经营符合区域人口需求的体育场馆。在以经济水平为划分标准的市场中，应该根据居民的实际收入制定出适宜大多数人群场馆消费的价格。在以人口细分为标准的市场中，应该综合考虑体育人口的年龄、性别、职业等特征，推出适宜不同人群的体育场馆类型。只有科学地细分目标市场，针对不同目标市场的特征并准确把握目标人群才能够有效地扩大体育场馆的市场占有率，提升顾客的回头率。

第二节 积累回头资源，维持顾客消费频次

体育场馆回头资源是指场馆组织为吸引顾客光顾体育场馆，促成顾客二次消费或多次消费所利用的资源，这些资源凝聚着场馆的注意力与影响力。体育场馆回头经济的挖掘必须要注重积累自身回头资

源。体育场馆回头资源分为顾客消费之前就具有的资源和顾客消费之后具有的资源两个阶段。在此，依据产品生命周期特点，可将体育场馆回头资源的积累分为步入期、成长期和成熟期三个阶段。体育场馆回头资源的积累应该依据不同时期的发展特点，制定出相应的发掘策略。

步入期是指产品刚刚进入市场而缺乏一定市场基础的产品经营期。[①] 处于步入期的体育场馆，由于产品市场占有率低，多数消费群体缺乏对其深入了解，因而这一时期体育场馆回头资源的积累须采用集中性市场营销的方式。在场馆所处的小范围区域内加大对体育场馆的宣传力度，提高体育场馆的区域知名度，吸引消费群体的注意力，进而在形成注意力资源的基础上积累回头资源。例如，处于步入期的健身俱乐部，应该在所属区域的小市场范围内通过媒介、广告、传单等形式加大对俱乐部的信息宣传力度，吸引顾客的注意，逐步积累回头资源。

成长期是指产品进入市场后，初步占有了一定的市场，并形成了相对规模消费人群的产品经营期。产品步入成长期后，具有销售量快速增长、市场影响力不断扩大、顾客数量不断增多等特点。当前，我国体育场馆的商业化运营多数处于成长期，场馆管理者或运营者不但需要注重场馆影响力的提升，积累场馆影响力资源，还应该清晰地认识到这一时期形成场馆回头资源的重要性。例如，处于成长期的健身俱乐部，应该着力保证场馆服务质量，提升场馆影响力，逐渐树立自身品牌形象。处于成长期的体育场馆在积累回头资源过程中还应该坚持维护产品的独特性，使之与市场中竞争者的产品区别开来，并使之具有时代性、时尚性等特点。

成熟期是指产品占领市场之后，消费群体与销售量几乎达到饱和状态的时期。该时期，产品具有销售量高且稳定、消费市场和消费群体庞大等特点。体育场馆作为一种新型产品进入市场会经历一段较长的成熟期，这也是其他产品所不具备的优势。场馆运营者应该抓住场

[①] 李少龙：《高科技体育产品的风险问题》，《体育学刊》2003年第4期。

馆成熟期长这一特点，在形成场馆注意力资源、影响力资源的基础上积极扩大市场经营规模，使场馆的影响力辐射范围更加广泛。另外，场馆的经营制度、营销策略等也属于场馆回头资源的重要构成部分，因而这一时期的体育场馆经营还须在实施规范、人性化管理策略的基础上，采取一些如打折促销的优惠措施，吸引顾客到体育场馆消费。

第三节　注重服务环境，提高场馆服务质量

马克思在商品经济理论中提出商品是用来交换的劳动产品，商品生产时用的材料和工艺决定它的质量，商品质量决定它的使用价值和价值，商品质量也能体现其使用价值和价值。体育场馆作为产品其使用价值和价值同样体现了商品的质量，[①] 是生成场馆回头客和打造回头经济的关键因素。体育场馆作为产品，其质量直接通过使用价值和价值体现出来，而衡量场馆使用价值和价值的基本标准就是场馆的服务环境。因此，体育场馆回头经济的打造必须以提高场馆服务质量为根本，注重场馆服务环境的建设。通过上文可知，体育场馆的服务环境分为外在环境和内在环境两个部分，因此体育场馆服务环境的建设与质量提升也必须从这两个方面着手。

外在环境方面：其一，对于已规划而未实施建设的体育场馆来说，应该综合考虑场馆所处的地理位置、交通条件，以及周边人群的人文风俗、经济状况等因素。中低档体育场馆应该选择在城市的核心区域或居民集聚区域进行建设，这些区域具有人口流量大、交通方便、经济发达等特点。商业性体育场馆建设在城市核心区域或居民集聚区域，不但有利于吸收消费群体，而且吸引回头顾客也较为容易。而中高档体育场馆特别是大型体育场馆则更适宜于建设在城市郊区。其二，对于在建或已建体育场馆来说，应该改善体育场馆周围交通、

---

① 王晓东：《体育产品属性及体育产业若干理论问题的思考》，《体育科学》2005年第5期。

车辆停泊等条件,以方便各种交通工具的到达或停靠,并采取建立公交站点或场馆专车定点定线接送等措施,尽量满足不同消费者的多样化交通需求。

内在环境方面:其一,要提供高质量、高标准的场馆服务。高质量、高标准的场馆服务更容易催生消费者的消费欲望。例如,游泳馆应该为消费者提供清洁的水源和适宜的水温等,以吸引消费者再次消费。其二,要配备多样化的体育设施。体育场馆的经营必须配备多样化的体育设施,以满足不同消费者的消费需求。例如,游泳池中配备多种救生设施以满足消费者的安全需要,健身房配备多样化的健身设施以适合不同年龄、职业、性别的消费者的需求,这样就容易吸引更多的目标人群。其三,实行严格、规范、有序及人性化的管理制度。体育场馆的管理制度涉及场馆健身氛围的营造,虽然不能为顾客肉眼所见,却能够被明显感受到。内在无形服务环境作为衡量场馆质量的重要标准,将直接影响消费者对体育场馆的持久消费力。因而,体育场馆还须实行严格、人性化的管理制度,以便给消费者留下良好的印象。

第四节 实行多样化的经营策略,满足不同人群的消费需求

多样化的经营策略是产品扩大市场占有率、吸引顾客消费产品和形成产品回头经济的保障。为了满足不同人群的消费需求,本书基于产品营销的4P理论,即产品(Product)、价格(Price)、促销(Promotion)、渠道(Place),对体育场馆的商业化运营进行了研究与探索,力求为场馆回头经济的形成提供理论基础。4P理论由杰罗姆·麦卡锡提出,该理论强调产品营销过程中应该注重产品、价格、渠道和促销四个方面。[1] 产品营销4P理论是对产品营销策略的细分,要求

---

[1] 陈喜珍:《大连体育旅游研究》,《体育文化导刊》2008年第3期。

第九章 实现体育场馆商业化运营回头经济的具体措施

企业在制定产品经营策略的时候,应该从多个角度去制定多样化经营策略。因此,体育场馆作为产品,其回头经济的打造同样需要制定多样化的经营策略,以满足不同人群的消费需求。

一方面,基于4P理论产品结构和定价视角,应该建造多样化的体育场馆,制定适合大众的消费价格。体育场馆进入市场拥有复杂多样的消费人群,按性别可划分为男性和女性;按职业收入可划分为企业白领、政府公职人员、学生与无业人员等;按年龄可划分为老年人、成年人、青少年和儿童等。基于消费人群性别、经济收入及年龄等方面的差异,体育场馆尤其是商业性体育俱乐部的经营应该推出多样化的产品以满足不同人群的消费需求。同时,体育场馆健身的功能性特征决定了消费者在短时间之内无法迅速感知到体育场馆的使用价值,体育场馆的这一特性也决定了其消费价格应该在基于目标人群,以符合大众的购买力为根本,制定出适宜大众消费的消费价格。例如,当前很多公共体育场馆的消费人群多数为退休老人,因而对于这类体育场馆而言必须实行低价位的定价策略,只有这样才能吸引更多的顾客前来消费。[1] 而对于一些城市核心区的商业性俱乐部来说则不同,其消费人群多为高收入者,故这类体育场馆可以实行高价位定价策略。另一方面,基于4P理论销售渠道和促销策略视角,应该推行多渠道销售和多样化促销。对于商业性体育场馆来说,其核心目标就是在满足消费者需求的基础上获得商业价值回报,因而这类体育场馆应该从多个渠道实行销售策略,以扩大市场占有率、增加销售额。例如,健身俱乐部可以采取分店、连锁加盟的方式实行多渠道经营,从而抢占市场、扩大市场占有率。多样化促销策略方面:实行促销策略的目的就是吸引潜在的消费者前来消费产品,如"买一送一"、发放优惠券、打折促销等活动都属于促销策略,这样做能够有效地挖掘产品的潜在顾客。体育场馆回头经济的打造同样如此,需要实行多种促销策略。比如,通过发传单、打广告等方式吸引消费者;通过办优惠

---

[1] 谭宏、陆宇嘉:《学校体育场馆对外开放策略研究——基于公共产品定价策略》,《中国经贸导刊》2013年第2期。

卡、老人卡、年卡等多种消费卡挖掘潜在的市场顾客；通过节假日、生日赠送礼物的方式吸引顾客前来再次消费；等等。体育场馆只有实行多样化的营销策略才有利于回头经济的打造。

体育场馆回头经济的形成会经历"一次性消费的完成—注意力经济的形成；消费群体的增多、场馆信息的放射性扩散—影响力经济的打造；二次定向消费或更多消费的实现—回头经济最终形成"的过程，同时还须具备一定数量的顾客和回头率、吸引顾客消费的回头资源、舒适的服务环境及适销对路的营销策略等条件，而"找准目标市场，提高市场占有率和顾客回头率；积累场馆回头资源，维持顾客消费频次；注重场馆服务环境建设，提高场馆服务质量；实行多样化的经营策略，满足不同人群的消费需求"等则是回头经济实现的重要路径。

第五节 体育场馆回头经济的实现
——基于5G技术的应用展望

相比4G[①]，5G[②]具有更高速与更低延迟率两大特点。2019年，工信部向中国电信、中国移动、中国联通、中国广电发放5G商用牌照。随着5G商用牌照发放，标志着中国正式进入5G时代。5G技术属于服务业中的无形服务，可以对体育场馆服务产生积极的影响。日本成立第五代移动通信推进论坛（5GMF），于2017年正式启动5G技术试验工作，目前NTT DOCOMO公司正在对5G技术进行验证，并于2020年实现了5G商用目标。[③] 2019年，世界电子竞技运动会（World Electronic Sports Games）的成功举行正式宣告重庆市奥林匹克体育中

---

① 4G通信技术是第四代移动信息系统，是集3G技术与WLAN于一体，使图像的传输速度更快，让传输图像的质量和图像看起来更加清晰。

② 第五代移动通信技术（5th generation mobile communication technology，5G）是具有高速率、低时延和大连接特点的新一代宽带移动通信技术，是实现人机物互联的网络基础设施。

③ 李睿等：《5G发展动态与运营商应对策略》，《信息通信技术》2018年第4期。

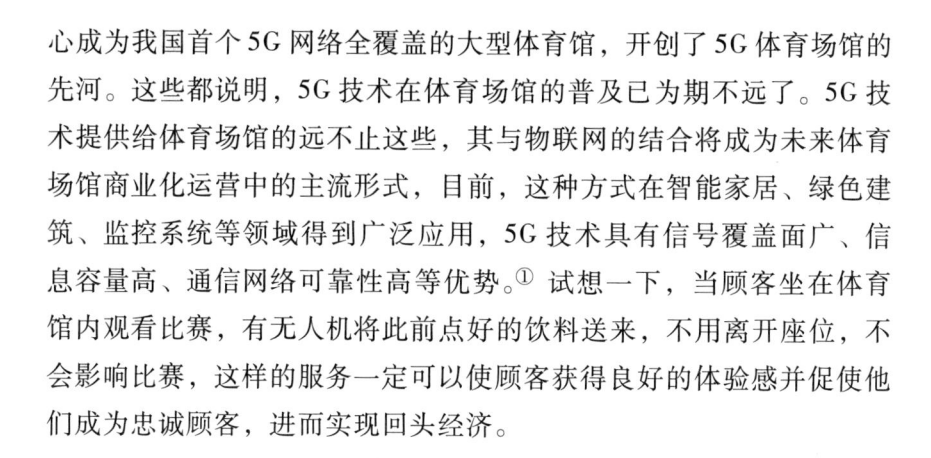

心成为我国首个5G网络全覆盖的大型体育馆，开创了5G体育场馆的先河。这些都说明，5G技术在体育场馆的普及已为期不远了。5G技术提供给体育场馆的远不止这些，其与物联网的结合将成为未来体育场馆商业化运营中的主流形式，目前，这种方式在智能家居、绿色建筑、监控系统等领域得到广泛应用，5G技术具有信号覆盖面广、信息容量高、通信网络可靠性高等优势。[①] 试想一下，当顾客坐在体育馆内观看比赛，有无人机将此前点好的饮料送来，不用离开座位，不会影响比赛，这样的服务一定可以使顾客获得良好的体验感并促使他们成为忠诚顾客，进而实现回头经济。

第六节 推行场馆所有制改革，打造场馆经营多赢模式

一 大型体育场馆运营混合所有制改革的依据

历经多年的探索与发展，国企混合所有制改革在不断地发现问题解决问题、发现新问题解决新问题中艰难推进，并积累了丰富的经验。而作为国有资产的一部分，公共体育场馆在混合所有制改革中几乎面临同样的改革需求。

（一）营造国资与民资合作的公平环境

混合所有制改革通过设置客观、科学的股权分配结构，为企业运营注入活力，以实现合作共赢。"国"与"民"双方股权如何持有，取决于双方"混合"前的资本拥有量，因此保证资产评估环节的独立、客观与公正尤为重要。我国资产评估体系建设较为落后，这成为国企改制进程中的阻碍，某些人对改革中的国资处置心存疑虑，有些民营企业则对自身利益保障缺乏信心。某些国有企业及主管部门对于这一问题的处置往往是滞后的，形成了被动不可控的局面，导致双方在谈及改革时都各执己见。由此看来，推动混合所有制改革健康有序

---

① 杨梓洵：《基于5G技术下物联网的发展》，《信息通信》2018年第10期。

进行，客观合理的资产评估尤为重要，这也是促使国企国资与民企民资建立良好合作关系的重要前提。营造国资与民资公平合作环境的目的，一方面可以对双方资产进行客观透明的清算，同时有利于保证民企民资的原始投资得到应有的保障。另一方面，合理的资产评估有利于增进双方信任，增进企业文化认同，从而共同接受同一个战略规划的指引。公共体育场馆的运营管理可以通过采取参股、委托运营等方式引入多元主体，在与非国有资本进行合作过程中，要重视双方在各种"混合"环节的公平、权益分配的公平以及职责划分的明晰，从而保证公共体育场馆公益属性的实现，真正做到为民所用，提升民资民企参与改革的信心，为国家体育事业发展增添活力。

（二）建立合理有效的产权制度

国家发展混合所有制经济，需要合理的产权制度作为保障。产权制度的功能在于在降低交易成本的同时，优化资源配置，是权利、责任以及利益的高度统一，产权所有权与收益权归属明确是建立现代产权制度的基础。例如，南方水泥公司是由中国建材集团与多家私营水泥企业合并而成的，为避免"集"而不"团"，公司成立之初就进行了合理的产权制度建设规划，在为民营企业主预留30%股份的前提下进行经理人之间的资产管理互动，以激发民营企业运营活力，加强管理与促进文化认同，打造利益共同体，最终使之迅速壮大为全国第二大水泥企业。由此可见，现代化合理的产权制度对成员工作积极性具有激励作用；同时对不负责任行为将产生约束力，防止暗箱操作、管理真空以及资产流失等事件的发生。对公共体育场馆运营改制而言，形成合理有效的产权制度同样至关重要。只有在明确合理的产权制度下，才能准确地体现出各产权主体间的权益关系，并为改制后的体育场馆的公共体育服务内容及控制范围的确定提供充分的依据，这样做能够为进一步完善体育场馆公共体育服务绩效考核奠定基础，避免因过度市场化使公共体育服务质量大打折扣。

（三）推动企业治理机制的规范化

国资委管理下的国有企业具有较为浓厚的行政色彩，受专业水平等的影响，较难从管理层面对企业的持续发展产生推动力。而现代企业管理尤其是民营企业运营更加注重治理结构的规范化，所有权与经营权分离，拥有较为完善的绩效考核与薪酬激励机制。目前，职业经理人逐渐被多数企业所接受，相比较于传统管理者具有较浓厚的行政色彩，职业经理人则拥有专业的管理知识、较高的职业素养以及丰富的实践经验。在国有企业混合所有制改革中，职业经理人制度的实施并没有达到预期效果，致使民营企业原有的管理优势难以继续在改制后的企业中继续发挥。因此，推行混合所有制改革重在推动企业治理机制的规范，引入现代企业管理模式，切实使管理层职业化与去行政化，聘请有能力、有业绩、有素养的民营企业家担当管理重任，能够和国企实现强强联合。一直以来，关于公共体育场馆运营管理的讨论从未停息过，公共体育场馆运营管理也经历了几次变革，但多由于操作范围的有限没有获得实质性的突破。为避免重蹈覆辙，在推动公共体育场馆运营混合所有制改革过程中，应注重治理机制的规范化，实现政企分离、政资分离，从而提高管理效率。

二 大型体育场馆运营的权变因素分析

（一）外部环境探析

1. 政策舆论对场馆运营混合所有制改革的驱动

如表9-1所示，2013年，国家体育总局联合国家发展改革委、财政部等八部门联合印发《关于加强大型体育场馆运营管理改革创新提高公共服务水平的意见》，此后我国又相继颁布了多部文件及采取了多种措施以促进相关政策的完善。[①] 这表明国家已经认识到全面、立体的政策机制对于大型体育场馆合理化运营的关键作用。为加快体育场馆资源所有权与经营权分离改革进程，倡导管办分离，共建民营等市场化商业运作模式，优化资源配置，主动适应广大人民不同层次的体育需求，2016年，中共中央、国务院相继颁布了《"健康中国

---

① 《关于加强大型体育场馆运营管理改革创新　提高公共服务水平的意见》，http://www.doc88.com/p-7179848501574.html。

2030"规划纲要》[①]《关于加快发展健身休闲产业的指导意见》。[②] 五棵松体育馆无疑走在了体制改革的前列，作为北京奥运会篮球项目场馆，开创了国内由私企进行商业化运作的先河。市场化运作大幅提高了其市场占有率，也成为国内首家获得商业冠名的奥运场馆，为业内同行提供了鲜活的实例。总之，随着多个文件政策的密集出台以及体育场馆运营体制改革的持续深入，国有资产性质下的体育场馆逐渐被推向市场，以商品输出的方式运营，以降低场馆日常运营财政支出，毫无疑问，这已经成为当前我国体育场馆运营管理改革的主要方向。

表9-1　　　　国家层面有关大型体育场馆运营相关政策

颁布部门	文件名称	相关内容
国家体育总局、国家发展改革委、财政部等八部门	《关于加强大型体育场馆运营管理改革创新　提高公共服务水平的意见》	鼓励社会力量举办的大型体育场馆向社会开放；鼓励民间资本参与大型体育场馆建设和运营管理
国务院	《国务院关于加快发展体育产业　促进体育消费的若干意见》	鼓励社会资本进入体育产业领域，建设体育设施，开发体育产品，提供体育服务
国家体育总局	《体育场馆运营管理办法》	积极推进场馆管理体制改革和运营机制创新，推动场馆所有权和经营权两权分离，引入和运用现代企业制度，激发场馆活力。鼓励采取参股、合作、委托等方式，引入企业、社会组织等多种主体，以混合所有制等形式参与场馆运营
国务院	《关于加快发展健身休闲产业的指导意见》	通过管办分离、公建民营等模式，推行市场化商业运作

国家层面相关政策文件的密集出台，也为辽宁省大型体育场馆运营模式的探索、实现场馆资源的合理配置提供了机遇。为了进一步挖掘辽宁省体育产业所蕴含的巨大发展潜力，充分发挥市场在优化资源

---

① 新华社：中共中央国务院印发《"健康中国2030"规划纲要》，中华人民共和国中央人民政府网，http://www.gov.cn/zhengce/2016-10/25/content_5124174.htm。
② 国务院办公厅：《关于加快发展健身休闲产业的指导意见》，中华人民共和国中央人民政府网，https://www.sohu.com/a/117957766_498673。

第九章 实现体育场馆商业化运营回头经济的具体措施

配置中的作用，盘活体育场馆资源，在辽宁省人民政府的主导下，辽宁省体育局根据省域内体育产业发展、体育场馆运营管理的现实情况，配套出台了系列政策。如表9-2所示，2015年辽宁省体育局印发《辽宁省体育产业中长期发展规划（2016—2025）》、2016年辽宁省人民政府办公厅下发《辽宁省体育领域供给侧结构性改革实施方案》、2018年辽宁省发改委会同省体育局、省公安厅、省民政厅等13个部门联合制定印发了《辽宁省支持社会力量举办或与地方政府共同举办马拉松、自行车等大型群众性体育赛事实施方案（2018年）》等，这些文件有利于鼓励社会资本参与场馆经营，创新体育场馆运营机制，推动体育场馆功能升级，增加体育政策与体育赛事等供给，大力发展赛事策划业、场馆运营业、会展服务业。同时，为了准确领悟国家政策文件精神与切实将自我发展政策落到实处，在辽宁省体育局的主导下，政府多次组织召开工作推进会议，如"体育领域供给侧结构性改革暨体育产业工作推进会""首届辽宁省体育产业经营者大会"等。会议的召开坚定了改革创新发展道路，搭建了政府与企业、企业与企业合作交流平台，社会各界力量共同表达了坚定的促进体育产业发展、提高体育场馆运营效益的信念。

表9-2　辽宁省大型体育场馆运营地方性相关政策会议

颁布部门	文件名称	文件内容
辽宁省体育局	《辽宁省体育产业中长期发展规划（2016—2025）》	鼓励社会资本参与场馆运营，大力发展公共体育服务业、赛事策划业、会展服务业、场馆运营业
辽宁省人民政府办公厅	《辽宁省体育领域供给侧结构性改革实施方案》	增加体育基础设施供给。进一步加强体育基础设施建设，补总量短板，引导产业资本投入体育场地设施建设，至2025年人均体育场地面积达到2平方米
辽宁省发改委、辽宁省体育局等13部门	《辽宁省支持社会力量举办或与地方政府共同举办马拉松、自行车等大型群众性体育赛事实施方案（2018年）》	充分发挥市场配置资源的决定性作用，通过进一步激发市场活力，推动体育基础设施不断完善，增加体育赛事和体育产品供给，拉动体育消费
辽宁省体育产业代表团	第13届斯迈夫全球体育产业大会暨国际体育消费展	"走出去"把握交流与学习机会，"引进来"吸引优秀体育产业投资者

续表

颁布部门	文件名称	文件内容
辽宁省体育局	体育领域供给侧结构性改革暨体育产业工作推进会	体育领域供给侧结构性改革要继续抓好试点，增加政策供给，加强体育产业统计体系建设，加强体育产业与相关产业融合发展
辽宁省体育局	首届辽宁省体育产业经营者大会	搭建起政企、企企之间的互动沟通平台，促进辽宁体育产业持续健康长远发展

2. 经济转型对体育场馆运营混合所有制改革的导向

2018年，我国GDP和人均GDP分别为919281亿元和64644元，全国居民人均可支配收入与消费支出分别为28228元与19853元。[①]第三产业增加值占GDP的52.2%，相比于2017年的51.9%、2016年的51.8%、2015年的50.5%以及2014年的48.0%，呈现稳步上升的态势，这一系列数字表明，我国经济总体发展以及第三产业发展势头良好。而从第三产业增加值占GDP比重与第一产业、第二产业增加值所占比重横向比较来看，第三产业的发展及其所蕴含的潜能都是具有优势的，表明我国经济发展中非物质生产（服务类为主）逐渐占据主导地位，这也是我国经济转型发展、进一步优化经济结构的结果。那么在这种大的经济环境下，体育产业无疑面临着巨大的发展机遇。

体育产业带动下的体育经济与国民经济的发展是密不可分的，体育经济的发展离不开国民经济的发展，体育产业被誉为我国的"朝阳产业"。如图9-1所示，国家体育总局与国家统计局联合公布的国家体育产业规模及增加值数据显示：2017年，国家体育产业总产出为2.2万亿元，按年份进行纵向比较，2014—2017年，我国体育产业总产出每年保持0.2万亿元的增长，体育产业增加值也同样保持稳步上升趋势。这也在一定程度上体现了我国经济发展环境为体育产业发展提供了不竭的推动力量，而体育服务业作为我国体育产业的重要组成

---

① 国家统计局：《2018年国民经济和社会发展统计公报》，国家统计局官网，http://www.stats.gov.cn/tjsj/zxfb/201902/t20190228_1651265.html。

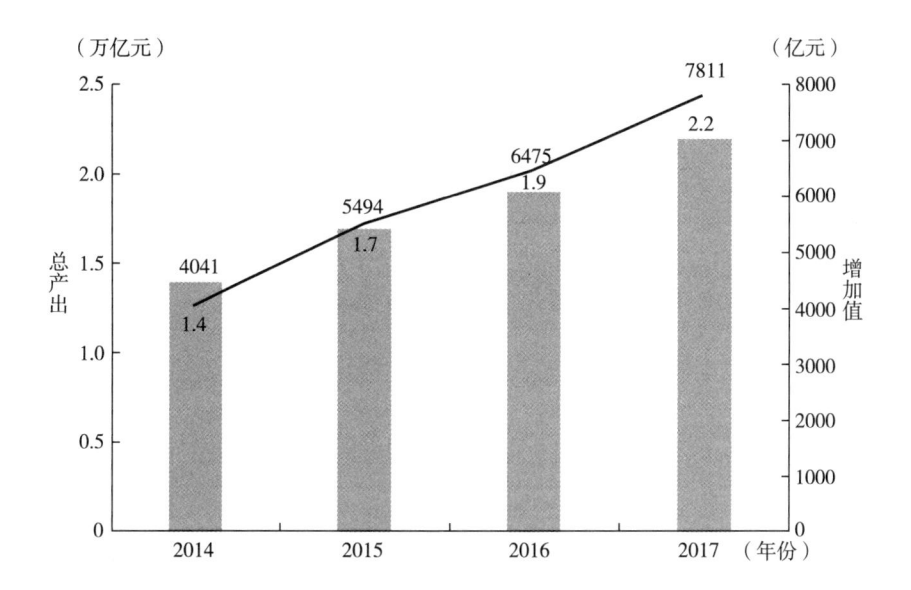

第九章 实现体育场馆商业化运营回头经济的具体措施

部分，其发展同样得益于此。

图 9-1 2014—2017 年我国体育产业生产总值及增加值变化示意图

资料来源：依据国家统计局网站的相关数据整理而成。

根据《体育产业统计分类（2019）》，体育服务业包括体育场馆服务、体育健身休闲活动、体育竞赛表演活动等。根据国家体育总局公布的数据，如表 9-3 所示，2016 年体育服务业总产出和增加值分别达到 6827.0 亿元和 3560.7 亿元，分别占到体育产业总规模的 35.9% 和 55.0%。同样，根据辽宁省统计局、辽宁省体育局所公布的统计数据，[1] 如表 9-4 所示，2015 年、2016 年辽宁省体育产业总产出分别为 736.52 亿元、844.38 亿元，分别占到当年全省地区生产总值的 2.55% 和 3.80%，从时间上看，该比重呈现逐渐增长的态势。在体育产业中，2016 年体育服务业产出占到全省当年体育产业总产出的 26.45%，较 2015 年的 12.64% 比重有了较大幅度的上升。与此同时，

---

[1] 辽宁省体育局：《辽宁省首届体育产业经营者大会在辽宁抚顺召开》，辽宁省体育局官网，https：//www.sport.gov.cn/n14471/n14477/n14514/c830208/content.html。

辽宁省体育场馆服务业2015年、2016年产出分别占到当年全省体育产业总产出的4.72%与4.13%，在体育场馆服务业产值基本持平的情况下，比重略有下降，说明辽宁省体育场馆服务业较其他分类产业发展略慢。

表9-3　　　　　2016年国家体育产业产出与增加值

比较项	总产出（亿元）	增加值（亿元）	总产出（%）	增加值（%）
国家体育产业	19011.3	6474.8	100.0	100.0
体育服务业	6827.0	3560.7	35.9	55.0
体育场馆服务	1072.1	567.6	5.6	8.8
体育场地设施建设	222.1	50.3	1.2	0.8

表9-4　　　　　2015年、2016年辽宁省体育产业产出统计

年份	辽宁省全省地区生产总值（亿元）	辽宁省体育产业总产出（亿元）	辽宁省体育产业之体育服务业生产总值（亿元）	辽宁省体育产业之体育场馆服务业生产总值（亿元）	体育产业生产总值占全省生产总值比重（%）	体育服务业总产出占全省体育产业总产出比重（%）	体育场馆服务业占全省体育产业总产出比重（%）
2015	28902.70	736.52	93.13	34.80	2.55	12.64	4.72
2016	22246.90	844.38	223.38	34.84	3.80	26.45	4.13

综上，随着我国经济的平稳快速发展以及产业结构的不断调整，我国体育产业的发展环境得到持续改善，发展空间越来越广阔，毫无疑问在国民经济中的地位也将日益突出。对于辽宁省而言同样如此，要做大做强辽宁省体育产业，盘活体育场馆资源是不可或缺的一环。目前，相比于大型体育场馆先期巨大的财政投入，民营体育场馆服务并没有完全展现出应有的经济效益与社会收益，因此如何通过合理化运营使之服务于国家、辽宁省经济建设与壮大辽宁省体育产业显得尤为迫切。在国家经济结构转型持续推进的背景下，辽宁省大型体育场

馆运营必须紧随社会经济发展步伐，适应新时期新要求，主动采取与经济建设规划相适应的运营模式，只有这样才能有效地融入国家经济建设大环境中。

3. 人民群众对美好生活的需要对场馆运营混合所有制改革提出新要求

党的十九大报告指出，中国特色社会主义进入新时代，我国社会主要矛盾已经转化为人民日益增长的美好生活需要和不平衡不充分的发展之间的矛盾。过去的一段时期，我国物质生产能力得到了极大提升，社会经济的快速发展推动了居民消费水平的提高，人民更加注重对生活品质的追求，而生产效率的提升与生产技术的进步，将人们从繁复的劳动中解放出来，拥有更多的时间与精力去发展个人兴趣与追求精神生活，而人民对生活品质提高所追求的最终目标就是日益增长的体育运动需求。伴随着全民健身计划与健康中国战略的实施，全民健身影响力普遍提高，大众将业余时间更多地投入到健身休闲活动当中，当然这些对我国的体育公共服务尤其是体育场地供给提出了挑战。2015年11月，国家体育总局发布的《2014年全民健身活动状况调查公报》的数据显示，如图9-2所示，对参加体育锻炼人群进行"不参加体育锻炼的原因"的调查结果显示，"缺乏场地设施"仍然是制约广大人民群众参与体育运动的重要条件之一，[1] 这也代表现阶段我国公共体育整体服务中的供需矛盾问题日益突出。

同样，对于辽宁省而言，在不考虑各类体育场馆使用效率的前提下，对各地级市的场地数量、场地面积、建筑面积按照"人均"拥有或"万人均"拥有的标准划分成不同指标，如表9-5、表9-6所示。其中，14个地级市中有9个达到了每万人拥有体育场地数量超过10个，而与2013年全国每万人12个场地的拥有量相比，则仅有沈阳、大连、本溪、盘锦、阜新5市高于全国平均水平；2013年全国人均体

---

[1] 《2014年全民健身活动状况调查公报（全文）》，中国网，http：//sports.china.com.cn/quanminianshen/quanminianshenbaogao/detail1_2015_11/16/472008.html.

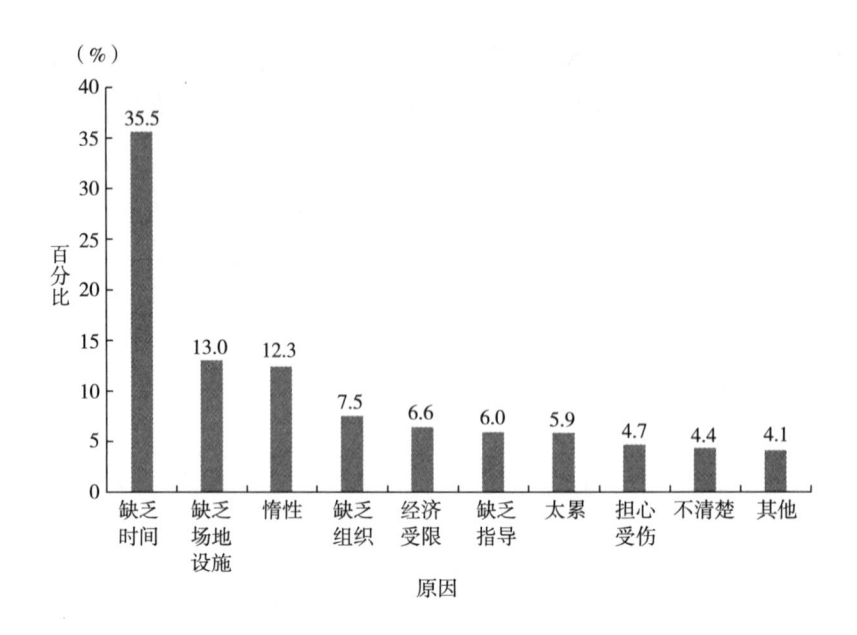

```
    （%）
 40
     35.5
 35
 30
 25
百
分 20
比
 15      13.0  12.3
 10              7.5
                     6.6  6.0
  5                           5.9  4.7  4.4  4.1
  0
    缺乏 缺乏 惰性 缺乏 经济 缺乏 太累 担心 不清楚 其他
    时间 场地    组织 受限 指导    受伤
         设施
                          原因
```

图 9-2 对参加体育锻炼人群"影响体育参与"原因的调查

资料来源：《2014 年全民健身活动状况调查公报》，http：//sports.people.com.cn/jianshen/n/2015/1116/c150958-27820851.html，2015-11-16.

育场地面积为 1.46 平方米，辽宁省高于这一平均值的有大连、鞍山、丹东等 7 市，其中大连市人均占有体育场地 3.87 平方米，所有地级市中最高，而人均体育场地面积占有最低的铁岭市，仅有 1.09 平方米；同样，从人均拥有建筑面积来看，2013 年全国人均拥有 0.19 平方米，辽宁省高于这一水平的仅有沈阳、大连、阜新与盘锦 4 市，最高的阜新达到了人均 0.76 平方米，最低为朝阳仅有 0.04 平方米。对辽宁省各地级市人均体育场地占有与全国平均水平的比较，能够在一定程度上反映出辽宁省体育场地供给现状。

表 9-5   2014 年辽宁省各地区体育场地配置

地区	人口（万人） N	场地数量（个） N₁	每万人均	场地面积（平方米） N₂	人均	建筑面积（平方米） N₃	人均
沈阳	727.10	10503	14.45	9834847.83	1.35	2248402.18	0.31
大连	591.40	9502	16.07	22858063.93	3.87	2272935.37	0.38

续表

地区	人口（万人） N	场地数量（个） N₁	每万人均	场地面积（平方米） N₂	人均	建筑面积（平方米） N₃	人均
鞍山	349.80	3876	11.08	5474868.27	1.57	423748.40	0.12
抚顺	218.00	2282	10.47	2511077.00	1.15	254177.56	0.12
本溪	152.30	1884	12.37	2089943.71	1.37	248824.90	0.16
丹东	239.60	2454	10.24	4338865.74	1.81	237246.98	0.10
锦州	305.90	2994	9.79	5366775.96	1.75	327018.74	0.11
营口	232.50	1965	8.45	5014294.36	2.16	205410.13	0.09
阜新	191.10	3467	18.14	2639285.89	1.38	144909.26	0.76
辽阳	180.00	1946	10.81	2322095.67	1.29	188665.37	0.10
盘锦	129.00	1847	14.32	2596773.78	2.01	357567.07	0.28
铁岭	301.90	2378	7.88	3303770.07	1.09	322060.86	0.11
朝阳	339.50	2657	7.83	4153501.51	1.22	152313.73	0.04
葫芦岛	279.90	2597	9.28	4265710.98	1.52	213741.04	0.08

资料来源：以上数据根据《第六次全国体育场地普查公报》《辽宁统计年鉴（2014）》等相关统计资料整理而成。

表9-6　　　　　　　　全国体育场地总情况

指标	体育场地数量（个）	体育场地面积（平方米）	体育建筑面积（平方米）
总数	1694607	1991996957	259156182
人均占有量	0.0012	1.46	0.19

资料来源：以上数据来源于《第六次全国体育场地普查公报》。

上述数据表明，辽宁省体育场地供给难以满足人民大众对体育快速增长的需求，而与此同时，辽宁省拥有大型体育场馆却未能有效发挥其拓展城市活动空间、带动地方经济与社会效益的关键作用，这与传统的运营思维方式不无关系。体育场地的供需矛盾为大型体育场馆通过管理体制改革探索运营新思路提供了必要前提。

4. 场馆运营的竞争优势以及混合所有制改革的支持因素

在引入市场管理机制之后，大型体育场馆的运营将不可避免地经历市场竞争，这也是市场环境下必须面临的一种竞争模式。而要通过市场机制实现自身的发展,并占据更大的市场份额,必须对市场需求进行充分了解,并充分发挥出自身优势。笔者依据竞争优势理论,充分结合实地调研结果,并根据专家访谈与场馆管理人员对大型体育场馆运营优势的认识,对大型体育场馆市场运营优势进行归纳,如图9-3所示。

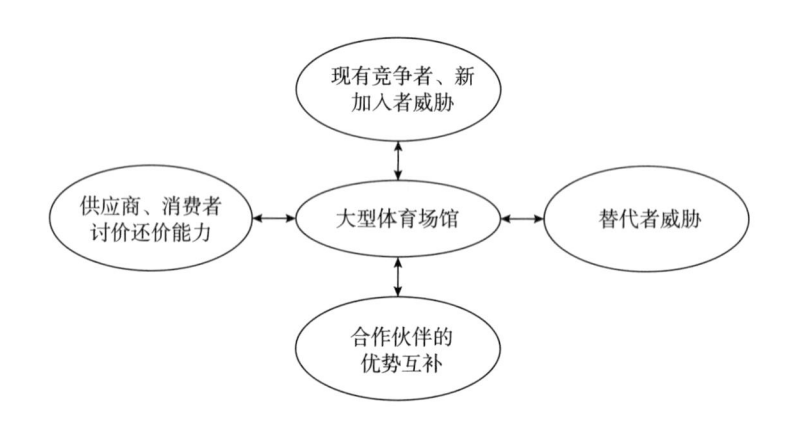

图 9-3 大型体育场馆竞争优势示意图

首先,从业内现有竞争者以及新加入者的角度考虑,大型体育场馆规划建设空间布局较为合理,较高的建设标准能够使顾客获得上乘的运动体验,其主要商业活动以大型体育赛事、娱乐活动服务为主,而与其他系统现有或新建场馆在设施水平、经营策略以及目标市场等方面不存在较大冲突。其次,从替代者角度考虑,大型体育赛事的顺利举办必须建立在高水平的大型体育场馆基础之上,同时大型体育场馆还需注重外围空间规划,可满足不同层次社会人群多种形式的需求。再次,从与供应商和消费者的砍价能力考虑,大型体育场馆原材料购入与设备购置多采取面向市场公开招标的形式,在货源充足的情况下,供应商的讨还价能力不占优势,同时大型体育场馆面向市场后,其收费标准需经由当地物价部门审核控制,服务价格稳定,消费者砍价能力弱于运营方。最后,从与合作伙伴优势互补的角度考虑,事实上大型体育场馆属于"稀缺资源",可以通过为合作伙伴提

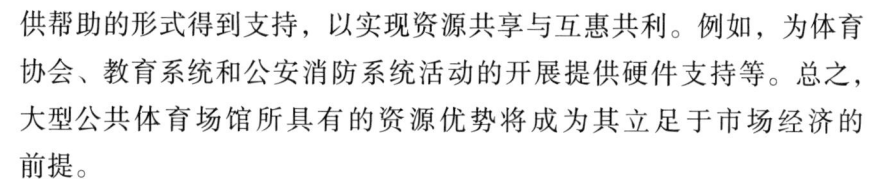

供帮助的形式得到支持，以实现资源共享与互惠共利。例如，为体育协会、教育系统和公安消防系统活动的开展提供硬件支持等。总之，大型公共体育场馆所具有的资源优势将成为其立足于市场经济的前提。

（二）内部环境探析

大型体育场馆合理化运营需要雄厚的后勤保障资源与专业的运营团队，因此，体育经营者的资金筹措能力与人力资源管理能力就显得尤为重要。目前，我国86%的大型体育场馆采用的是事业单位管理模式，需要政府财政拨款以维持其正常运转。总体来说，我国大型公共体育场馆的经费管理主要采用差额预算或全额预算的方式，资金来源相对稳定，但由于其管理体制与市场经济体制不相符合，并不能有效保障国有资产的保值与升值，并且还会给政府造成一定的财政压力。从管理学的角度看，体育场馆运营属于管理活动，而从哲学的角度去思考体育场馆运作过程，它更是一种人的活动，体育场馆是由人建设、管理的，场馆运营管理的过程是对人进行管理的过程，且对体育场馆进行管理也是为了他人获得更好的体验。因此，大型体育场馆运营的实践，必须注重人在这个过程中的重要作用。实施人才战略是现代企业在市场中保持持续竞争力与促进人才战略进一步发展的重要环节，对于大型体育场馆运营更是如此，专业的管理人员是保证场馆运营策略顺利实施的重要影响因素，而专业的策划人员是实现举办高水准活动的必要保证。由此，大型体育场馆要摆脱运营难的困境，提高场馆运营核心从业人员的专业技术、创新能力是关键。如图9-4所示，笔者对大连市体育中心与沈阳奥林匹克体育中心进行实地调研后发现，两家体育中心的管理人员中，具有大专及以上学历的为37人，占所有管理人员的49.33%，其中9人具有硕士研究生及以上学历，占所有管理人员的12%，具有高中（中专）学历的为27人，另有11人为初中及以下学历。

同时，笔者还对大连市体育中心和沈阳奥林匹克体育中心管理人员来源进行统计，如图9-5所示。管理人员中退役运动员占比最高，人数多达23人，体育院系毕业生次之，人数为16人，来自机关分流

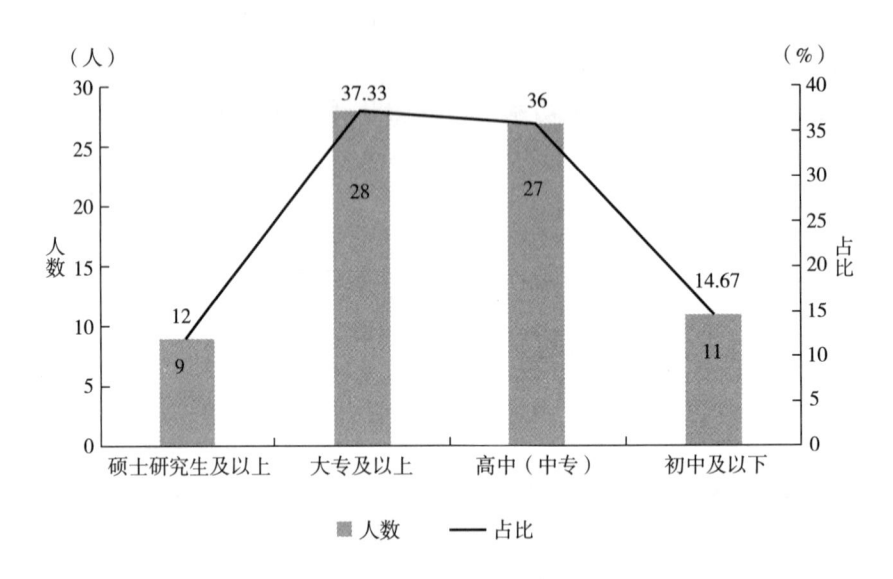

体育场馆商业运营：回头经济的研究与实践

图 9-4　大连市体育中心与沈阳奥林匹克体育
中心管理人员文化水平分布

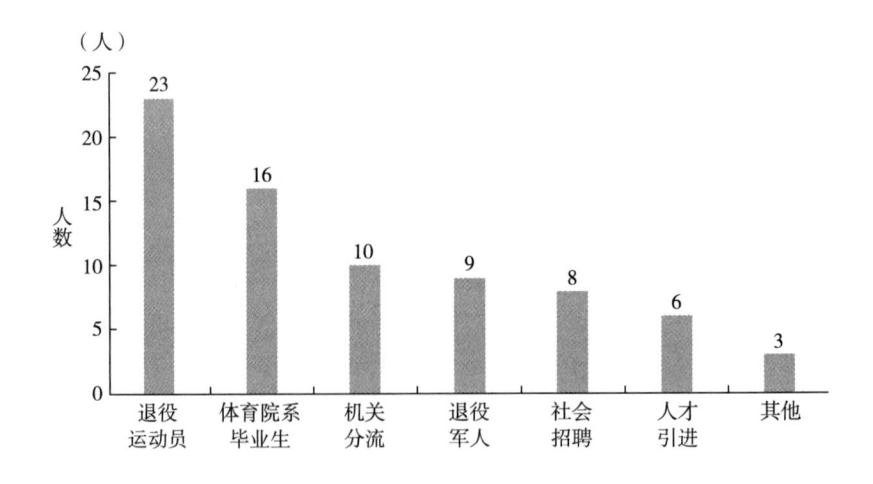

图 9-5　大连市体育中心与沈阳奥林匹克体育中心管理人员来源分布

人员为 10 人，退役军人 9 人，而来自社会招聘人员 8 人，人才引进人员 6 人，其他人员 3 人。这也是辽宁省体育场馆从业人员来源的一个缩影，管理人员中，来源更倾向于对体育系统原有人员的安置，多数为退役运动员与退役军人以及体育院系毕业生，虽然他们具有较高

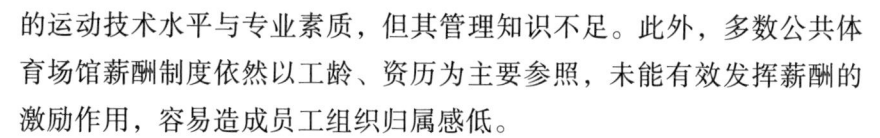

的运动技术水平与专业素质，但其管理知识不足。此外，多数公共体育场馆薪酬制度依然以工龄、资历为主要参照，未能有效发挥薪酬的激励作用，容易造成员工组织归属感低。

三 大型体育场馆运营混合所有制改革的难点与存在的风险

（一）大型体育场馆运营混合所有制改革难点分析

1. 传统观念根深蒂固，创新经营意识淡薄

在竞技体育优先发展战略的指导下，各级政府集中有限资源发展竞技体育，发展体育事业自然也成为政府相关部门的一项职能。而大型体育场馆作为开展竞技体育活动的必不可少的物质资源，其建设、使用与维护也无可避免地处于行政管理之下。在传统的管理体制下，大型体育场馆建造的主要目的或任务是保证大型体育竞技活动的顺利举办、满足竞技体育训练活动开展的需要以及有利于提升城市的基本功能。从现代产权角度来看，毫无疑问，单一公有制是这类大型体育场馆最鲜明的特征，受行政管理的影响，大型体育场馆多为具有行政级别的事业单位，实行的也是具有鲜明的行政管理特征的垂直性管理方式。大型体育场馆运营管理则由政府实行全额拨款或差额拨款，现在看来这种政府保障方式更像是一种全面的"保姆式服务"。此外，大型体育场馆在人员聘用上，主要以行政任免的方式确定，或兼任或转任，体育场馆工作人员的主要职责为维持场馆的正常运营。某些工作人员对市场尤其是体育市场多是一知半解。

长此以往，在这种管理方式下，大型体育场馆的管理人员的传统观念根深蒂固，且这种观念渗透于管理实践中。在我国社会主义市场经济逐步深化的过程中，作为主管部门的政府职能部门或事业单位，在大型体育场馆的管理实践中依然保留着些许固化的计划经济思维，对市场经济的认识不够充分。面对当前社会对大型体育场馆运营的新要求，某些管理者还缺乏必要的领悟能力，依然沿用行政管理思维管理大型体育场馆。而负责大型体育场馆日常经营活动的某些工作人员，通常是在体制内逐步成长起来的，在工作中更多的是以行政任务为导向，而没有形成与生产相适应的岗位责任意识、市场化观念以及创新意识。因此，对大型体育场馆进行混合所有制改革、进行市场化

运作，首先是对体育场馆管理者认知思维的挑战。例如，新旧观念之间的碰撞、交替是蕴含于辽宁省大型体育场馆混合所有制改革过程中最重要、最困难与最激烈的斗争。

2. 混合所有制改革目标，价值与动机统一难

从哲学的角度讲，不论是经济活动还是管理活动，都属于社会活动，更属于人的活动。对于一种社会行为或社会现象来说，都会因为个人或某类人定位标准的差异而对这种社会行为或者现象产生不同的理解。大型体育场馆混合所有制改革同样如此，处于领导地位的政府相关部门更多的是思考如何通过改革盘活场馆资源、释放政府财政压力等。从辽宁省政府响应中央政府文件精神所制定的大型体育场馆运营混合所有制改革实施意见，以及举办产、学、研多方参与的研讨会和笔者进行深入实地调研的研究成果可以看出，辽宁省政府通过探索多种形式的场馆经营模式，鼓励社会资本围绕大型体育场馆资源开发与利用的主题，参与场馆运营，以此提高资源利用效率，促进辽宁省体育产业整体布局工作的落实。而具体负责场馆运营的工作人员，是规划与措施落到实处的直接参与者，他们中的少数人盲目地追求形式上的"混"，以完成行政指令，甚至混淆混合所有制与股权多元化的概念与形式，在建立企业法人制度的过程中，只是单纯追求法人数量的变化，这是对政策缺乏深刻理解的表现，更是一种消极的工作表现。

同样，参与混合所有制改革的公有制主体与非公有制主体对于改革的理解也存在差异。政府作为公有制主体的代表，更希望通过混合所有制改革，探索多种所有制合作发展，通过与民间资本的融合发展，提升政府科学管理能力与战略管理能力，在弥补现有政府工作人员能力不足的同时充分发挥自身资源优势，其初衷为共赢。而民间资本选择与国有资本深度合作，希望借助政府掌控的场馆资源优势进行自身业务的拓展，通过与国有资本建立合作关系，享受税务、用地、贷款等方面的优惠政策，以增强自身优势。综上而言，不同管理层级、不同形式的资本参与混合所有制改革的观念、期望不同，很大程度上影响着改革实践的效果。

第九章　实现体育场馆商业化运营回头经济的具体措施

（二）大型体育场馆运营混合所有制改革风险分析

1. 国有资产流失的风险

公共体育场馆改制的过程也是公共体育场馆摆脱行政依赖、融入市场的过程，重点在于转变运营理念与规范权责分配。在两权分离理论的指导与推行现代企业制度的背景下，场馆运营改制目前处于部分试点与逐步推广的阶段，行政决策的力量依旧强大，现代企业治理模式尚未引入，组织结构与治理机制亟待完善。大型体育场馆管理层在非国有资本进入与国有股份逐渐减持中具有一定的控制权，资产低估、不估的行为极易导致交易性资产流失的发生，著名的"郎顾之争"就是由国企改革中国有资产流失问题所引发的。[1] 公共体育场馆混合所有制改革中国有资产流失主要是由虚估低估、价格失真导致的，[2] 具体表现在：首先，低价转让场馆所有权、使用权等，由少量政府监管机构人员或负责场馆运营的管理人员在自己监管范围内利用职务之便不作为，违规操纵产权转让流程所致。其次，低价评估公共体育场馆资产。第三方评估机构禁不住不法诱惑或评估人员业务能力较低，在国有资产参与混合所有制改革中的评估环节使用前后不一的评估标准，出现漏评少评、故意压低评估价格以及干扰审计报告生成等违规违法情况，最终造成评估失允。最后，忽略对体育场馆无形资产的保护。大型公共体育场馆能够对周边经济、文化以及教育等产生不可替代的积极效应，其无形资产应被作为体育场馆资产评估的重要参考，应加强保护，避免流失。[3]

2. 公共体育服务质量下降的风险

公共体育场馆是进行竞技体育训练、举办体育赛事以及开展全民健身活动的重要载体。党的二十大明确提出要健全公共服务体系，实现资源的均衡配置，对体育健身场馆的关注热度只增不减。此外，随

---

[1]　黎桦：《企改革与国有资产流失风险的耦合性及法律治理》，《北京理工大学学报》（社会科学版）2016年第2期。

[2]　张晗：《试析国企重组改制中资产流失的原因和对策》，《法制与经济》2010年第5期。

[3]　林琳等：《厦门市公共体育场馆管理运营现状与对策研究》，《首都体育学院学报》2008年第5期。

着体育场馆逐步开展混合所有制改革，民间资本和社会资本参与体育场馆服务的热度逐渐上升，公有制的产权比重提高的增速较低，政府和事业单位的行政影响力逐渐变弱。官方数据显示，全国96.04%的公共体育场馆由地市级及以下行政单位负责管理并给予财政补贴。[①]对于财政实力薄弱的地区，管理体制改革变为个别地方政府推卸责任的借口，场馆运营无限制地使用市场手段降低运营成本、提高收益，若不加以适度控制，公益属性必然会被大大削弱。过度市场化会进一步强化逐利动机，使本应由政府承担的支出责任转嫁到群众身上，致使场馆服务价格和群众体育支出的急剧攀升，最终使群众难以负担高额的健身支出，导致群众"健身难、健身贵"。而体育场馆服务价格的上升会进一步破坏公共体育服务的公平性，将中低收入者拒之门外，使之无法享受到应得的公共体育服务，这背离了公共财政支出建造体育场馆的初衷，侵犯了普通民众最基本的体育权益。此外，过度市场化会加剧基本公共体育服务的不平等。由于经济欠发达地区大众体育消费能力较弱，逐利动机的存在会促使体育场馆运营方将更多的空间转向餐饮、娱乐等利润较高的行业，加剧公共体育服务供给不足的现状与地区差异，[②]也不利于缓解人民日益增长的美好生活需要和不平衡不充分的发展之间的矛盾。

3. 忽视治理机制规范化的风险

公共体育场馆混合所有制改革是基于目前场馆运营效率低下的现状，通过多元主体的参与，规范企业治理机制，建立合理的产权制度等方面的改制，以达到利用市场经济规律、盘活场馆资源的目的。但如果只是盲目追求国企国资与民企民资的"物理合并"，而忽略期间的"化学反应"，则难以达到改革的预期目标，甚至会扰乱公共体育场馆管理秩序。通过对以往改革案例的分析，风险的产生可以归结为三种情况：首先，民间资本和市场化管理体制会对体育场馆的人力资

[①] 国家体育总局：《第六次全国体育场地普查数据汇编》，国家体育总局官网，https://www.sport.gov.cn/n4/n210/n218/c328625/content.html。
[②] 陈元欣、王健：《公共体育场（馆）运营改革过度市场化问题研究》，《体育科学》2014年第6期。

源结构造成冲击。一方面原本在行政管理制度下成长的员工必须接受向市场化竞争上岗的转变,因此运营需要承担原有员工能否胜任新角色的机会成本;另一方面需面对时间成本的不可控性。这些都会对组织治理机制规范进程产生重要影响。其次,国企国资与民企民资各自的优势难以得到有效发挥,致使企业治理结构难以得到实质优化,部分体育场馆只是保留具有行政色彩的管理层而不是选用有能力、有经验、有职业操守的专业人才担任职业经理人,致使运营管理无法得到有效转变。最后,忽略治理的本质——契约,① 只是利用行政强制力追求形式上的"混合",而不是通过董事会、股东大会以及管理层的相互制衡关系保证运营的正常运行,最终是难以达到治理的深层次目标的,因为需要提出的是现代企业治理结构的运营手段而非只是一个改革的目标。

(三) 管理模式与结构分析

不论是企业管理、政府部门管理,还是社会组织管理,都会随着时间的沉淀而形成较为固定的模式,管理模式取决于管理理念,并与组织管理制度、管理方式、管理结构等直接相关,能够产生不同的管理效果。对于大型体育场馆而言,也是如此。

实地调研过程中,笔者对 33 个辽宁省大型体育场馆的管理模式进行了分析,如图 9-6 所示,可以将辽宁省大型体育场馆运营模式分为事业单位管理模式、改良型事业单位管理模式、委托运营管理模式与企业化管理模式四类,数量分别为 4 个、13 个、5 个与 11 个。调研对象中,事业单位管理模式是我国对体育场馆管理由来已久的模式。此种模式下,体育场馆作为政府下辖的事业单位而存在,场馆由政府投资建设,场馆运营维护也由政府财政全额补助,这种模式在计划经济时期为实现体育事业快速崛起起到了重要作用。而随着社会的发展,体育场馆数量逐渐增加以及责任更加多元,实行全额财政补贴给政府带来了沉重负担,大型体育场馆运营更是缺乏活力。因此,事

---

① 黄亚男:《公司治理的本质和形式:日本的经验教训》,《上海经济研究》2009 年第 4 期。

业单位管理模式需要进行改良，在大型体育场馆事业单位性质不变的情况下，实行差额财政拨款甚至零财政拨款，鼓励场馆在市场中营运创收，提高场馆资源利用率，并减轻政府财政压力。笔者所调研的场馆中，采用这种模式的有本溪体育场、丹东港文化体育中心、辽阳市体育中心等13处。

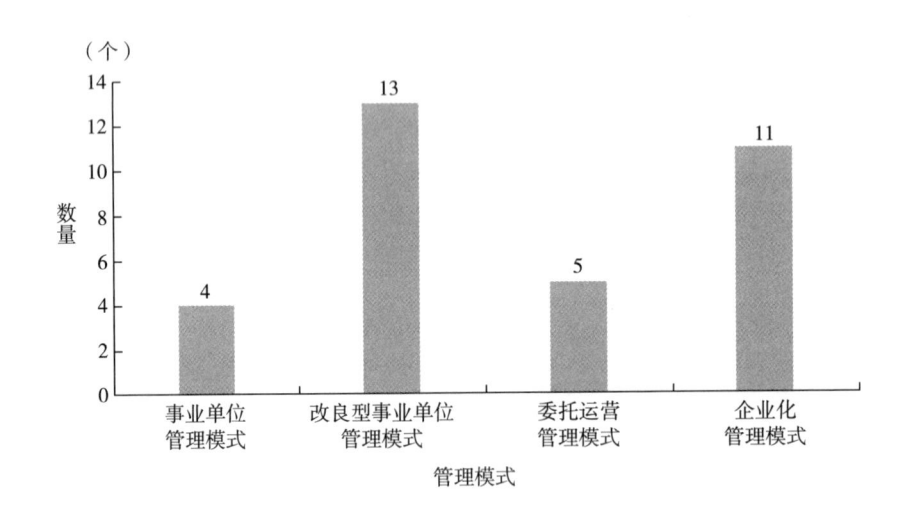

图9-6 大型体育场馆管理模式分类统计

实质上，采用事业单位或改良型事业单位管理模式，体育场馆的组织机构通常为直线型管理，不同的部门主管（经理）分管不同的业务，由其直接向上级领导汇报工作。大型体育场馆管理的组织结构通常分为4—6个部门，各部门分别拥有不同的业务职能，分工明确，各部门共同由场馆主任或总经理直接管辖。场馆主任或总经理拥有采购、财务、人事等组织活动的决策权、管理权，并行使对一切生产活动的监督权。而部门主管拥有部门绝对的领导权，负责协调职权内资源，完成上级领导委派的任务。这是典型的直线型组织结构，特点是权力集中与权责分明，便于大型体育场馆的集中管理，也便于工作的顺利开展。

所调研的辽宁省大型体育场馆中，采用企业化管理模式的有：鞍

第九章　实现体育场馆商业化运营回头经济的具体措施

山奥林匹克体育中心的4个场馆,由鞍山市奥体中心运营管理有限公司负责运营管理;大连市体育中心(除体育馆)的4个场馆,由大连市岭南体育中心管理有限公司负责运营管理。此外,丹东市、葫芦岛市、抚顺市各有1个场馆实行企业化管理。大型体育场馆实行企业化管理模式是对场馆经济价值的追求,实践于事业单位改革,通过设立法人代表或融资扩股设立独立法人,成立企业,并对体育场馆进行管理,在完善内部治理结构的同时,充分运用市场规律进行生产活动。这种管理模式能够在组织内部建立起较为完整的企业管理结构,并能够在追逐市场效益中不断完善组织管理结构与提高运行效率,以适应社会经济发展。此外,大连市体育中心体育馆与盘锦市红海滩体育中心锦绣体育场目前采用的是委托运营管理模式。委托运营管理模式的实质是政府或管理方向受委托公司转移具有期限的经营权和收益权。受委托公司充分利用自身的技术、资本、管理经验等对体育场馆进行高效管理,这样能够在体育场馆内部快速形成合理的管理结构。

(四) 市场战略控制能力分析

具备营销能力是参与市场行为的重要一环,而营销观念滞后与营销活动开展不足,就难以准确把握市场需求,这样就容易导致市场地位出现偏差,而市场定位的偏差会使客户获得较差的体验。笔者在调研过程中发现,实行企业化管理与托管运营管理的场馆,设置了专门负责营销策划的部门,如大连市体育中心、鞍山市奥林匹克体育中心、盘锦市红海滩体育中心等处的场馆,而实行改良型事业单位管理模式或事业单位管理模式的营口奥林匹克体育中心、锦州滨海体育中心以及丹东港文化体育中心等处场馆则缺乏成熟的营销队伍。实际上,营销能力一定程度上代表着管理层对市场规则、市场观念以及生产思维的理解,营销能力的缺失也决定了大型体育场市场控制能力不足。此外,战略能力还应包括市场适应能力,辽宁省大型体育场馆市场适应能力总体表现较差,优势表现尚不明显,在面对全民健身战略以及健康中国等国家重大战略为体育产业繁荣提供的重大发展机遇时,大型体育场馆却没有发挥出其绝对的资源优势,而是游离于市场化边缘。① 而一成不变的作业流程与滞后的信息技术应用造成对市场环境变化反应的迟滞。此外，对于大型体育场馆来说，显然并没有将先进技术应用于创新产品种类、丰富营销手段以及实现科学管理之中，管理体制落后严重阻碍了大型体育场馆管理技术的革新。②

（五）场馆文化建设

体育场馆文化是体育建筑所承载的一切体育运动行为所表现出的多层面的文化品格特质，包括基本物质文化形态、渗透其中的体育运动精神以及相关的艺术形式和社会文化心理等，可分为物质文化、精神文化、制度文化。③

在物质文化层面，辽宁省大型体育场馆物质文化建设情况差别较大，从建筑风格与建造设计理念角度出发，多数场馆建筑风格缺乏对个性化与特色化的充分关注。通过调研，参差不齐的物质文化主要与不同时期建筑技术与设计水平差异有关，一些建造年份较久的场馆，如辽阳市体育中心、丹东体育馆、本溪银行体育馆等，场馆的外形缺乏特殊的寓意，而一些建成较晚的场馆，如盘锦市红海滩体育中心锦绣体育场、沈阳市奥体中心五里河体育场以及大连市体育中心体育场等，在设计理念以及建筑结构表现上蕴含着更多的个性与技术。

盘锦市红海滩体育中心锦绣体育场建成于2013年，体育中心的外观设计强调了红海滩的地域特征，整体以红色为主色调，与当地特有的著名红海滩景观融为一体，颇具活力与朝气，大大强化了自身的识别度。其中，锦绣体育场是盘锦市红海滩体育中心的主体育场，它是一个椭圆形建筑，外观建造使用了大量的圆钢结构，外形与国家体育场（"鸟巢"）相似，素有"小鸟巢"之称。红伞综合馆可以举办篮球、排球、手球等比赛，从内部观看建筑的设计，顶穹犹如一把伞的结构，配以红色装饰物，特点鲜明、华丽美观。而大连市体育中心

---

① 孔庆波等：《体育场馆资源无形资产的开发与管理研究》，《西安体育学院学报》2017年第5期。
② 张大超等：《中外现代大型体育场馆管理体制的比较》，《体育学刊》2004年第3期。
③ 王跃、陈林华：《大型体育场馆文化展示研究》，《体育文化导刊》2010年第6期。

第九章 实现体育场馆商业化运营回头经济的具体措施

体育场与沈阳市奥体中心五里河体育场同样具有较高的辨识度,大连市体育中心体育场外观采用与北京水立方相同的 ETFE 膜材料,ETFE 膜材料的使用面积在世界上也仅次于北京水立方,在灯光的映衬下,蓝白相间,具有鲜明的"海"的特征。沈阳市奥体中心五里河体育场外形则犹如"水晶皇冠",采用了拱形钢结构,总体设计融入了很多国际上先进的设计理念,并荣获"中国建设工程鲁班奖"与"中国建筑工程钢结构金奖"。

在精神文化层面,大型体育场馆应主动与当地特色文化相融合或借助大型赛事平台展现场馆风貌,从而形成自身独有的精神文化体系,如五棵松体育馆作为北京首钢篮球俱乐部的"主场"。而对于辽宁省而言,大型体育场馆精神文化建设整体目标不够明确,在提炼自身精神文化内涵的问题上意识较为薄弱。所调研的场馆中,较为主动地展示场馆精神文化的有抚顺市雷锋体育场、鞍山市奥林匹克体育中心、本溪体育场以及沈阳奥林匹克体育中心、辽宁体育馆等。为纪念光荣的共产主义战士雷锋而兴建的雷锋体育场,以名人姓名进行场馆命名,让这座现代化体育场富含精神力量,既表达了人们对雷锋同志的敬仰与纪念,使雷锋精神得到进一步传承与发扬,还能够对人们进行精神感染,共同营造美好的精神文明社会。鞍山市奥林匹克体育中心在运营过程中,也包含精神文化的建设,主要体现在冠军墙的设计上,通过一面面墙,将鞍山市培养出的冠军形象地刻画在墙体上,辅以文字介绍,向观众们展现自信与实力,既能够增进市民对当地体育事业发展的了解,也能增强人们的认同感与自豪感,提升体育参与的愉悦感。本溪体育场与辽宁体育馆则是通过大型体育赛事平台进行精神文化建设,二者曾先后作为 CBA 辽宁本钢男篮的主场,在承办大型体育赛事以及陪伴辽宁男篮强大的过程中,场馆逐渐建立起"家"的文化,它不仅仅是整个俱乐部的家,也是每一名球员与工作人员的家,更是每一位辽宁男篮球迷的信仰与归属。对于场馆而言,这种精神文化能够加速其与地方建设发展的融合,有效提升地域影响力,也能够对场馆经济形成反哺。

在制度文化方面,笔者通过对场馆的实地调研发现,当前阶段辽

183

宁体育馆并未建立起科学的制度体系，现有的制度在内容上、功能上以支撑场馆的正常运行为主，主要包括人员管理条例、业务流程以及技术操作规范等。另外，在制度建设方面，辽宁体育馆还没有形成专门负责企业文化建设的管理部门。究其原因，主要是传统管理思维与原有管理体制下对文化建设认识不足，对文化软实力能够产生持续积极影响缺乏充分认识，在管理过程中鲜有设立专门负责企业文化建设的部门与机构。此外，财政吃紧问题限制了管理部门对场馆文化建设的资金投入。作为组织核心竞争力的重要组成部分，辽宁省大型体育场馆文化建设需要具有创新意识，并不断实践，以凝练文化内涵。

四　大型体育场馆运营混合所有制改革推进策略

（一）大型体育场馆运营混合所有制改革中的难点治理对策

1. 实现人力资本管理"走出去"与"引进来"

改革中重要的一环是人的观念的转变，对于辽宁省大型体育场馆而言，观念的转变应从两个方面展开：现有员工"走出去"与新员工"引进来"。所谓"走出去"并不是使现有员工下岗，而是注重对现有员工的培养，让他们学习专业知识与借鉴成功经验。在场馆内部建立员工成长计划，开发内部学习课程，聘请高校经济学、管理学等相关专业人员制订课程计划，进行系统的理论知识学习。邀请场馆管理领域专家或政府相关部门负责人进入场馆对其进行政策的解读与工作的指导，在此过程中让员工领会政策精神以及新形势下转变工作方式的必然性。定期组织员工或骨干参与调研活动，到其他场馆或其他企业进行观摩与学习，感受一家现代化企业或先进场馆优秀的管理模式，将之前学习的理论知识进行内化，了解一名现代化企业的员工应有的责任与素质，促使其产生持续学习的动力，培养积极的工作态度，从而在不断的学习与实践中提升自身素质与工作能力，以适应新运营模式对员工基本素质与能力的要求。

"引进来"是指通过吸引人才，进一步充实人才队伍，提高专业化管理水平。场馆管理应注重加强与高校的联系，建立良好的合作关系，打造产学研一体化平台。一方面充分利用高校的师资为改革过程提供指导，为场馆的战略选择提供专业化的建议，保障场馆整体、长远的健康发展。通过深入场馆生产环节发现问题、优化程序，以提升基层工作效果与效率。另一方面利用产学研平台实现员工的再教育，利用高校成熟的授课体系与完善的教学条件，定期开展专项讲座与技能提升教育，在内部建立学习型组织，为服务水平的持续改善奠定基础。充分吸引高校人才与社会人才充实场馆人才队伍，提高员工的素质与实践水平。要逐步完善人才引进制度，在内部逐渐建立一支高学历、专业化与创新型的人才队伍。

2. 建立现代企业业绩考核制度

大型体育场馆实行混合所有制改革要逐步完善人力资本管理制度，包括人力资本引进、薪酬管理、绩效管理、责任管理等多方面。对于辽宁省大型体育场馆而言，实现人力资本的科学管理应从以下两个方面着手：一是要建立职业经理人制度。以职业经理人制度取代传统的行政任免制度，职业经理人拥有专业化的知识储备以及丰富的管理实践经验，对于大型体育场馆经营市场拥有更灵敏的市场嗅觉，能够根据场馆自身条件以及环境要求对经营计划做出更加符合实际、科学的规划。合格的职业经理人更善于领导一个组织，能够在场馆组织凝聚力提升、团结合作精神的树立以及个人主观能动性的发挥等方面有所建树，从而在内部营造一种积极、负责的团队氛围。理想的职业经理人不具有行政背景，且实行的是由年薪与绩效奖金组成的薪酬制度，能够保证个人精力集中于场馆运营中，以获得更高的物质报酬和更加精彩的职业经历，能够真正做到"任其职，尽其责"。二是要逐步建立员工业绩考核体系。物质激励是最直接的激励，在基本的薪酬基础上，根据员工的工作态度与工作成效确立薪酬等级，这样做能够有效提升场馆员工的工作积极性。此外还可以根据场馆的实际运营状况，改革实施规划，强调责任到岗，完善奖惩机制，提高责任意识、岗位意识以及集体意识。

3. 强化引导，统一理念

辽宁省大型体育场馆混合所有制改革推进伊始，社会各界对国有资本的处置持观望与质疑态度，社会资本对于参与改革信心不足，一定程度上与辽宁省推进改革过程中缺乏充分的说明与舆论引导有关。

为了向社会展示混合所有制改革的优势，政府作为改革的主要推动者，应充分认识到宣传引导在工作推进中的重要作用，充分地引导与宣传能够让社会各界对改革产生客观、真实的认识，弥补国有资本与社会资本之间鸿沟，提升各方对改革成效前景的信心。因此，笔者提出以下具体建议。第一，政府相关管理部门与场馆应通过文件补充说明、电视节目系列报道（新闻发布会、调研视频报道、场馆改革专项栏目）、定期组织民企与国企商讨会等形式以强化引导。第二，明确改革目标，即通过社会资本的引入，实现国资与民资的优势互补，在建立现代企业制度的基础上充分开发辽宁省大型体育场馆资源，创造更大的经济与社会价值。第三，消除改革偏见，针对基层认识不足而产生的机械性的"混"，应强调"混"是改革的基本手段，改革的重点是实现"合"，即合作共赢，资源融合、优势融合、利益融合，消除以往对改革"甩包袱"的认识，强调"合"的意义与价值。第四，明晰改革与资产流失的关系，不可否认的是，以往混合所有制改革尤其是国企改革，出现了少量国有资产流失的情况，因而明晰资产流失相关问题，确保国有资产能够在改革的进程中得到保护，完善的资产评估体系以及合理的监督机制能够有效避免投机事件的发生。第五，统一改革路径，区别于简单的股权多元化，辽宁省大型体育场馆进行混合所有制改革强调与社会资本的融合发展，引入科学的管理方式与高效的资产运作模式，建立符合市场特点的现代化场馆运营模式。

（二）大型体育场馆运营混合所有制改革风险规避路径

1. 完善监管体系，推动资产操作公开、公正、透明

根据国有企业改制的经验，避免混合所有制改革过程中国有资产的流失，既需要完善改革的顶层设计，也需要制定改制规划的具体实施细则。国有资产管理部门在对国企充分行使指导、监督职责的同时，还应做好体制结构设计、制度体系设计和监督追责设计，加强对资产评估机构的管理，建立"不能流失"的制度体系和"不敢流失"的监督追责体系。为避免场馆运营混合所有制改革中资产流失现象的出现，应采取措施主动规避。首先，建立公共体育场馆及其附属资源转让公示制度，在体育场馆资产转让中形成买者和卖者之间公开公平

第九章 实现体育场馆商业化运营回头经济的具体措施

竞争的局面，利用竞争机制推动资产价值定位的合理化，公开转让操作流程，接受政府部门以及人民群众的监督，从而避免"暗箱操作"，减少甚至消除体育场馆资源因信息不透明而导致国有资产流失的现象。[1] 其次，公正地评估体育场馆资产，通过完善资产评估法规，引入专业机构，规范资产评估程序和制度，严格执法，加强对资产评估的监管，做到资产评估的公正、科学，保证体育场馆资源评估价值的合理、准确。最后，构建体育场馆无形资产的评估体系。无形资产虽不具有具体的形态，却是影响场馆管理的重要因素与经营效益产出的重要源泉，场馆冠名权、广告发布权以及场馆文化等都是体育场馆无形资产的表现形式。无形资产评估理所应当被予以充分重视，然而辽宁省政府和社会力量对体育场馆无形资产的理论研究以及实践探索方面做得还不到位，在具体评估过程中可以借鉴国外实践经验，结合我国国情，灵活运用。

2. 建立场馆公共服务标准，完善监督考核机制

全民健身是促进健康中国战略完成的关键步骤，伴随着全民健身战略的实施，我国体育事业建设的重心转向公共体育服务领域。其中，体育场馆是公共体育服务供给的重要物质基础，公益输出自然成为公共体育场馆的价值体现。在公共体育场馆运营管理中培育多元主体，以混合所有制的形式改善场馆经营效果，应以不影响公共体育服务质量为基本前提。体育场馆开展混合所有制经营过程中出现的恶性挤压公共体育服务空间的现象，源于改制过程中缺乏具有制约力与可操作性强的相关制度，以及忽视了对场馆公共体育服务部分绩效考核机制的完善。因此，作为体育场馆的主管部门，应推动各方出台场馆公共服务标准，落实管理细则与明晰公共体育服务基本范围，实施对场馆周边社区民众基本体育需求的实时监控，实现对服务内容、范围的动态调整，从而提高服务效率与质量。同时，推动混合所有制经营并非意味着行政力量的完全隐退，而是实现角色的转变。政府在运营

---

[1] 王林：《强化政府对国有企业改制中资产流失监管的对策探讨》，《商业经济》2013年第12期。

中充分行使对国有资产的监督权,保证其不被市场化的浪潮所淹没。建立与完善体育场馆公共体育服务职能绩效考核机制,如应将所提供服务的种类、范围、具体内容等纳入考核细则,并将社区民众对体育场馆的满意度作为考察的重要指标,实施定期与不定期检查相结合的动态考核,以保障体育场馆提供公共体育服务的质量。[①]

3. 发挥政府主导作用,统筹规划与实施

稳步推进公共体育场馆的改革进程,避免改革陷阱,成为各界需要面对的现实问题。因此,在改制过程中,应充分发挥政府的主导、引领与监督作用,并有效开展统筹规划、稳步推进与监督验收等工作。第一,设置员工角色转变缓冲区并逐步完善绩效考核制度,通过员工培训、进修等渠道引导其实现从"行政事业工作"到"经营管理工作"的职责认知转变,将工作思路定位至如何通过自身专业素养的提高以提升工作服务质量,以及完成个人工作认知与企业运营理念的统一上,同时辅以绩效考核制度,帮助员工实现转变,从而避免新管理体制的"硬着陆"。第二,事实证明,原先的事业单位管理模式还未从实质上改变体育场馆的运营现状,很重要的原因是所有权、经营权以及法人代表关系混乱。而混合所有制改革的重点就是发挥民营企业的管理优势,规范治理机制,真正实现场馆管理中管办分离,推动高级管理层的职业化,聘请有职业素养和专业管理经验的人员进行专业化管理,避免改革重蹈覆辙。第三,充分利用行政强制力营造良好的场馆运营组织内部生态,以"主事人"的态度公开、公正评判多方合作过程中"权、责、利"不对等的现象,结合完善的场馆运营组织监督机制,降低机会事件发生的概率,保证各方充分行使应有的权力、承担应尽职责与维护共同利益。

[①] 陈元欣、刘倩:《我国大型体育场馆运营管理现状与发展研究》,《体育成人教育学刊》2015年第6期。

第十章

总　结

第一节　结论

（1）国外体育场馆研究，主要涉及体育场馆政策与补贴研究、体育场馆服务水平提升研究、体育场馆的商业化运营与营销研究、学校及社区体育场馆的相关研究、体育场馆比赛编排研究以及体育场馆与社会环境的关系研究。

（2）国内体育场馆研究，主要包括体育场馆的运营研究、体育场馆的管理研究、体育场馆的服务业研究、体育场馆运营过程中面临的问题与体育场馆建设研究、体育场馆的布局与设计研究、体育场馆的资产与效益研究、体育场馆的政策制度研究以及学校体育场馆使用研究。

（3）三次售卖理论、服务营销理论、热点营销理论、大市场营销理论是体育场馆商业运营过程中创造回头经济的理论机理，这些理论奠定了本书研究的理论基础。

（4）体育场馆商业化运营与回头经济的逻辑关系为：体育场馆商业化运营具备形成回头经济的条件逻辑，同时体育场馆自身的商业化运营模式也具备生成回头经济的实践逻辑。其中，体育场馆商业化运营生成回头经济的实践逻辑，包括体育场馆举办比赛的收入、体育场馆商业化运作开发、比赛场地的多功能使用以及声望、历史等体育场馆无形资产。

（5）消费者的一次性消费的完成（形成注意力经济）—消费者增多、形成消费群体、场馆相关信息呈扩散趋势发展（打造影响力经济）—消费群体的二次定向消费或连环消费的出现（实现回头经济）是体育场馆商业化运营中回头经济的形成过程。

（6）实现回头经济的前提就是拥有相应数量的消费者和顾客回头率，而优质的场馆资源是实现前提效应的现实基础，因此必须提供合适的营销组合策略，给消费者提供优质的消费健身环境。以上均为体育场馆商业化运营过程中回头经济形成的必备条件。

（7）体育场馆商业运营的回头经济的现实价值包括固有价值和效益价值。然而体育场馆自身需要商业化运营，必然产生回头经济的固有价值，拥有创造政治效益和经济效益的效益价值，通过行为忠诚和态度忠诚实现体育场馆商业化运营回头经济。

（8）实地调研得知，体育场馆的改革初见成效，民营企业积极性高，活动多元，重社会效益的打造，但由于监督体系、激励机制、科技应用、人才储备、内部运行机制等方面存在制约因素，致使体育场馆商业化运营中仍存在政策引导、政策实践、制度审批、运营主体、运营意识及运营吸引力等问题，制约回头经济的实现。

（9）新时代的中国体育获得了长足发展，展现了可信、可爱、可敬的中国形象，中国，正在加快步伐向体育强国迈进。党的二十大报告提出"促进群众体育和竞技体育全面发展，加快建设体育强国"是进入全面建成社会主义现代化强国新征程体育事业的战略任务和核心工作。促进群众体育和竞技体育全面发展，加快建成社会主义现代化体育强国，是实现中华民族伟大复兴中国梦的题中要义。因此，每一位中国人和体育人的重要使命之一就是加快建设体育强国，为实现中国现代化的体育高质量发展贡献力量。

第十章 总 结

第二节 建议

（1）与其他行业融合发展来吸引顾客一次性消费。体育场馆实现回头经济的潜在竞争者主要是其他休闲娱乐场所。所以，场馆可以发挥其竞争者不具有的与其他行业融合性强的优势，通过与其他行业合作宣传来赢得顾客的一次性消费，如CBA辽宁本钢男篮原来的主场本溪体育场就是一个成功的案例。2011年，辽宁队来到本溪，球队因战绩不佳加上本溪体育场容纳量仅仅是辽宁体育馆的1/2且缺乏先进设施等原因导致顾客人数较少、场馆收益一般。改变从2014年开始，那个赛季，场馆方面首先喊出"冬季到本溪来看球"的口号，设计并推出冬季旅游精品路线，将CBA赛事与旅游产业相结合来吸引顾客。该体育场馆还利用投入20余万元安装21盏路灯照亮夜间球场附近街道等方式提高服务质量，为顾客提供良好的一次性消费体验，久而久之，这些顾客成了回头客，能容纳6000余人的本溪体育场经常一票难求，完美地形成了回头经济。

（2）引进高科技技术以便给顾客带来良好的消费体验。室外体育场馆存在的主要问题是受气候等外界条件影响较大，严重影响室外体育场馆的服务业。这时，引进高科技可以改变这种状况。例如，由于气候等外部因素的影响，很多顾客愿意将运动场地由室外体育场馆转向室内体育场馆，但有时因比赛过于激烈，体育馆由于通风条件差等原因，室内的温度、湿度与外界相差较大，一些运动员无法达到最佳状态，观众的心情也因此受到影响。这时，气模体育馆的建立就成为解决这些问题的最佳方案。作为新型场馆的气膜体育馆借力科技，使用独特的建筑材料制作场馆外壳；凭借技术加持，配备专业的全自动机电控制体系，创造舒适的健身休闲环境，使气模场馆内外部之间的气压差保持在平衡状态，完美地解决了上述问题。

（3）引进专业的管理人员解决运营问题。体育场馆需处理好运营问题，如利润计算、设施引进、法律纠纷等。这时引进一位专业的管理人员可以使这些问题迎刃而解并以最快的速度实现回头经济。然而，现今很多体育场馆都缺少专业的体育管理者，包括许多高校的场馆都是由体育部兼管，这并不科学。拥有专业的体育管理者可以更好地对场馆进行经营管理，遇到事情也可以随机应变，无疑增加了场馆的软实力。当下我国体育领域的专业管理人员数量不多、质量也有待提高，而国外在体育管理方面的发展较为先进，可以积极学习国外优秀成果，在洋为中用的基础上，结合我国体育发展的实际情况，在学习创新的同时，不断提高自我，最终形成一套独具特色的体育管理人才培养计划的"中国方案"。

（4）找准场馆目标市场，提高市场占有率和顾客回头率。准确把握产品的目标市场、找准产品的目标人群。一是科学合理地细分市场：①根据场馆的地理位置细分；②根据社会经济水平细分；③根据体育人口的特征细分。二是根据不同目标市场的特征准确把握目标人群：①地理布局标准，应根据居住人口和交通便利等相关条件，运营符合该区域内消费人群需求的体育场馆；②经济实力标准，应该根据区域居住人口的实际收入状况确定能够被大多数消费群体所接受的产品及服务价格；③人口划分标准，应该综合考虑参与体育的群体年龄、性别、学历、职业等基本特征，提供符合消费者需求的产品及服务。

（5）打造场馆回头资源，维持顾客消费频次。依据产品生命周期特点可将体育场馆回头资源的积累分为步入期、成长期和成熟期三个阶段。在步入期阶段，应采用集中性市场营销的方式，积累场馆回头资源；在成长期阶段，必须以提高场馆服务质量为前提，专注场馆影响力打造，树立场馆品牌形象；在成熟期阶段，应扩大市场经营规模，实施规范、人性化管理策略。

（6）注重场馆服务环境，提高场馆服务质量。体育场馆的服务环境分为外在环境和内在环境两个部分。在外在环境方面，必须重视场馆的选址位置和交通设施等条件，设置便利的泊车情况，吸引顾客消费，关注场馆辐射区域的风土人情和社会经济水平等因素。在内在环境方面，应提供高质量、高标准的场馆服务；配备多样化的体育场馆附属设施；制定严格、规范、有序及人性化的管理制度。

（7）实行多样化的经营策略，满足不同人群的消费需求。引入产品营销4P模式，推出多样化的体育场馆，制定适合大众的消费价格；推行多渠道销售和多样化促销。

（8）引入数字技术，增强科技体验。通过数字技术与设备的引入，为观众提供先进、高清、良好的数字化观赛体验；为场馆举办的大型赛事提供系统智能保障，包括新型信息设备和多元功能的信息化服务；提高场馆安全能力和场馆工作人员安保能力。

（9）通过完善民营体育场馆的软硬件器材设施资源，为消费者提供极佳的健身消费氛围。实施民营体育场馆品牌战略，加强管理、优化服务；创新民营体育场馆运营机制，整合资源，使之得到合理分配，提升我国民营体育场馆的服务质量与管理运营水平。

（10）党的十八大以来，习近平总书记高度关心和重视体育事业，始终从中华民族伟大复兴和人民对美好生活的向往的高度引领体育事业健康有序发展。党的二十大顺利召开，习近平总书记再次发出"促进群众体育和竞技体育全面发展，加快建设体育强国"的时代号召，不但凸显我国体育事业对全面夺取中国特色社会主义新胜利的战略意义，还为我国体育事业迈上新征程、擘画新蓝图指明了发展方向。

促进体育高质量发展，首先需要规划好体育人才建设路径。必须贯彻落实党的二十大报告提出的为党育人、为国育才的国家战略需求是高等教育人才培养的根本指向，助推中国特色体育学知识体系构建，聚焦"中国""自主""知识体系"三大关键词，突出中国特色、时代特征、体育特性等，规划新时代体育人才培养体系，为体育场馆的科学运营提供人才支撑。此外，为贯彻落实党的二十大精神，不仅需要进一步健全公共体育服务体系，提高公共体育资源配置水平，实现体育场地资源配置的可达性，还需要进一步提高体育产业的整体发展水平，通过体育服务业的转型升级带动产业协调发展。通过体育资源配置的可达性和体育产业发展的有效性满足广大群众的健身热情和消费需求，站在人民的整体角度来建设体育强国，凝心聚力办好人民满意的体育事业和体育产业。体育场馆业作为体育服务业的重要部分，只有通过有效的运营手段，提供优质场馆的产品和服务，才能增强消费群体的满足感和获得感，助力体育强国梦的实现。

新时代新征程我们的奋斗使命任务就是以中国式现代化全面推进中华民族伟大复兴，体育战线要以更加饱满的热情、实干的精神、奋斗的姿态投身到接下来的工作中去，作为体育服务业的体育场馆业不仅提供符合更高水平的全民健身公共服务体系要求的产品与服务，还需要通过自身运营系统的优化，顺应健身消费者对高品质生活期待的内在要求，加速推进体育强国建设。

附　录

【案例1】体育场馆商业运营模式的实践与探索："鸟巢"PPP项目

改革开放以来，随着我国市场经济体制的不断完善，体育场馆逐渐形成了一种新型商业化的运营模式。但受体育场馆商业化运营的政策法规不够完善、监管环节缺失、缺乏规范化标准等因素的影响，我国体育场馆商业化运营面临诸多困难。伴随体育场馆商业化运营的不断探索与发展，我国体育场馆商业化运营模式改革经历了扩大经营权、企业化经营管理、采用政府和社会资本合作（Public-Private-Partnership，PPP）模式等阶段。PPP模式于2008年前在我国多个公共服务领域的试点，这一体制机制的变革对经济的转型升级、政府的职能转变以及国家的治理能力的提升具有明显的积极作用，也在一定程度上缓解了当地的财政支出，成功的PPP模式所产出的效益甚至能够反哺当地财政。PPP模式在我国体育场馆建设运营上的应用体现在"鸟巢"项目上，该项目是我国第一个采用PPP模式进行大型体育场馆商业化运营的典型案例。虽然最后结果以中标企业——中信联合体放弃30年特许经营权而草草收场，被视为一个失败的PPP项目，但从实践探索和总结经验的视角来看，这一案例作为先锋所反映出的问题为此后的体育场馆商业化运营提出了宝贵经验。

国家发展和改革委员会投资研究所体制政策室主任、中国国际工程咨询公司和国家开发银行专家委员会专家、中国投资协会投资咨询专委会理事吴亚平先生认为,正是由于社会资本方的一系列不专业行为,最终导致"鸟巢"这一PPP项目的失败。①此外,"鸟巢"PPP项目未能取得"突破"的客观原因主要在于,项目仅仅只是看到了国家体育场馆建设的融资需求,而相关部门并没有在"融智"和"融制"两方面付诸行动,以至于体育场馆商业化运营的政策法规始终未能得到完善。②

一 "鸟巢"PPP项目概况

PPP模式是指为提供某种公共服务和物品,政府与私人企业等通过签订合同,明确各自权利与义务,并建立一种战略合作伙伴关系,以促进双方合作顺利进行,朝着有利于双方合作的方向不断发展。早期,这一模式在我国基础设施与公共服务建设中发挥了积极的作用。

"鸟巢"作为2008年北京奥运会的主场馆,是一所领先国际的大型多功能综合体育场馆,也是我国首个运用PPP模式建设和运营的大型体育场馆项目。项目共花费31.39亿元建成,总占地面积达21公顷,其中建筑面积25.8万平方米,场馆最多可同时容纳8万名观众,可承担田径、足球赛等一系列体育赛事以及文艺会演、商业展览等众多非竞赛活动。

在建造"鸟巢"之前,政府曾开展了轰动全世界的社会资本方(项目法人)招标,在众多竞标者中,中信联合体(包括中信集团公司等四家企业在内的一个联合组织)最终脱颖而出,并与政府签订了一份关于经营"鸟巢"项目达30年的特权的合作协议。在建造"鸟巢"的总投资中,中信联合体占比42%,代表市政府的北京市国有资产经营公司占比58%。经双方协商决定,通过中外合资经营的方式成立国家体育场有限责任公司,该公司的投资占总投资项目的1/3(10.43亿元),其主要任务是负责"鸟巢"的投资、融资、建设和运营管理等全生命周期的工作。而关于中信联合体的出资情况则是中信集团(中国)、北京城建集团(中国)、金州公司(美国)的投资比分别是65%、30%、5%,其中中信集团的投资又包含内资(90%)

---

① 吴亚平:《"鸟巢"PPP模式失败原因探析》,《中国投资》2016年第11期。
② 靳萌:《"鸟巢"PPP项目融资模式分析》,《广西质量监督导报》2019年第7期。

和外资（10%）两部分。

面对严重亏损的情况，合作各方也大大降低了对于"鸟巢"项目盈利的期望，而在 2009 年 8 月 20 日，合作双方又签订了一份关于改造项目公司为股份制公司的协议——《关于进一步加强国家体育场运营维护管理协议》，具体措施如下：①北京市政府（持有58%的股份）主管"鸟巢"的经营并依法承担相关责任；②中信联合体成员（持有42%的股份）成为"鸟巢"项目的永久股东并终止 30 年特许经营权；③北京市国资委获得国家体育场有限责任公司高层管理者的指派权。这使"鸟巢"成为一个典型的中外合资经营公司，同时也意味着 PPP 模式的失败。

二 "鸟巢" PPP 模式运营失败的主要原因

"鸟巢"项目即使在立项之初便获得了土地、投资、税收和市场等多方面的政策支持，且也曾经作为 PPP 模式成功落地的典型案例而得到宣传，最终却成为运营失败的 PPP 项目的典型，这其中就有多个方面的原因。

（1）项目开展后对商业运营的限制。"鸟巢"在一定程度上代表着国家的风气与面貌，因此基于国家体育场的定位考虑，北京市政府对体育场内的广告投放设施数量等配套商业设施数量以及"鸟巢"的冠名权和座椅广告经营进行了限制，影响了项目经营收入，这在很大程度上破坏了整体资金链条的稳定性。虽然这些要求本不应存在，但从国家角度来看，"鸟巢"承担着向世界展示中国的重要作用，因此这也是理所应当的。导致 PPP 项目最终功亏一篑的根本原因在于，中信联合体最初在投标和特许经营谈判时就没有考虑到这一项目背后的各种问题和潜在的风险，项目缺乏相应的风险防范机制。

（2）项目的失败从根源上讲，就是专业性缺失。同时，这也是"鸟巢"项目所引发的其他问题的根源。中心联合体核心项目是融资、工程建设、信息技术开发，而在体育场馆运营商方面则缺乏管理经验。正是由于此，大多社会资本方往往在中标后的体育场馆建设和运营中没有考虑风险和制约因素，因此无法有效分担风险。

（3）项目的设计在建设过程中出现了重大变更。中信联合体与北京市政府签订的协议当中有根据前期计划预期达成的商业目标，但在"鸟巢"具体建设过程中，却屡屡出现设计变动的情况。停车位由最初的2000个减少到现在的1000个，导致现场看比赛或参加商业活动的人数明显下降，其他商业零售收入进而受到了影响。此外，中途取消了建设可闭合顶盖的设计，虽然投资成本降低了许多，但场馆承办商业活动会受天气等因素的影响，这些改变带来了众多不良影响，会增加大量无形成本。此外，这一改变还导致设计荷载，进而造成前期大量基础工程的资源浪费。无论从哪个角度来看，这都是"得不偿失"的。

（4）项目建设之初未充分考虑后期的商业运营。对设计方案优化，使之契合商业运营模式，这本就应是PPP项目中社会资本方主动行使的"权利"。然而，"鸟巢"PPP项目主体中信联合体在签订协议之初便放弃了相当一部分主导权利，自打接手项目管理权后，大概率就没法更好地优化设计和开展商业运营。实际上，由于中信联合体本身对运营管理专业化大型体育场馆的经验有所欠缺，所以要想真正做好设计方案的优化是很困难的。依据国际上相同的大型体育场馆PPP项目的成功经验来看，综合性和多样化的运营模式才是适合大型体育场馆的发展道路，仅仅依靠办比赛卖门票的收入是不够的，还需要配置较为完善的基础设施，"鸟巢"在这一方面就存在严重不足。[①]

三 "鸟巢"商业运营失败的启示

PPP模式是政府在基础设施和公共服务领域对社会资本方的融智+融制+融资。其中，融智，即指融合智力，包括社会资本的技术、人才和经营优势；融制，即指融合管理制度，包括社会资本方的公司治理和管理制度优势；融资，这类似于改革开放以来我国产业领域引进外商直接投资的初衷。体育场馆专业化运营是"鸟巢"项目失败带给我们最大的教训。专业化是大型体育场馆商业模式获取成功的重要前提，也是对社会资本准入的基本要求。通过PPP模式引入专业化的社会资本方是国家推广运用PPP模式的重要政策导向。满足政府融智、融制、融资的需求是基础设施和公共服务领域引入PPP模式的重要前

---

① 靳萌：《"鸟巢"PPP项目融资模式分析》，《广西质量监督导报》2019年第7期。

提。这不仅对处于研究策划阶段的 PPP 项目实施机构尤为重要，即便是对已经成功落地和进入正常运营阶段的 PPP 项目实施机构同样如此。PPP 项目实施机构要时刻关注客户的需求，注意回头经济的打造，从而才能保证体育场馆商业运营的可持续性。一个 PPP 项目成功落地，并不能保证全生命周期的成功，虽然相对于制造业项目而言，基础设施和公共服务项目的风险是比较小的，但政府仍需要有经验的、专业化的社会资本方参与。假如社会资本方缺乏行业、技术、管理等方面的经验，对相关行业领域项目的投资建设和运营一窍不通，那么他们也许压根就不知道需要对设计方案进行优化，致使自身无法主动控制投资建设和运营维护成本，难以有效识别项目的各种潜在风险和建立有效的风险分担机制，也就更不用说保障项目的合理投资回报了。

"鸟巢"项目的失败给那些打算投资大型体育场馆商业运营的企业们上了一课。兴许这一项目在确立之初的确满足了政府的融资需要，也满足了工程建设的需要，但很显然的是，项目并没有达成融智和融制的目标。社会资本若仅有资金支持，只注重项目建设期的工程施工利润，而忽略了运营管理经验、消费者的主观需求及意愿和后续经营成效，这是绝对不会成功的。

【案例 2】国外体育馆商业运营成功案例：新加坡体育城

新加坡体育城是"2030 年新加坡体育远景规划"的大型体育娱乐设施重点项目，也是亚洲第一个集体育、娱乐、商业和生活于一体的综合性中心，从立项之初便制定了长久发展的目标。该体育城由数个体育场馆相连接而形成，城内场馆不但互相连接，周围还设有商场、酒店、KTV、游乐中心等。总耗资约 10 亿美元，位于人口较为密集的中心地区，交通便利，占地面积 35 万平方米。[①]

[①] Singapore Sports Hub, "Singapore Sports Hub", https://tickikids.com/zh-sg/singapore-sports-hub/

由于新加坡体育城采用的是多元化的商业运营模式（见附录图1），有能力承接各类大型活动，因此常作为国际体育赛事的比赛场地。得益于使用率最大化的建设目标，新加坡体育城的场地设施均配备有温度调节系统，使该体育场馆所提供的软硬件设施一年四季均可使用。体育城中有一国家体育场，它在同一场地可以同时举办田径、足球、橄榄球和板球比赛，并能在48小时内完成模式切换。① 体育场步行道将体育城内所有部分连接了起来，即使人们不进到场馆内，也可以围绕着场馆周围的步行道或公共区域进行慢跑或一些热身运动。体育场馆不同区域设有硬地球场、滑板公园、健身角、慢跑道和沙滩排球场等活动场地，是一个多元化的体育运动社区。② 通常情况下，体育城中的体育场馆与国家体育场会根据体育赛事、演艺活动及其规模和需求承办活动。③

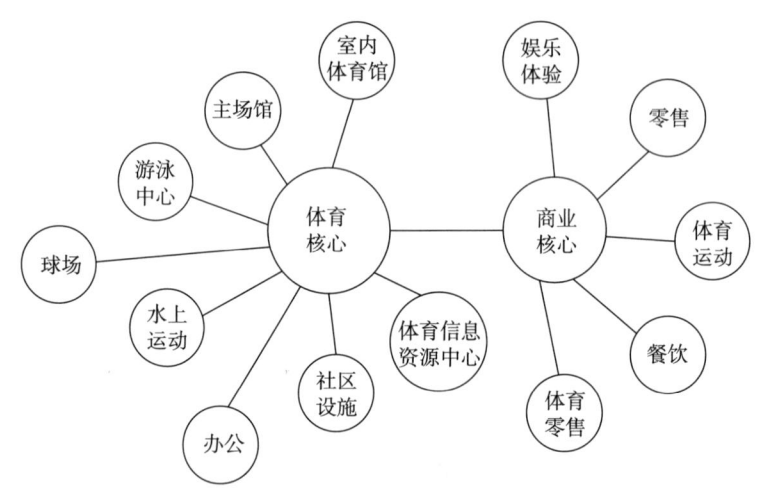

附图1　新加坡体育城商业运营模式

---

① "Finance and Operate (DBFO) PPP Model.", https://www.mof.gov.sg/Policies/Government-Procurement/Procurement-Process Awarded to Singapore Sports Hub Consortium (SSHC) led by Dragages Singapore Pre Ltd on a Design, Build, Finance and Operate (DBFO) PPP model.

② "Sports Hub Fact Sheet", https://web.archive.org/web/20140327195206/http://www.ssc.govsg:80/publish/etc/medialib/sports_web_uploads/gc/sports_hub_enclosures.Par.0022.Filetmp/SportsHub%20Brochure new low%20resolution.pdf.

③ 网易网体育产业生态圈：《这座体育城斥资10亿美元　35万平方里藏着新加坡体育的真实模样》，网易严选网，https://www.163.com/dy/article/E3O8C61G05299B1S.html.

参考文献

蔡淑萍：《北京奥运场馆后续利用刍议》，《体育文化导刊》2011年第1期。

柴仲学：《"互联网+"时代我国体育场馆服务转型升级的发展路径研究》，《南京体育学院学报》（社会科学版）2017年第2期。

陈喜珍：《大连体育旅游研究》，《体育文化导刊》2008年第3期。

陈晓静、杨俊峰：《"互联网+"背景下武汉市智慧城市与智慧体育场馆建设研究》，《智能建筑》2018年第10期。

陈旭：《IPA分析法的修正及其在游客满意度研究的应用》，《旅游学刊》2013年第11期。

陈瑜、王龙飞：《我国近三届全运会场馆经营管理运作状况调查分析及对策研究》，《南京体育学院学报》（社会科学版）2008年第3期。

陈元欣等：《公共体育场（馆）委托管理激励机制研究》，《中国体育科技》2019年第1期。

陈元欣、姬庆：《大型体育场馆运营内容产业发展现状、问题及对策》，《首都体育学院学报》2015年第6期。

陈元欣等：《大型体育场馆余裕空间利用研究》，《北京体育大学学报》2014年第4期。

陈元欣、刘倩：《我国大型体育场馆运营管理现状与发展研究》，《体育成人教育学刊》2015年第6期。

陈元欣等：《"营改增"对体育场馆运营的影响研究》，《体育文化导刊》2016年第2期。

陈元欣等：《后奥运时期大型体育场馆运营现状、问题及其发展研究》，《北京体育大学学报》2012年第8期。

陈元欣、王健：《大型体育场（馆）运营管理企业化改革研究》，《体育科学》2015年第10期。

陈元欣、王健：《公共体育场（馆）运营改革过度市场化问题研究》，《体育科学》2014年第6期。

陈元欣、王健：《美国赛事及场馆设施外部效应研究现状及其启示》，《武汉体育学院学报》2008年第1期。

陈元欣等：《体育场馆运营支持政策的现存问题、不利影响与应对策略》，《上海体育学院学报》2016年第6期。

邓爱民等：《网络购物顾客忠诚度影响因素的实证研究》，《中国管理科学》2014年第6期。

董颖、温洪泽：《21世纪中国体育场馆政策法规效用研究》，《广州体育学院学报》2014年第6期。

杜朝辉：《大型体育场馆运营绩效评价体系研究》，《成都体育学院学报》2015年第5期。

杜海：《探究电子商务对传统营销策略的挑战》，《商场现代化》2012年第31期。

段明会：《基于"互联网+"背景下体育场馆市场拓展与用户寻求的策略研究》，《南京体育学院学报》（自然科学版）2015年第6期。

方曙光、陈元欣：《民营机构参与体育场馆市场化运营研究》，《天津体育学院学报》2012年第1期。

方田红：《上海市民城市休闲行为的时空结构特征分析》，《华东理工大学学报》（社会科学版）2009年第3期。

冯明荣：《体验经济视角下高校体育场馆的营销创新》，《上海体育学院学报》2012年第3期。

冯欣欣等：《西方国家大型体育场馆民营化改革研究》，《沈阳体育学院学报》2009年第4期。

冯欣欣：《对我国公共体育场馆应用PPP模式的思考》，《中国市场》2007年第48期。

高晓波、王治力：《提高大型体育场馆体育健身休闲服务质量的供给侧改革对策》，《体育学刊》2018年第5期。

耿宝权：《大型体育场馆的DCM建设管理模式研究》，《北京体育大学学报》2014年第11期。

耿锁奎：《数字健身平台的建设与应用探讨》，中国体育科学学会体育计算机应用分会论文，北京，2013年。

郭五一等：《试论我国奥运场馆冠名权的商业价值》，《商业时代》2008年第34期。

郭五一等：《我国奥运场馆冠名权开发构想》，《体育文化导刊》2008年第6期。

郭艳华：《发达国家大型体育场馆建设的国际经验》，《武汉体育学院学报》2017年第7期。

洪志生等：《服务质量管理研究的回顾与现状探析》，《管理评论》2012年第7期。

侯斌等：《公共财政视角下新农村体育场地设施投入研究》，《北京体育大学学报》2011年第3期。

胡继东等：《体育场馆运营服务质量评价指标体系研究》，《标准科学》2015年第3期。

胡庆山等：《论我国综合性大型体育场馆发展的体制性障碍问题》，《上海体育学院学报》2006年第2期。

胡胜昔：《广州亚运会场馆无形资产的赛后开发利用》，《广州体育学院学报》2011年第3期。

胡新赞：《复合功能体育建筑建设与运营管理》第一卷（册），中国建筑工业出版社2019年版。

黄睿：《建设低碳型体育场馆的研究》，《广州体育学院学报》2011年第6期。

黄亚南：《公司治理的本质和形式：日本的经验教训》，《上海经济研究》2009年第4期。

黄泽民：《体育经济中个人消费行为系统性分析——体育注意力

转化为体育消费的基本条件》，《体育科学》2008 年第 10 期。

黄卓等：《西方国家体育场馆资产并购控制的分析及启示》，《体育学刊》2008 年第 3 期。

黄宗成等：《中高龄族群长住型旅馆经营管理之探究：以 IPA 及其应用为例》，《北京第二外国语学院学报》2002 年第 1 期。

霍亮等：《公共体育场馆特许经营方式探析》，《体育文化导刊》2011 年第 3 期。

江广金：《体育产业发展背景下高校体育场馆商业运营研究》，《商业时代》2014 年第 31 期。

孔庆波等：《体育场馆资源无形资产的开发与管理研究》，《西安体育学院学报》2017 年第 5 期。

寇健忠：《体育场地资源配置的均衡性研究》，《北京体育大学学报》2017 年第 4 期。

雷厉等：《我国大型体育场馆运营管理：模式选择与路径安排》，《北京体育大学学报》2013 年第 10 期。

黎桦：《国企改革与国有资产流失风险的耦合性及法律治理》，《北京理工大学学报》（社会科学版）2016 年第 2 期。

李采丰：《都市体育场馆经营策略研析》，《商业经济研究》2016 年第 22 期。

李超：《大型公共体育场馆委托经营管理模式研究——以河北省为例》，《广州体育学院学报》2015 年第 3 期。

李飞：《品牌定位点的选择模型研究》，《商业经济与管理》2009 年第 11 期。

李海洋：《提高顾客回头率是赢得市场的关键》，《企业管理》1993 年第 3 期。

李恒：《互联网重构体育产业及其未来趋势》，《上海体育学院学报》2016 年第 6 期。

李丽、杨小龙：《公共财政视角下我国公共体育场地建设研究》，《武汉体育学院学报》2015 年第 3 期。

李强谊、钟水映：《我国体育资源配置水平的空间非均衡及其分布动态演进》，《体育科学》2016 年第 3 期。

李睿等：《5G 发展动态与运营商应对策略》，《信息通信技术》2018 年第 4 期。

李少龙：《高科技体育产品的风险问题》，《体育学刊》2003 年第 4 期。

李圣鑫：《体育公共服务体系建设中大型体育场馆的服务功能研究》，《成都体育学院学报》2014 年第 6 期。

李秀伟、修春亮：《东北三省区域经济极化的新格局》，《地理科学》2008 年第 6 期。

李颖灏、张茁：《消费认同对品牌购买意愿的影响》，《商业研究》2013 年第 11 期。

李震、郭敏：《基于 DEA 的大型体育场（馆）免费低收费对外开放效率研究》，《体育科学》2017 年第 8 期。

林琳等：《厦门市公共体育场馆管理运营现状与对策研究》，《首都体育学学报》2008 年第 5 期。

刘波、邹玉玲：《"公共物品理论"视角下我国公共体育场馆民营化改革的思考》，《首都体育学院学报》2008 年第 4 期。

刘杰：《大型体育场馆市场化运营的体制性障碍研究》，《武汉体育学院学报》2011 年第 6 期。

刘静、刘昕：《城市中小学校体育场馆对外开放管理模式的调查：以江苏省为例》，《首都体育学院学报》2014 年第 1 期。

刘璐、李峰：《学校体育场地设施向社会开放的困境与现实路向研究》，《沈阳体育学院学报》2016 年第 3 期。

刘倩等：《大型体育场馆公共服务满意度调查分析——以洪山体育中心为例》，《武汉体育学院学报》2014 年第 9 期。

刘小辉：《体育场馆景观设计的文化学研究》，《人民论坛》（中旬刊）2011 年第 2 期。

刘小湘：《厦门市体育场地投融资现状研究》，《山东体育学院学报》2012 年第 1 期。

刘辛丹等：《西澳大型公共体育场馆群管理运营中政府职能的作

用和启示》,《西安体育学院学报》2017年第2期。

刘辛丹、章丽洁:《西方大型体育场馆的公共服务及其启示》,《体育文化导刊》2012年第11期。

刘昕等:《现行中小学体育场馆面向社会开放的模式及其相关政策法规综述》,《西安体育学院学报》2011年第5期。

刘新颜等:《基于IPA分析的陕西历史博物馆游客满意度研究》,《资源开发与市场》2014年第9期。

刘颖:《经济学视角下学校体育场馆对外开放的成本补偿理论分析》,《南京体育学院学报》(社会科学版)2009年第6期。

鲁欣、宋慧晶:《基于IPA分析的旅游目的地形象感知研究:以太原市为例》,《山西经济管理干部学院学报》2014年第4期。

陆亨伯等:《论公共体育场馆民营化后经济与社会效益的均衡——基于典型体育场馆的调研》,《体育文化导刊》2007年第8期。

陆亨伯等:《公共体育场馆服务外包风险识别与规避机制研究》,《北京体育大学学报》2014年第10期。

马洪明、马国红:《体育场馆社会效益与经济效益关系的研究》,《北京体育大学学报》2009年8期。

马洪明、马国红:《体育场馆消费和医疗保险个人账户消费相结合的经营管理模式的构建》,《北京体育大学学报》2010年第5期。

马乃欣:《我国体育用品营销策略研究》,《体育文化导刊》2010年第3期。

马勇等:《基于无线传感技术的体育场馆室内空气环境监控系统设计》,《武汉体育学院学报》2017年第3期。

闵健等:《大型体育场馆价值取向与经营管理研究》,《成都体育学院学报》2009年第8期。

闵健等:《以市场为导向,把国有体育场馆建成现代体育企业——成都市国有体育场馆改革与发展研究》,《成都体育学院学报》2005年第6期。

倪晓茹等:《基于模糊物元可拓的体育场馆大型活动风险识别研究》,《沈阳体育学院学报》2018年第3期。

倪晓茹：《大型奥运体育场馆活动风险管理研究——以 G 高校奥运体育馆为例》，《北京工业大学学报》（社会科学版）2016 年第 3 期。

彭英等：《学校体育场地设施对社会开放的安全风险规避研究》，《北京体育大学学报》2017 年第 2 期。

蒲毕文：《我国体育场馆冠名权研究》，《体育文化导刊》2012 年第 11 期。

钱志发：《注意力资源与新经济》，《现代经济探讨》2003 年第 12 期。

屈胜国等：《公私合作伙伴关系模式在我国公共体育场馆市场化改革中的应用——以广州体育馆为例》，《武汉体育学院学报》2014 年第 8 期。

尚宏明、刘慧青：《美国体育管理学培养方案的解读及启示》，《首都体育学院学报》2013 年第 2 期。

苏丹、王巧贞：《回头客的 1P 式营销》，《销售与市场》（评论版）2012 年第 10 期。

孙二娟：《高校体育场馆服务质量管理研究——基于学生满意的视角》，博士学位论文，北京体育大学，2013 年。

孙林叶：《大学生休闲：数据与分析》，《洛阳师范学院学报》2018 年第 3 期。

孙平军等：《东北地区经济空间极化及其驱动因子的定量研究》，《人文地理》2013 年第 1 期。

孙媛等：《中美体育场馆包厢经营个案分析及其启示》，《体育文化导刊》2010 年第 8 期。

谭刚：《大型公共体育场馆公益与经营效益评估指标体系研究》，《天津体育学院学报》2008 年第 6 期。

谭宏、陆宇嘉：《学校体育场馆对外开放策略研究——基于公共产品定价策略》，《中国经贸导刊》2013 年第 2 期。

谭建湘：《我国公共体育场馆企业化改革的基本特征与制度设想》，《天津体育学院学报》2007 第 6 期。

谭仲秋：《学校体育场馆开放后安全保障义务及不作为侵权责任探析》，《武汉体育学院学报》2011年第3期。

谭仲秋：《学校体育场馆开放后学生伤害事故第三人侵权法律责任》，《南京体育学院学报》（社会科学版）2010年第1期。

唐立成等：《我国公共体育场馆服务管理绩效评估模式与对策研究》，《北京体育大学学报》2010年第1期。

田晖：《消费经济学》第二卷（册），同济大学出版社2006年版。

王聃：《陕西省高校体育场馆对外开放立法保障现状分析》，《西安体育学院学报》2012年第1期。

王登峰：《学校体育场馆向社会开放的理念与策略》，《上海体育学院学报》2017年第6期。

王林：《强化政府对国有企业改制中资产流失监管的对策探讨》，《商业经济》2013年第12期。

王龙飞等：《美国体育场（馆）的公共财政支持及其启示》，《体育科学》2009年第10期。

王龙飞：《节俭与环保：伦敦奥运会场馆建设的启示》，《体育文化导刊》2013年第10期。

王陶然：《试论传媒经济中的"注意力经济"和"影响力经济"》，《经济师》2009年第2期。

王晓东：《体育产品属性及体育产业若干理论问题的思考》，《体育科学》2005年第5期。

王彦霞、陈美若：《商业价值与"眼球经济"的实现》，《商业经济研究》2017年第16期。

王跃、陈林华：《大型体育场馆文化展示研究》，《体育文化导刊》2010年第6期。

王跃新：《奥运会举办国场地建设规划及场（馆）后期的利用》，《中国体育科技》2002年第3期。

王喆等：《大型体育场馆设施代建研究》，《南京体育学院学报》（社会科学版）2011年第6期。

魏丽坤：《Kano模型和服务质量差距模型的比较研究》，《世界标准化与质量管理》2006年第9期。

武斌：《体育场馆商业化运作策略探讨》，《商业时代》2011年第4期。

夏元庆：《融合与创新："互联网+"背景下的体育产业生态趋势》，《南京体育学院学报》（社会科学版）2016年第3期。

肖华等：《公共体育场馆民营化管理模式研究》，《沈阳体育学院学报》2015年第3期。

谢羽等：《我国体育场馆的大跨度空间结构选型探讨》，《首都体育学院学报》2017年第2期。

辛克海：《体育场馆的科学化运营与管理研究》第一卷（册），中国商业出版社2017年版。

徐海明等：《伦敦奥运主体育场赛后运营的模式及其启示》，《体育文化导刊》2014年第11期。

徐亮：《试论传媒产业注意力经济与影响力经济关系》，硕士学位论文，安徽大学，2009年。

徐卫华等：《中美体育场馆冠名权出让比较研究》，《体育文化导刊》2011年第1期。

徐文海等：《体育场馆智能化工程管理模式探讨》，《智能建筑与城市信息》2004年第6期。

徐文强等：《我国公共体育场馆经营现状及管理体制改革研究》，《成都体育学院学报》2007年第3期。

许月云等：《农村体育公共产品供给与发展对策研究——以侨乡泉州农村体育场地建设为例》，《山东体育学院学报》2008年第8期。

许月云等：《侨乡泉州体育场地经济成分特征研究》，《中国体育科技》2006年第2期。

薛宏珍：《服务营销组合策略在阅读推广中的实践与探索——以广西科技大学图书馆"微书评"为例》，《图书情报工作》2016年第3期。

颜小燕：《"互联网+"促进体育产业创新驱动发展及其策略》，《体育与科学》2017年第6期。

阳红林等：《我国学校体育场馆向社会开放情况的调查研究——以河南省为例》，《教学与管理》2013年第36期。

杨京钟、郑志强：《城市公共体育场（馆）运营：财税激励模式及中国思路》，《体育科学》2013年第9期。

杨毅萍：《我国中小学体育场馆对外开放的实施障碍及对策》，《教学与管理》2016年第36期。

杨梓洵：《基于5G技术下物联网的发展》，《信息通信》2018年第10期。

叶晓甦等：《中超球队间球员身价差距研究》，《中国体育科技》2017年第3期。

尹启华等：《新产品的柔性4P策略研究》，《商业时代》2006年第12期。

由文华等：《高校体育场馆景观环境优化研究》，《成都体育学院学报》2011年第5期。

游战澜：《大型体育场馆绩效管理指标体系构建研究》，《武汉体育学院学报》2010年第2期。

于敬凤等：《综合性大型体育赛事场馆设施广告发布权的开发》，《体育科研》2008年第4期。

于敬凤、曾庆肃：《大型体育场馆无形资产的开发》，《体育学刊》2008年第10期。

于萌、张琬婷：《基于"三次售卖理论"的大型体育场馆盈利模式》，《体育学刊》2018年第3期。

于萌等：《基于IPA分析的我国大型体育赛事商业运营的服务质量评价与改进研究》，《成都体育学院学报》2018年第4期。

于文谦、孔庆波：《论体育赛事的消费过程及价值挖掘》，《体育学刊》2011年第6期。

于文谦、朱焱：《基于DEA-Tobit模型的我国体育场地资源配置效率研究》，《体育学刊》2019年第1期。

于洋：《关于公共体育场馆经营管理的探讨》，《商业时代》2008年第29期。

于永慧:《决策民主化是中国体育场馆发展的必由之路》,《体育学刊》2008年第9期。

喻国明:《关于传媒影响力的诠释——对传媒产业本质的一种探讨》,《新闻战线》2003年第2期。

约迪·维沃尔杜:《巴塞罗那奥运场馆赛后运营模式》,奥运场馆建设运营国际论坛会论文,北京,2005年。

曾庆贺等:《大型赛事场馆赛后利用现状及制约因素分析》,《西安体育学院学报》2008年第3期。

曾庆贺等:《我国综合性大型体育场馆赛后利用研究》,《体育文化导刊》2008年第6期。

翟腾腾等:《基于基尼系数的江苏省建设用地总量分配研究》,《中国人口·资源与环境》2015年第6期。

詹步强:《收益管理在体育场馆经营中的应用》,《体育学刊》2009年第5期。

张宝钰等:《西安高校体育场馆资源配置与经营情况调查研究》,《西安体育学院学报》2007年第2期。

张冰等:《我国体育场馆运营业相关政策演变及建议》,《西安体育学院学报》2017年第1期。

张大超等:《中外现代大型体育场馆管理体制的比较》,《体育学刊》2004年第3期。

张大超等:《我国城乡公共体育资源配置公平性评估指标体系研究》,《体育科学》2014年第6期。

张凤彪、王松:《基于DEA的体育场地建设效率评价研究——以辽宁省为例》,《沈阳体育学院学报》2017年第2期。

张凤彪、王松:《我国公共体育服务绩效评价研究述评》,《体育科学》2017年第4期。

张广德、马良:《北京奥运场馆投资及运营机制风险分析》,《西安体育学院学报》2008年第5期。

张桂宁:《公共体育场馆的属性及其产品供给方式》,《体育文化导刊》2009年第2期。

张晗：《试析国企重组改制中资产流失的原因和对策》，《法制与经济》2010年第5期。

张红学：《我国体育场馆经营绩效评估实证研究》，《沈阳体育学院学报》2011年第3期。

张静中：《论可持续营销》，《武汉大学学报》（哲学社会科学版）2008年第6期。

张利：《我国公共体育设施的发展及改革路径研究》，《中国体育科技》2017年第2期。

张伟、朱焱：《供给侧视角下辽宁省机关、企事业单位体育场地开放现状及致因分析》，《南京体育学院学报》（社会科学版）2017年第1期。

张晓健等：《我国学校体育场地对外开放政策分析》，《体育文化导刊》2013年第5期。

张艳华、王建军：《大型体育场馆管理者执行力系统特征研究》，《沈阳体育学院学报》2012年第5期。

赵保丽等：《体彩雪炭工程与学校体育场馆实施"资源共享"的研究——以临城县综合健身馆与临城第二中学体育场馆为例》，《北京体育大学学报》2013年第6期。

赵志明：《职业体育赛事市场开发支撑体系研究》，博士学位论文，北京体育大学，2012年。

郑旗、张鹏：《县域公共体育设施服务质量评价与改进：基于IPA分析与实证》，《上海体育学院学报》2015年第6期。

郑砚青：《资讯科技在运动场馆管理之应用》，《休闲保健期刊》2009年第2期。

郑志强：《我国城市体育场（馆）公共财政问题研究》，《体育科学》2013年第10期。

钟武、王冬冬：《基于基尼系数的群众体育资源配置公平性研究》，《体育科学》2012年第12期。

周南、王殿文：《显著的植入式广告能带来更好的品牌态度吗——植入式广告显著性影响机制研究》，《南开管理评论》2014年第 2 期。

周秀敏：《新时期我国体育产品营销策略管窥》，《山东体育科技》2003 年第 1 期。

周韵：《试论三种传媒经济理论》，《重庆广播电视大学学报》2008 年第 2 期。

朱富明等：《中学体育政策执行力的影响因素与提升策略——以上海市 20 所中学为例》，《西安体育学院学报》2015 年第 4 期。

朱海涛、赵东平：《体育场馆规划设计思考》，《体育文化导刊》2009 年第 6 期。

朱林祥：《关于体育场馆运营服务对象细分的研究》，中国体育产业与体育用品业发展论坛会论文，福州，2015 年。

庄永达、陆亨伯：《公共体育场馆民营化经营管理的几个瓶颈问题思考》，《北京体育大学学报》2011 年第 5 期。

Ali I. M., et al., "Spectators Safety Awareness in Outdoor Stadium Facilities", *Procedia Engineering*, Vol. 20, 2011, pp. 98–104.

Bhatia M., Sood S. K., "An Intelligent Framework for Workouts in Gymnasium: M-Health Perspective", *Computers & Electrical Engineering*, Vol. 65, Jan. 2018, pp. 292–309.

Bilgi S., et al., "Complexity Measures of Sports Facilities Allocation in Urban Area by Metric Entropy and Public Demand Compatibility", *International Journal of Engineering And Geosciences*, Vol. 4, No. 3, Oct. 2019, pp. 141–148.

Black N., et al., "The Effect of School Sports Facilities on Physical Activity, Health and Socioeconomic Status in Adulthood", *Social Science & Medicine*, Vol. 220, 2019, pp. 120–128.

Demos E., "Concern for Safety: A Potential Problem in the Tourist Industry", *Journal of Travel and Tourism Marketing*, Vol. 1, No. 1, 1992, pp. 81–88.

El-Kadi A. W. M. A., Fanny M. A, "Architectural Designs and Thermal Performances of School Sports-Halls", *Applied Energy*, Vol. 76,

No. 1-3, Sep. -Nov. 2003, pp. 289-303.

Elmose-Østerlund K., Iversen E. B., "Do Public Subsidies and Facility Coverage Matter for Voluntary Sports Clubs?", *Sport Management Review*, Vol. 23, Apr. 2020, pp. 315-329.

Evstafyev N. V., Evstafyev E. N., "Risks of Concessions for Business: Case Study on the operation of Sports Facilities", *Procedia Economics and Finance*, Vol. 23, 2015, pp. 1060-1063.

Greenwell T. C., et al., "Assessing the Influence of the Physical Sports Facility on Customer Satisfaction within the Context of the Service Experience", *Sport Management Review*, Vol. 5, No. 2, Nov. 2002, pp. 129-148.

Grieve J., Sherry E., "Community Benefits of Major Sport Facilities: The Darebin International Sports Centre", *Sport Management Review*, Vol. 15, No. 2, May 2012, pp. 218-229.

Halliwell E., et al., "The Effects of Exposure to Muscular Male Models among Men: Exploring the Moderating Role of Gym Use and Exercise Motivation", *Body Image*, Vol. 4, No. 3, Sep. 2007, pp. 278-287.

Hill B., Green B. C., "Repeat Participation as a Function of Program Attractiveness, Socializing Opportunities, Loyalty and the Sportscape across Three Sport Facility Contexts", *Sport Management Review*, Vol. 15, No. 4, Nov. 2012, pp. 485-499.

Hsu H. H., et al., "Determining Improvement Priorities of Public Leisure Facilities by Revised Importance-Performance Analysis", *International Journal of Services and Operations Management*, Vol. 8, No. 4, 2011, pp. 471-486.

Humphreys B. R., Nowak A., "Professional Sports Facilities, Teams and Property Values: Evidence From Nba Team Departures", *Regional Science And Urban Economics*, Vol. 66, Sep. 2017, pp. 39-51.

Humphreys B. R., Zhou L., "Sports Facilities, Agglomeration, and Public Subsidies", *Regional Science and Urban Economics*, Vol. 54, Sep. 2015, pp. 60-73.

Hutchinson M., et al., "Political Activity in Escalation of Commitment: Sport Facility Funding and Government Decision Making in the United States", *Sport Management Review*, Vol. 21, No. 3, 2017, pp. 263-278.

Iversen E. B., Cuskelly G., "Effects of Different Policy Approaches on Sport Facility Utilisation Strategies", *Sport Management Review*, Vol. 18, No. 4, 2015, pp. 529-541.

Kano N., et al., "Attractive Quality and Must-Be Quality, Hinshitsu", *The Journal of Japanese Society for Quality Control*, Vol. 14, Jan. 1984, pp. 39-48.

Kano N., "Attractive Quality and Must-Be Quality", *Hinshitsu*, Vol. 14, 1984, pp. 39-48.

Kozak M., et al., "The Impact of the Perception of Risk on International Travellers", *International Journal of Tourism Research*, Vol. 9, No. 4, Jul. 2007, pp. 233-242.

Kroupis I., et al., "Physical Education Teacher's Job Satisfaction and Burnout Levels in Relation to School's Sport Facilities", *International Journal of Struction*, Vol. 12, No. 4, Oct. 2019, pp. 579-592.

Kumar H., et al., "Sport Participation: From Policy, through Facilities, to Users' Health, Well-Being, and Social Capital", *Sport Management Review*, Vol. 21, No. 5, 2018, pp. 549-562.

Lasley S., Turner J., "Home Run or Strikeout: The Dynamics of Public Opinion on New Sports Facilities", *Fuel and Energy Abstracts*, Vol. 47, No. 4, Dec. 2010, pp. 853-864.

Leusveld E., et al., "Usefulness of Emergency Medical Teams in Sport Stadiums", *The American Journal of Cardiology*, Vol. 101, No. 5, Mar. 2008, pp. 712-714.

Maddox T., "13 Nfl Standiums will Offer Verizon 5G for the 2019-2020 Season", 2019-09-05, https://www.techrepublic.com/article/13-nfl-stadiums-will-offer-verizon-5g-for-the-2019-2020-season/.

Malecka-Adamowicz M., et al., "Microbial Diversity of Bioaerosol

Inside Sports Facilities and Antibiotic Resistance of Isolated Staphylococcus Spp", *Aerobiologia*, Vol. 35, No. 4, Dec. 2019, pp. 731-742.

Mawby R. I., et al., "Fear of Crime among British Holidaymakers", *British Journal of Criminology*, Vol. 40, No. 3, Jun. 2000, pp. 468-479.

Nord N., et al., "Energy Cost Models for Air Supported Sports Hall in Cold Climates Considering Energy Efficiency", *Renewable Energy*, Vol. 84, Dec. 2015, pp. 56-64.

Pascual C., D., et al., "Socioeconomic Environment, Availability of Sports Facilities, and Jogging, Swimming and Gym Use", *Health & Place*, Vol. 15, No. 2, Jun. 2009, pp. 553-561.

Rajagopalan P., Luther M. B., "Thermal and Ventilation Performance of a Naturally Ventilated Sports Hall within an Aquatic Centre", *Energy and Buildings*, Vol. 58, Mar. 2013, pp. 111-122.

Reichheld F. F., Teal T., "The Loyalty Effect: The Hidden Force Behind Growth, Profits, and Lasting Value M", *Global Business and Organizatiational Excellence*, Vol. 15, No. 3, Dec. 1996, pp. 117-123.

Seifried C., Clopton A. W., "An Alternative View of Public Subsidy and Sport DFacilities through Social Anchor Theory", *City, Culture and Society*, Vol. 4, No. 1, Mar. 2013, pp. 49-55.

Sonmez S. F., Graefe A. R., "Influence of Terrorism Risk on Foreign Tourism Decisions", *Annals of Tourism Research*, Vol. 25, No. 1, Jan. 1998, pp. 112-144.

Takahashi I., et al., "Futuregym: A Gymnasium with Interactive Floor Projection for Children with Special Needs", *International Journal of Child-Computer Interaction*, Vol. 15, Mar. 2018, pp. 37-47.

Torsing R., et al., "The Shaded Dome™: A Smart, Cool & Adaptable Facility for Sport Venues", *Procedia Engineering*, Vol. 147, 2016, pp. 848-853.

van den Hurk M., Verhoest K., "On the Fast Track? Using Standard Contracts in Public-Private Partnerships for Sports Facilities: A Case Study",

Sport Management Review, Vol. 20, No. 2, Apr. 2017, pp. 226-239.

Westerbeek H. M., Shilbury D., "Increasing the Focus on 'Place' in the Marketing Mix for Facility Dependent Sport Services", *Sport Management Review*, Vol. 2, No. 1, May 1999, pp. 1-23.

Wolfson M. C., "Conceptual Issues in Normative Measurement When Inequalities Diverge", *The American Economic Review*, Vol. 84, No. 2, 1994, pp. 353-358.

Yao S. J., "On the Decomposition of Gini Coefficients by Population Class and Income Source: A Spreadsheet approach and Application", *Applied Economics*, Vol. 31, No. 10, Oct. 1999, pp. 1249-1264.